Julia Dibbern

Verwöhn dein Baby

Julia Dibbern zählt zu den innovativen Erziehungsexpertinnen Deutschlands. Im In- und Ausland gibt sie Kurse zur Eltern-Kind-Bindung und naturnahen Erziehung. Bei Beltz veröffentlichte sie »Geborgenheit. Wie Kinder sie spüren und Eltern sie geben können«. Sie lebt mit ihrer Familie in der Nähe von Hamburg. Weitere Informationen unter www.juliadibbern.de

Julia Dibbern

Verwöhn dein Baby nach Herzenslust

9 Verwöhn-Bausteine für den Start ins Leben

Illustriert von Patrick Wirbeleit

BELTZ

Dieses Buch ist auch als E-Book erhältlich:
ISBN 978-3-407-22314-2

www.beltz.de

© 2014 Beltz Verlag, Weinheim und Basel
Umschlaggestaltung: www.anjagrimmgestaltung.de,
Stephan Engelke (Beratung)
Umschlagabbildung: © plainpicture/Johner
Illustrationen: Patrick Wirbeleit
Layout und Satz: Sarah Ferdin, Lelia Rehm
Druck und Bindung: Beltz Bad Langensalza GmbH, Bad Langensalza
Printed in Germany

ISBN 978-3-407-85997-6
2 3 4 5 6 20 19 18 17 16

Inhalt

Reise in ein unbekanntes Land

Erwarten Sie ein Baby? Oder sind Sie gerade frisch Eltern geworden? Herzlichen Glückwunsch! Möge Ihre Babyzeit voller Magie und Herzöffnungsmomente sein! Überlegen Sie schon, wie Ihr Leben bald sein wird? Was Sie brauchen werden? Wie das mit dem Stillen und dem Schlafen wohl laufen wird? Dieses Buch wird Ihnen helfen, Ihren ganz eigenen Weg mit Ihrem Baby zu finden. Es gibt nämlich so viele Varianten des Familienlebens, wie es Familien gibt. Und nur eine davon ist Ihre.

Sie unternehmen gerade die ersten Schritte in ein Land, das für Sie ganz und gar neu ist. Es heißt Elternschaft, und es ist voller Wunder, voller Liebe und manchmal auch voller Tränen. Es ist ein Zauberland, das sich demjenigen anpasst, der es durchwandert. Manche können es intuitiv beschreiten. Andere – zu denen gehöre ich – packen gerne Kompass und Karte ein und freuen sich, an einer Biegung einen lieben Gruß von jemandem vorzufinden, der dort schon einmal entlanggegangen ist. Manchmal führt ein Wegweiser auch zu einer versteckten Höhle mit Edelsteinen, an der man sonst achtlos vorbeigegangen wäre. Oder in der Karte findet sich ein Hinweis darauf, dass ein bestimmter Weg in unwegsames Gelände führt, aus der man ohne Machete und Zerstörungswillen nicht wieder herauskommt.

Das Neuland, das Sie gerade entdecken, ist ein Land, in dem viele Grundannahmen unserer Gesellschaft nicht gelten. Das liegt daran, dass es ein Land der Gegenwart und der Zukunft ist, wohingegen die Gesellschaft von den Erlebnissen und Traumata der Vergangenheit geprägt ist.

Vieles, das im Zauberland der Elternschaft zu Erfolg und Glück führt, hat mit Verwöhnen und Wohlbefinden zu tun. Mit

Sattsein und Wärme und Geborgenheit. Wenn ein Weg sich kalt, karg und mühsam anfühlt, dann können Sie davon ausgehen, dass es ein Irrweg ist, ganz gleich, wie sehr Sie die Person vielleicht schätzen, die Ihnen dazu rät.

Ich hatte das Glück, auf meinem Weg genau die kleinen versteckten Hinweisschilder zu finden, die unser Familienleben zu einem phantastischen und fröhlichen Abenteuer gemacht haben. Damals waren sie rar. Inzwischen gibt es dank der unermüdlichen Arbeit zahlreicher engagierter Mütter, Hebammen und Ärzte viel mehr davon.

In diesem Buch habe ich sie für Sie gesammelt.

Jajaja!

Zwei Streifen auf dem Test! Wie aufgezogen hopste ich durch das winzige Bad unserer winzig kleinen Wohnung und stieß mir dabei glücklicherweise nicht den Kopf an der Dachschräge.

Ich hatte es ja gewusst. Drei Tage vorher hatte ich schon einen Test gemacht. Negativ. Ich war schwer beleidigt, weil ich wusste, dass der Test log (und ihm dennoch irgendwie glaubte). Dieser hier zeigte mir, was ich sehen wollte.

Schwanger! Schwangerschwangerschwanger! Wir hatten nicht lange geplant, Eltern zu werden, wollten es aber durchaus sein. Wir hatten keine Ahnung, was auf uns zukam, sondern nur einfach eines Abends spontan beschlossen, dass nun der richtige Zeitpunkt da war. Richtiger würde er nicht werden.

Nachdem ein weiterer Teststreifen mir und meinem Bauchgefühl bestätigt hatte, dass in mir tatsächlich ein Kind heranreifte, tat ich, was in Deutschland gemeinhin die meisten Frauen tun, wenn der Schwangerschaftstest positiv ist: Ich ging zur Frauenärztin. Danach schwebte ich zur Arbeit.

Ich konnte mich an diesem Tag nicht konzentrieren und viele weitere Tage lang auch nicht.

Ein Kind! Auf einmal wurde etwas, das vorher nur in rosafarbenen Wolken in meinem Kopf gewesen war, unheimlich real. Was würde ein Kind bedeuten? Wie würde sich mein Leben verändern, wie die Partnerschaft mit meinem Freund? Wir wurden Eltern.

Während der folgenden Tage und Wochen wurde der Gedanke an das Kind in meinem Bauch zunehmend normal – gleichzeitig blieb er irgendwie irreal. Ich merkte ja noch nichts (bis auf gelegentliche Übelkeit, in die ich mich wohl eher reinsteigerte). Immer wieder musste ich mir mit dem Verstand sagen, dass ich schwanger war. Dass demnächst alles anders sein würde. Dass ich ab sofort nicht mehr nur für mich selbst verantwortlich war, sondern auch für das wachsende Leben in mir. Während in mir ein Wunder geschah und ein paar sich teilende Zellen zu einem kleinen Menschen heranwuchsen, beschäftigte ich mich mehr und mehr damit, wie ich ihm einen guten Empfang bereiten konnte.

Ich dachte daran, als wie anstrengend ich FEltern bisher empfunden hatte: an meine Freundin, die uns besucht hatte, als ihre Tochter ein wenige Wochen altes Baby war. Die Szene hatte sich mir tief eingeprägt: Meine Freundin konnte nicht einen Satz zu Ende hören. Sobald ihr Baby piepste, war sie mit ihrer ganzen Aufmerksamkeit bei ihm. Abends schrie das Baby in einem fort. Ihr Mann schuckelte die Kleine auf dem Arm wie ein unruhig ratternder Presslufthammer, während das Baby weiterschrie. Es war unerträglich. Von einem Tag auf den nächsten hingen überall in meiner Wohnung ausgewaschene Stoffwindeln und milchige T-Shirts. Ich lebte gerade meine sehr stilbewusste Double-income-no-kids-Phase und fand das alles schauderhaft. Wenn man das Ganze ein bisschen entspannter angeht und nicht so ein Tamtam um das Baby machen würde, dachte ich, sähe man als Mutter auch souveräner aus. Babys sollten so sein wie im Kino oder in den Frauenzeitschriften im Zahnarztwartezimmer: niedlich und rosig anzusehen, wohlriechend und vor allem pflegeleicht.

Im Nachhinein denkt meine Freundin, dass es vielleicht ein bisschen verfrüht war, direkt nach dem Wochenbett eine so lange Reise zu unternehmen, und ebenfalls im Nachhinein verstehe ich, warum sie es dennoch getan hat. Kurz vorher war sie 500 Kilometer weit weggezogen, und sie sehnte sich einfach nach zu Hause, nach ihrem »Stamm«, nach vertrauten Menschen, die ihr zur Seite standen bei der Pflege des neuen Erdenbürgers. Damals begriff ich das nicht. Ich wusste nur, dass ich das, was ich miterlebte, nicht besonders nachahmenswert fand. Mir fehlte in diesem Moment jegliches Einfühlungsvermögen. Allein die ganze Ökonummer mit den Stoffwindeln! Nein, niemals, nie!

Mir fiel auch eine andere Freundin ein, die einige Monate zuvor ein Baby bekommen hatte: lässig, sehr lässig. Das Baby störte überhaupt nicht. (Ich ignorierte bei meinen Überlegungen geflissentlich, dass die Szene, die ich von dieser Familie im Kopf hatte, aus einer Zeit stammte, als der kleine Sohn schon acht Monate alt war und keine mehrstündige Bahnfahrt hinter sich hatte.) Mit diesen Besuchern konnte man wenigstens noch etwas anfangen – Karten spielen und abends auch mal weggehen. So wollte ich es auch: entspannt und gepflegt. Bloß nicht die ganze Zeit um das Baby rumhühnern!

So weit die Theorie. Ich hatte nicht mit den Hormonen gerechnet, die in mir anfingen, ihr magisches Werk zu verrichten, während das neue Leben in mir heranwuchs. Plötzlich war es mir gar nicht mehr so wichtig, durchgestylt zu sein. Es ging schleichend, aber nach und nach begann das Baby, meine Welt zu übernehmen. Irgendwann klickte ich in meinen Arbeitspausen so oft auf eltern.de, dass mein Chef den Zugang sperrte.

Ich wollte alles wissen, was man über Babys wissen kann. Alles. Das Internet wurde mein bester Freund. Bald entdeckte ich, dass es neben eltern.de noch andere Webseiten gab. Viele andere, sehr viele. So viele Informationen! Und alle so wichtig! In der Schwangerschaft keinen rohen Fisch essen (ich esse eh keinen rohen Fisch), außerdem Folsäure nehmen (das hatte mir schon meine Frauenärztin aufgeschrieben), nichts Schweres heben (was machen dann Frauen, die schon größere Kinder haben?). Ich saugte alle Informationen, die ich finden konnte, wahllos auf. Querbeet, ganz egal, wo sie herkamen. Ich wollte ja meine Sache als Mutter gut machen. Aufregend. Überwältigend. Abendfüllend. Erst allmählich lernte ich, die Spreu vom Weizen zu trennen und das, was sich gut anfühlte, auszusortieren aus dem Berg dessen, was nicht für mich stimmte.

Ließ sich am Anfang des neuen Jahrtausends schon viel in Erfahrung bringen, ist die Informationsflut, der sich junge Eltern gegenübersehen, heute vollends unüberschaubar geworden. Ich habe hier schon eine kleine Vorauswahl für Sie getroffen. Meine Kriterien waren vor allem: Was hilft Ihnen, eine möglichst starke und tragfähige Bindung zu Ihrem Baby aufzubauen? Was versetzt Sie in einen Zustand des Wohlbefindens und der Geborgenheit? Und was verhindert dies? Wie können Sie und Ihr Baby eine möglichst schöne Zeit miteinander verbringen? Diese Wegmarken sollen Sie leiten durch das unbekannte Land Elternschaft.

Die Menschen und Hinweise, die uns damals weiterhalfen, waren auch deswegen so wertvoll, weil ich mir vor meiner eigenen Schwangerschaft nicht besonders viele Gedanken darum gemacht hatte, was Babys brauchen und was es bedeutet, ein Baby zu haben. Ich kannte keine Babys. Es gab in meinem Leben kaum Babys.

Zwar pflegen wir in unserer Kultur inzwischen ein buntes Allerlei von Familienmodellen, aber ihnen allen gemein ist, dass wir kaum mit Babys und kleinen Kindern zu tun haben, bis wir selbst welche haben. Ab und zu gibt es kleine Geschwister, Nachbarskinder oder Verwandte, aber auch da ist der tatsächliche Einfluss meist begrenzt. Das bedeutet: Die meisten von uns haben keine Ahnung, wenn sie ins Familienleben starten. Oft kennen wir Babys nur als weichgezeichnete Püppchen aus dem Fernsehen, als störendes Schreien im Flugzeug oder als hilfloses Wimmern aus einem schuckelnden Kinderwagen.

Entsprechend unsicher war ich mit meinem Neugeborenen. Und eher unentspannt, weil ich plötzlich so vieles neu denken, neu fühlen und neu lernen musste.

Wie die erste Liebe

Zurück zum Anfang. Das Baby kam zur Welt und ich war bereits nach wenigen Tagen süchtig nach ihm. Keine Minute, keine Sekunde konnte ich ohne meinen Jungen sein. Ich wollte ihn nur die ganze Zeit anschauen, an ihm riechen, seine kleinen Hände anfassen und diesen ach so winzigen Mund bewundern.

Mir war es vollkommen egal, ob ich allen auf die Nerven ging oder nicht. Das war mit Sicherheit der Fall. Ich war verknallt in das Kind und damit ebenso besessen, ebenso von Liebeshormonen geflutet, ebenso unfähig, an etwas anderes zu denken, wie bei der ersten großen Liebe.

Ich lernte schnell, während in mir diese riesige, unendliche Liebe für meinen Sohn wuchs. Tag und Nacht wollte ich ihm nahe sein, ihn bei mir haben und dafür sorgen, dass es ihm gut ging. Es gab nichts anderes mehr auf der Welt als ihn und mich.

Das Babyland ist von außen schwer nachzuvollziehen. Erinnern Sie sich, wie es war, als Ihre beste Freundin das erste Mal so richtig verliebt war? Ich fand das furchtbar. Und ich konnte es überhaupt nicht verstehen, warum sie ständig das Bedürfnis hatte, das Objekt ihrer Liebe anzuschauen, anzurufen, anzufassen. Wer diesen Taumel der Hormone nicht erlebt hat, dem kann man ihn nicht beschreiben. Hormone machen eine Menge mit uns. Mit Babys ist es so ähnlich. Wer es nicht erlebt hat, kann kaum nachvollziehen, wie Eltern so hundertprozentig von einem kleinen Wesen absorbiert sein können, dass sie ihm jedes Bedürfnis erfüllen möchten, egal, ob es einem den Schlaf raubt, in die Brust beißt oder das T-Shirt voller Milchflecken ist.

All diese Dinge kann man nicht theoretisch lernen. Nur eines ist sicher: Es ist völlig in Ordnung, wenn Sie Ihr Baby so viel lieben, wie Sie wollen.

Einen Augenblick habe ich nicht hingeschaut, und schon ist aus dem Baby von damals ein zwölfjähriger Junge geworden, der Englisch und Feuer spucken und jonglieren und allein mit Flugzeugen fliegen kann. Manchmal schimmert schon ganz zart der

Mann hervor, der er eines Tages sein wird. Ich bin immer noch unglaublich verliebt. Und ich finde immer noch, dass genau das Alter, das wir gerade erleben, das allerallerbeste ist. Manchmal überlege ich: Was würde ich mir als frischer Mutter sagen – im Rückblick von zwölf Jahren? Würde ich es noch einmal genauso machen? Was würde ich heute anders entscheiden?

Wenn ich meinen Sohn anschaue, platzt mein Herz fast vor Liebe – und vor Dankbarkeit, dass wir immer wieder das Glück hatten, zur richtigen Zeit die richtigen Menschen zu treffen, die uns Hinweise gaben. Vieles ist richtig richtig gut gelaufen in den letzten zwölf Jahren.

In den folgenden Kapiteln finden Sie komprimiert neun »Verwöhn-Bausteine«, die viele Eltern als hilfreich empfinden: vom Augenblick, in dem Sie den positiven Schwangerschaftstest in der Hand halten, über die Ernährung Ihres Babys, den Schlafplatz, den Transport bis hin zur richtigen Betreuung, wenn Sie Zeit zum Auftanken brauchen. Keiner dieser »Verwöhn-Bausteine« ist ein Muss. Ich stelle Ihnen ein Angebot zur Verfügung und Sie bedienen sich. Bauen Sie Ihr Kunstwerk so, dass es für Sie passt und dass Ihr Familienleben ein phantastisches und buntes und schönes Abenteuer wird.

Jede Familie ist anders. Dennoch gibt es einige Konstanten, die sich als absolut tragfähig erwiesen haben. Sie lassen sich in zwei Sätzen zusammenfassen: Hör auf dein Baby. Vertrau deinem Baby.

Dieses Hören und Vertrauen fällt nicht immer leicht, vor allem, weil unsere Gesellschaft für junge Familien ziemlich widersprüchliche Ratschläge auf Lager hat. Aber Patentrezepte gibt es nicht. Es geht mir viel mehr darum, Sie zu stärken, damit es Ihnen leichtfällt zu hören und zu vertrauen. Los geht's!

Die Verwöhn-Bausteine

»Die meisten von uns würden sich sehr viel Mühe geben, ihr Haus schön herzurichten, wenn sie den Präsidenten der Vereinigten Staaten zum Essen erwarten. Wenn die Eltern des Präsidenten gewusst hätten, dass ihr Kind eines Tages Präsident der Vereinigten Staaten sein würde, was hätten sie nicht alles für dieses Kind getan – und was hätte jeder andere in seiner Nähe für sein Wohlergehen getan. Wie würde die Welt aussehen, wenn wir dieselbe Energie in jedes Kind investieren, das geboren wird? Wir sehen unsere Kinder nicht immer als Präsidenten und Präsidentinnen, Königinnen und Könige an, die ein sauberes, sicheres, Geborgenheit und Liebe vermittelndes Zuhause verdienen. Aber Tatsache ist, dass sie genau das verdienen.«

Sobonfu Somé: In unserer Mitte

Ordentlich verwöhnen

Keine Sorge, wir sind schon auf dem Rollfeld. Aber bevor wir starten, müssen wir uns mit den Sicherheitsvorkehrungen an Bord vertraut machen. Sie müssen wissen, wohin Sie dieses Buch führt.

Sie finden im Folgenden neun »Verwöhn-Bausteine« – Haltungen und Handlungen, die das Leben für Babys und Eltern genussvoll machen, weil sie der menschlichen Biologie entsprechen und eine gute Bindung erleichtern.

Sie müssen auch wie auf jeder Reise die Lage der Notausgänge kennen: Keiner der Verwöhn-Bausteine, die ich Ihnen vorstelle, ist ein Muss für ein gelungenes Familienleben. Es gibt für jeden gute Gründe, und ich empfehle jeden wärmstens – aber vor allem wichtig ist, dass Sie Ihr eigenes Herz und Ihren eigenen Kopf befragen. Nehmen Sie nur die Bausteine, die Ihnen gefallen. Bindung kann auf sehr vielfältige Weise entstehen, und Bindung allein ist es, worauf es hier ankommt.

Am Anfang der Startbahn möchte ich noch den Titel des Buches näher beleuchten.

Verwöhn ...

Für Erwachsene ist Verwöhnen etwas sehr Angenehmes. Wir kaufen uns das »Verwöhn-Aroma«, buchen »Verwöhn-Wochenenden« in »Verwöhn-Hotels« und finden Verwöhnen auch sonst höchst attraktiv.

Nur wenn es um unsere Babys und Kinder geht, erscheint Verwöhnen plötzlich unziemlich. »Also, das Kind mit ins Bett nehmen – so was hätte ich ja nicht gemacht!«, sagt die Freundin der Schwiegermutter, und der Onkel ist der Meinung: »Du darfst nicht immer gleich rennen. Sonst verwöhnst du das Kind ja.« Das klingt, als wäre Verwöhnen etwas Schlechtes, Unanständiges. Viele Mütter und Väter fühlen sich durch Bemerkungen dieser Art angegriffen. Mit einem frisch geborenen Baby ist sowieso vieles auf einmal anders, alles wird in Frage gestellt. Dann auch noch von der Umwelt verunsichert zu werden, von der wir eigentlich Angenommensein und Hilfe erhoffen, frustriert die meisten, die als Eltern ihren Weg erst finden.

»Verwöhnen« hat in diesem Buch eine hundert Prozent positive Konnotation. Das liegt daran, dass es etwas durch und durch Positives *ist*, auch wenn junge Eltern immer wieder zu hören bekommen: »Du verwöhnst das Kind ja!« In der Regel sind Aussagen dieser Art begleitet von gerunzelter Stirn und gerümpfter Nase. Dabei ist Verwöhnen genau das Richtige für Ihr Baby. In solchen Situationen können Sie lächeln und einfach antworten: »Ja klar, das tut uns beiden so gut.«

Verwöhnen ist absolut prima. Ein nach Strich und Faden verwöhntes Baby weint weniger, schläft besser und ist insgesamt zufriedener und auch gesünder als andere Babys (im Durchschnitt betrachtet). Wenn es heranwächst, wird es selbstbewusster und widerstandsfähiger sein und offener auf die Welt zugehen, als wenn es kein Verwöhnprogramm durchlaufen hätte.

In diesem Buch finden Sie viele wissenschaftliche Belege dafür. Letztlich geht es aber nur um das, was Sie im tiefsten Inneren gut und angenehm finden. Fangen Sie an, Ihrem Gefühl zu vertrauen. Sie wissen am besten, was für Ihr Baby gut ist.

Verwöhnen macht Ihr Leben als Eltern so viel leichter, weil Sie entspannt mit dem Strom Ihrer Hormone schwimmen, anstatt permanent dagegen anzurudern. Wenn Sie Ihr Baby mit Aufmerksamkeit, Nähe und Liebe verwöhnen, dann ist das gut für Sie, gut für Ihr Baby und – wie neueste Erkenntnisse aus der Epigenetik zeigen – sogar gut für Ihre Urenkel.

Haben Sie Freunde oder Verwandte, die Ihnen ungefragt Ratschläge erteilen und Sie dadurch verunsichern?

Wenn Sie ganz genau hinhören, entdecken Sie vielleicht, dass unter dem Unverständnis und dem Kopfschütteln der älteren Generation Schmerz mitschwingt, ein wenig Trauer, ein wenig »Hätte ich doch dieselbe Nähe erleben dürfen«.

Warum fühlt sich Verwöhnen so gut an?

Waren Sie schon einmal in einem Verwöhnhotel? Dort gibt es gutes Essen, einen warmen Jacuzzi, eine Sauna und ein Massageangebot. Verwöhnhotels sind oft schön gelegen, sodass man dort mit lieben Menschen angenehme Zeit verbringen kann.

All diese Dinge – Wärme, Berührung, Massage, Essen – sprechen das natürliche Belohnungssystem des Menschen an. Unser Körper schüttet Oxytocin aus, das so viel mehr ist als nur ein »Kuschelhormon«. Es sorgt dafür, dass wir uns wohl und geborgen fühlen. Es schützt uns vor Krankheiten. Es lässt Wunden heilen, senkt den Blutdruck und vermindert Stress.

Biologisch gesehen ist das gute Gefühl, das sich in solchen Momenten einstellt, die Belohnung dafür, dass wir etwas tun, das der Arterhaltung dient. Die Evolution hat es so eingerichtet, dass das, was sich gut anfühlt, gleichzeitig eine Investition in die Zukunft ist.

Das durch Verwöhnen entstandene Wohlgefühl ist außerdem der zuverlässigste Kompass, der Eltern zur Verfügung steht. Fühlen wir uns mit unserem Baby verbunden, können wir in der Regel davon ausgehen, dass alles gut ist.

Was ist mit Verwöhnen nicht gemeint?

In meiner zweiten Heimat Amerika gibt es den Ausdruck »You'll spoil her rotten«: Du wirst sie verwöhnen, bis sie verdorben ist. Oder wörtlich: Du wirst sie so verderben, dass sie verrottet. In den meisten Fällen ist das positiv gemeint, zum Beispiel als Lob für Eltern, die ihren Kindern andauernd Geschenke machen und viele schicke Kleider kaufen.

Genau das meine ich nicht mit »Verwöhnen«, sondern ausschließlich das Wohlgefühl, das durch Verbundenheit, Vertrauen und Verlässlichkeit entsteht. Ich spreche nicht davon, Kindern jeden Wunsch »von den Augen abzulesen«, sondern davon, ihre biologischen und emotionalen Bedürfnisse so schnell und umfassend wie möglich zu befriedigen. Sich einzulassen und da zu sein. Das ist deswegen so wirkungsvoll, weil gestillte Bedürfnisse nach und nach verschwinden. Babys, deren existentielle Grundbedürfnisse erfüllt werden, wachsen eben nicht zu »verwöhnten Gören« heran, sondern vertrauen darauf, dass die Welt freundlich zu ihnen ist. Entsprechend freundlich und offen gehen sie darauf zu (je nach ihrem individuellen Charakter). Bedürfnisse, die ignoriert werden, hingegen können einen Menschen ein Leben lang verfolgen.

Die Entwicklungspsychologie hat gezeigt, dass Menschen, deren Grundbedürfnisse als Babys möglichst umfassend erfüllt werden, später zu besonders selbstsicheren, verantwortungsvollen und eigenständigen Erwachsenen heranwachsen. Sie sehen also, Verwöhnen ist hier etwas Gutes.

... Dein ...

»Dein Baby« bedeutet nicht Besitz, sondern Zuständigkeit und Verantwortung. Dieser winzig kleine Mensch, der in Ihrem Arm liegt und so unendlich gut riecht, ist Ihr Baby. Sie haben ihn gezeugt, Sie haben ihn geboren, Sie leben mit ihm zusammen und verbringen Ihre Tage und Nächte damit, sich gegenseitig kennenzulernen.

Das bedeutet, dass Sie als Eltern die wahren Experten für dieses Geschöpf sind. Nicht Ihr Kinderarzt, der das Baby alle paar Wochen fünf Minuten lang sieht, nicht die Großtante, die als Erzieherin schon viele Kinder erlebt hat, nicht die kinderlose Freundin, die nicht verstehen kann, wie man so ein Bohei um ein Baby machen kann. Auch nicht Ihre Lieblingsfreundin, die Ihnen so nahesteht. Und auch nicht ich. Die Lieblingsfreundin und ich, wir können Ihnen höchstens Informationen zur Verfügung stellen, die uns geholfen haben und die wir nützlich finden. Ihre Verwandten können Ihnen Hilfe anbieten (und tun das hoffentlich auch), Ihnen Gesellschaft leisten, das Baby im Arm halten, während Sie duschen gehen oder die Wäsche zusammenlegen. Aber entscheiden, was für Sie und Ihr Baby richtig ist, können am Ende nur Sie selbst. Niemand kann Ihnen diese Entscheidungen abnehmen. Es ist Ihr Baby.

Sie sind die Experten für Ihr Kind.

... Baby ...

»Baby« scheint zunächst wenig erklärungsbedürftig zu sein. Ihr Säugling ist ... nun ja, ein Baby.

Tatsächlich ist die Sache komplizierter, denn in unserer Gesellschaft schwanken wir permanent zwischen zwei Extremen hin und her: Einerseits nehmen wir Babys und Kinder oft nicht ernst. Bis weit ins 20. Jahrhundert hinein hat man angenommen, dass Babys kaum mehr zu Empfindungen fähig seien als ein Strunk Broccoli. Man ging davon aus, dass sie kein oder kaum Schmerzempfinden hätten – 1987 (!) berichtete die *ZEIT*, dass die pädiatrische Anästhesie noch in den Kinderschuhen stecke.

Auch heute ist es nicht selbstverständlich, das Seelenleben von Babys zu respektieren. Oft werden ihre basalen Grundbedürfnisse ignoriert. Erwachsene gehen über ihre Äußerungen hinweg, als wären sie nicht vorhanden, und versuchen, sie in ein durch die erwachsene Gesellschaft vorgegebenes Schema zu pressen.

Auf der anderen Seite setzen wir vielfach unbewusst voraus, dieselben Babys, die kurz zuvor ignoriert und nicht ernst genommen wurden, würden wie kleine Erwachsene funktionieren und mit erwachsener Logik denken und handeln. Tun sie das nicht und benehmen sich wunderbar unlogisch und unerwachsen, reagieren wir oft mit Unverständnis.

Aber ein Baby ist kein unfertiger, irgendwie unperfekter Erwachsener. Mit gutem Grund sind Babys so, wie sie sind, und es ist sinnvoll, ihr Babysein mit all seinen Eigenarten zu achten und zu genießen.

Es ist schneller vorbei, als Sie schauen können. Bevor Sie sich's versehen, zünden Sie die erste Kerze auf dem Geburtstagskuchen an. So anstrengend das erste Lebensjahr ist: Genießen Sie es (und alle weiteren Lebensjahre) mit jeder Faser Ihres Seins und ...

... nach Herzenslust!

»Nach Herzenslust« zu lieben und zu verwöhnen bedeutet für mich, mit dem Baby im Hier und Jetzt zu leben. Die Wertschätzung des Augenblicks und das Gespür für seine Wichtigkeit gehören essentiell zum Baby-Rundum-Verwöhnprogramm dazu.

Hier und jetzt nach Herzenslust – damit meine ich einerseits die Bedürfnisse Ihres Babys, die im Augenblick erfüllt werden wollen, und das Vergnügen, das Ihnen das Erfüllen dieser Bedürfnisse augenblicklich schenkt.

Vom Vergnügen, Grundbedürfnisse schnell zu erfüllen

Wir neigen als Gesellschaft dazu, alles auf seinen Nutzwert hin zu überprüfen – selbst unsere Beziehungen und persönlichen Umgang mit unseren Liebsten. Babys »gezielt spielerisch« zu fördern, und zwar von Anfang an, gehört zum guten Ton. Wir gehen zum PEKiP und zum Babyschwimmen und erzählen stolz, dass unser Nachwuchs sich schon drehen oder drei schwankende Schrittchen machen kann. Scheinbar qualifiziert es uns als gute Eltern, als liebens- und lobenswert. Und natürlich wollen wir unseren Kindern bestimmte Werte mitgeben. Sie sollen zu freundlichen, liebevollen, einfühlsamen, wohlerzogenen und – natürlich – klugen und erfolgreichen Erwachsenen heranwachsen.

Die meisten Eltern verfolgen große Ziele. Auch wir nahmen Teil am Superbaby-Wettbewerb. Jetzt aus der Distanz möchte ich allen jungen Eltern zurufen: »Spart euch das! Das ist alles total unwichtig!«

Wichtig ist einzig, dass es Ihnen und Ihrem Baby JETZT gut geht. Dass Sie ein gutes Leben miteinander haben. Dass Sie Entspannung finden. Wenn Sie jetzt, da Ihr Baby klein ist, lernen, sich darauf zu konzentrieren, was sich als Familie gut und richtig anfühlt; wenn Sie darauf achten, was Ihre Verbindung untereinander stärkt, dann haben Sie automatisch eine gute Grundlage für alles, was kommt. Wenn Sie das Anziehen und Losfahren zum Babyschwimmen stresst und Ihr Baby den Autositz eh nicht mag – fahren Sie nicht hin! Es macht im Lauf der »Bildungskarriere« Ihres Kindes keinen Unterschied, wohl aber für Ihre Beziehung zueinander.

Von der Notwendigkeit, Grundbedürfnisse schnell zu erfüllen

Wie geht es Ihnen, wenn Sie richtig brüllenden Hunger haben? Also, ich werde dann ziemlich unerträglich. Genau genommen so unerträglich, dass mein Mann schon gesagt hat: »Schatz. Iss was.« Auch wenn ich friere, bin ich nicht mehr verhandlungsfähig. Und das, obwohl ich genau weiß, dass eine bestimmte, mir furchtbar erscheinende Situation gleich vorbei ist. Dass es nur noch zwanzig Minuten bis zum Essen dauert oder die Bahn gleich kommt. Trotzdem werde ich leicht zum Jammerlappen.

Ein Baby kann sich nicht vorstellen, dass bald Besserung eintritt. Das Einzige, was es kennt, ist der aktuelle Augenblick. Es hat JETZT Hunger, ihm ist JETZT kalt, es muss JETZT pinkeln, es braucht JETZT Nähe, es ist JETZT müde. Diese elementaren Grundbedürfnisse dulden, vor allem bei einem Neugeborenen, keinerlei Aufschub. Wenn Sie versuchen, Ihre Reaktion zu verzögern, werden Sie schnell merken, dass es sowohl Ihnen als auch Ihrem Baby enormen Stress bereitet. Und das muss so sein. Die Natur hat diesen Mechanismus nicht ohne Grund eingerichtet. Er stellt sicher, dass Ihr Baby alles bekommt und optimal versorgt wird und dass Ihr Zusammenspiel möglichst reibungslos funktioniert.

Ein Baby weiß nichts von gestern und morgen. Es hat keine Ahnung davon, dass wir im 21. Jahrhundert leben und der Säbelzahntiger längst ausgestorben ist. Es kennt nur den Augenblick, in dem es sich entweder sicher und geborgen fühlt oder seine Notfallprogramme anlaufen. Sein Leben besteht aus vielen einzelnen Jetzts. In jedem dieser Augenblicke sammelt es Informationen über das Leben. In jedem dieser Augenblicke reift sein Gehirn, vernetzen sich seine Neuronen, wird sein Hormonsystem programmiert, und in jedem dieser Augenblicke baut es sich ein Bild der Welt zusammen, das es ein Leben lang begleiten wird: Ist die Welt bevölkert von freundlichen Menschen, geschehen gute Dinge in ihr? Ist sie ein Ort, der Geborgenheit und Schutz bietet, oder ein Ort zum Fürchten?

Die Notwendigkeit, sofort zu reagieren, ist für Eltern eine gute Gelegenheit, wirklich im Augenblick zu sein und die eigenen Prioritäten neu zu ordnen.

»Seit meine Tochter da ist, schaffe ich nichts mehr!«, klagte eine Mutter mir ihr Leid. Wir sprachen eine Weile über die unmittelbaren Bedürfnisse ihres Babys und über ihre persönlichen Bedürfnisse, den Haushalt ordentlich zu halten und die Buchhaltung des Familienunternehmens zu führen. Wir überlegten, wo sie Unterstützung herbekommen könnte, und trennten Wichtiges von Unwichtigem. Zwei Monate später traf ich sie wieder, strahlend. »Die Kleine krabbelt jetzt! Ich schaffe immer noch nichts, aber irgendwie finde ich das nicht mehr schlimm.«

Wenn Sie sich darauf einlassen, dass Ihr Baby Sie JETZT ganz und gar braucht – und auf alles, was Sie selbst mitbringen: Selbstbewusstsein, ein offenes Herz, Flexibilität –, werden Sie mit Ihrem Baby so viel lernen und wachsen, dass Sie sich nach einem Jahr kaum wiedererkennen.

1 Nähe

»Was wir am meisten brauchen, ist ja nur, dass uns
einer hält ... und uns sagt ... dass alles (alles ist
etwas Komisches, ist Kindermilch und Papas Blicke,
ist krachende Scheite an einem kalten Morgen, ist
Eulengeschrei und der Junge, der dich nach der Schule
zum Weinen bringt, ist Mamas langes Haar, ist Angst
haben und Grimassen an der Schlafzimmerwand) ...
alles gut werden wird.«

Truman Capote: *Andere Stimmen, andere Räume*

Menschenbabys sind auf Nähe programmiert

Der Nestbautrieb war in vollem Gange. Die Kommode mit den Babysachen hatte ich schon fertig eingerichtet. Oben die Windeln. Wir hatten diese italienischen Bindewindeln mit den langen Schnüren zum Zusammenknoten. Jede einzelne hatte ich zweimal gewaschen und dann gebügelt und akkurat gefaltet, bevor ich sie in die Kommode sortierte. Es war ein beeindruckend ordentlicher Stapel. Normalerweise bin ich keine begeisterte Büglerin und Wäschefalterin, aber nun musste es sein.

In der Schublade darunter waren die kleinen Babysachen für die ersten Wochen. All die entzückenden Flügelhemdchen und winzigen Söckchen. Und die kleinen Pullöverchen.

In der letzten Schublade bewahrte ich die Sachen auf, die noch zu groß waren, auf die ich mich schon freute, vor allem auf die Sachen, die meine Oma damals schon für mich genäht hatte.

Ich kaufte *Das Stillbuch* und *Das kompetente Kind*. Ich streichelte die Frotteehasen-Spieluhr, die mir meine Freundin geschenkt hatte.

Aus dem Keller meiner Eltern holte ich den alten Stubenwagen, in dem ich schon gelegen und auf unseren kleinen Apfelbaum im Neubaugebiet geschaut hatte. Weidengeflecht. Wunderschön. Ich entstaubte ihn, saugte ihn ab, wischte ihn aus und gönnte ihm eine neue Matratze. Den alten knallroten Himmel nahm ich ab und ersetzte ihn durch einen luftig-leichten Seidenhimmel in Violett-Blau. Uterusfarben, damit das Baby sich gleich wohl fühlt.

Zu dem Zeitpunkt wusste ich noch nicht, dass mein Sohn sich kein bisschen für den Stubenwagen erwärmen und ihn die Spieluhr nicht die Bohne interessieren würde. (Allerdings ahnte ich vage, dass es ihm völlig egal sein würde, ob die Windeln ordentlich gefaltet waren oder nicht.)

Es ist gut, wenn Sie sich schon vor der Ankunft Ihres Babys bewusst machen, dass das allergrößte und allerwichtigste Geschenk, das Sie ihm machen können, schlicht Sie selbst sind. Ihre Zeit, Ihre Persönlichkeit, Ihre Liebe und Hingabe.

Geben Sie sich hin, mit Haut und Haaren und mit ganzem Herzen. Denn Ihr Baby braucht kaum etwas, das Sie mit Geld kaufen könnten.

Als ich mein erstes Buch, *Geborgene Babys*, schrieb, fragte ich meinen Mann: »Was denkst du? Was brauchen Babys wirklich?« Er lag mit unserem schlafenden Sohn im Arm auf dem Sofa und las, während ich am Rechner saß. »Das ist einfach«, sagte er, »Mama und Papa.«

Genau so ist es. Behalten Sie das im Hinterkopf, wenn Sie im Rausch des Nestbautriebs durch die Babyabteilungen ziehen. Babys brauchen keine niedlichen Stofftiere und keine wollig-flauschigen Polyacryl-Strampler. In der Regel brauchen sie keine Atemüberwachungsmatten oder Teddybären, die Mamas Herzschlag imitieren, damit sich das Baby sicher fühlt. Auch viele Dinge, die wir oft so betrachten, als würden sie einem Baby per Standardeinstellung mitgeliefert, sind nicht unbedingt notwendig: weder Schnuller noch Fläschchen, Bettchen, Kinderwagen oder Plastikwindeln.

Ein Baby kommt auf die Welt und erwartet aufgrund seiner Biologie zunächst einmal nur das, was es auch vor 10.000 Jahren als Dschungelbaby erwartet hätte: Hautkontakt, Mamamilch, Wärme, Liebe und Schutz.

Alles andere haben sich Menschen im Laufe der Jahrtausende ausgedacht. Teilweise, um sich das Leben zu erleichtern, teilweise schlicht, weil sie das große Geld witterten. Viele dieser Entwicklungen kommen dem Wunsch der werdenden Eltern entgegen, sich auf ihr Baby vorzubereiten, etwas für ihr Baby zu tun. Entsprechend unserer Kultur ist die Art unserer Vorbereitung in vielen Fällen materiell oder intellektuell.

Nähe

»Man macht sich eine Menge Gedanken über die Dekoration des Säuglingszimmers oder darüber, wie man die Intelligenz des Babys am besten anregen kann. Doch es scheint weniger Zutrauen in den Wert einfachen Tröstens und Haltens zu geben«, so die Psychotherapeutin Sue Gerhardt.[1] Sie hat sich ausgiebig mit der Entwicklung der kleinen Babygehirne beschäftigt und ein wunderbares Buch dazu geschrieben: *Die Kraft der Elternliebe*. In diesem Sinne: Bereiten Sie sich selbst vor. Lernen Sie, Unproduktivität und Langeweile auszuhalten. Etablieren Sie eine allwöchentliche Massage mit Ihrem Mann (oder Ihrer Frau). Überlegen Sie, welche Zeitkiller Sie aus Ihrem Leben werfen können.

Höchstwahrscheinlich werden Sie mit Ihrem Baby einen Grad an Nähe erfahren, den Sie in diesem Ausmaß vorher nicht kannten. Das kann mühsam und beunruhigend sein – was nichts daran ändert, dass es genau das ist, was Ihr Baby zum Gedeihen braucht. Ihr Baby braucht Sie. Sehr sehr viel von Ihnen. Je weniger Widerstand Sie leisten, je bewusster Sie die Nähe und die gemeinsame Zeit genießen, desto besser geht es der ganzen Familie.

In der Schule habe ich im Biologieunterricht gelernt, Menschen würden zu den Nesthockern gehören, weil Menschenbabys noch nicht in der Lage seien, sich selbstständig fortzubewegen. Heute weiß man, dass sie sich in vielen Punkten von den Nesthockern unterscheiden. Kleine Nesthocker wie Katzen, Hunde, Füchse oder Kaninchen können über eine lange Zeit mucksmäuschenstill in ihrem Nest liegen und warten, bis die Mutter von der Nahrungssuche zurückkehrt und sie wieder umsorgt. Die zunächst tauben und blinden Nesthocker-Babys wärmen sich gegenseitig und trinken, wenn ihre Mutter zurückkehrt, deren fettreiche, nahrhafte Milch.

Auch Menschenbabys haben sich nicht in sicheren warmen Häusern mit Zentralheizung entwickelt, sondern an Orten, an denen sie nicht derart geschützt waren. Als Bild für einen solchen Ort nehme ich gern den Urwald. In meinem Kopf ist er voller reicher Düfte, voller Farben, voller unbekannter Geräusche und

Geschöpfe. Ein Sehnsuchtsort – solange mich dort niemand mutterseelenallein aussetzt.

Betrachten wir, was einem menschlichen Neugeborenen geschehen würde, das – ungeschützt durch eine Höhle oder ein Nest, ungewärmt durch Geschwister, ungenährt durch stark fetthaltige Milch – im Dschungel allein gelassen würde wie ein echtes Nesthockerkind: Es würde vermutlich keine paar Stunden überleben. Es würde schnell unterkühlen, Hunger leiden und von Insekten und Kleintieren belagert werden. Schlimmstenfalls käme eine hungrige Löwenmutter auf der Suche nach Futter für ihre Jungen vorbei.

Allein das zeigt uns schon, dass Menschenbabys offenbar nicht dafür gemacht sind, allein zu sein. Wir sind keine Nesthocker. Unsere Babys gedeihen am besten, wenn sie ständig in engem Kontakt zu ihrer Mutter, ihrem Vater oder einem anderen liebevollen Erwachsenen sind: auf dem Arm, im Bett, an der Brust. Darauf sind sie programmiert. Dann geht es ihnen gut. So entwickelt sich ihr Gehirn optimal, ihr Hormon- und Immunsystem bilden sich aus, und auch motorische Fähigkeiten wachsen harmonisch. Sie lernen, wie Menschen miteinander umgehen. Sie lernen, dass sie gesehen und geliebt werden. Der englische Psychologe Donald Winnicott sagte einmal:»Es gibt nicht ein Baby, es gibt nur ein Baby mit jemand anderem.«[2]

»Der menschliche Säugling ist bei seiner Geburt ein hilfloses Geschöpf. Er ist quasi unbeweglich, kann nicht krabbeln, gehen oder sprechen, und seine Möglichkeiten, zielgerichtet zu handeln, sind sehr eingeschränkt. Anders als andere Primaten kann er sich nicht einmal an seiner Mutter festhalten oder -krallen. Um von einem Ort zum nächsten zu kommen, muss er getragen werden. 75 % seines Gehirns entwickeln sich nach der Geburt. Er kann ohne die Anstrengungen eines anderen Menschen nicht überleben. Es dauert viele Jahre, bis er so weit entwickelt ist, dass er für sich selbst sorgen kann.«

James Kimmel, Ph.D.

Erfahrungen sind vererbbar

Wie Menschenbabys gibt es auch Affenbabys nur mit jemand anderem: mit ihrer Mutter oder, je nach Affenart, auch mit einer anderen Trägerin.

Vier Arten von großen Affen gibt es auf der Erde: den Orang-Utan, den Gorilla, den Schimpansen und den Bonobo. Auf dem gleichen Ast der Evolution ist da noch einen fünfter Zweig: wir. Homo sapiens. Wir haben dieselben Vorfahren wie unsere äffischen Verwandten, doch vor etwa sechs Millionen Jahren fingen wir an, uns eigenständig zu entwickeln. Wir haben uns aufgerichtet. Wir haben unser Fell verloren. Wir haben dieses große Gehirn hervorgebracht.

Nachdem wir uns aufgerichtet hatten, begannen wir, in kleinen Gruppen als Jäger und Sammler zusammenzuleben. Mehr als 90% der Menschheitsgeschichte verbrachten wir auf diese Weise. Über viele Jahrtausende haben sich unsere Körper darauf eingestellt. Sie haben ein geniales System entwickelt, um die Spezies zu erhalten und sicherzustellen, dass unsere Babys in jeder Situation bestmöglich versorgt werden – vom perfekt abgestimmten Hormoncocktail bei der Geburt über den Wundertrunk Muttermilch bis hin zum Bedürfnis, unseren Babys nahe zu sein.

Dieses großartige System ist in unseren Genen festgeschrieben. Sie geben uns die Bandbreite dessen vor, was wir sein können. Prof. Dr. Katharina Braun von der Universität Magdeburg vergleicht die im Zellkern enthaltene Geninformation bildhaft mit einer Klaviertastatur. Welche Melodie aber auf dieser Tastatur erklingt, wird erst durch die Umwelteinflüsse festgelegt, denen ein Lebewesen ausgesetzt ist. Durch sie wird bestimmt, welche Gene »angeschlagen« werden und welche nicht. Die Forschung dazu nennt man Epigenetik – »zusätzlich zur Genetik«.

Im Leben eines Menschen sind vor allem drei Phasen epigenetisch entscheidend:

- die Schwangerschaft
- die ersten drei Jahre
- die ein bis zwei Jahre vor Beginn der Pubertät

Während dieser Zeiten wird in besonders hohem Maß festgelegt, welche Gene für den Organismus nutzbar sind. Wir werden für das Leben programmiert, das uns mit großer Wahrscheinlichkeit erwartet. Umso wichtiger ist es für Eltern, diese Zeiten optimal – und authentisch! – zu gestalten. Aus der Psychologie wissen wir schon lange, dass die ersten Lebensjahre zu großen Teilen die Grundlage für das ganze Leben bilden. Glück und Unglück sind nicht »nur« Gefühle – während der ersten zwei bis drei Lebensjahre werden im Gehirn die entscheidenden Nervenverknüpfungen gebildet. Liebes-, Bindungs- und Glücksfähigkeit sowie das Sozialverhalten werden – bis zu einem bestimmten Punkt – organisch festgelegt.

Aber erst durch die Epigenetik wissen wir, warum das so ist und vor allem, in welch großem Maß – und dass gewisse Programmierungen auch neu geschrieben werden können.

Neben den Nervenverknüpfungen im Gehirn geschieht während dieser Lebensphasen noch etwas sehr Entscheidendes. Wir »scannen« die Umwelt und geben entsprechende Informationen an unsere Kinder und Enkel weiter (bei Mädchen über die frisch angelegten Eizellen, bei Jungen über die sich während der Pubertät bildenden Spermien). Erfahrungen sind körperlich vererbbar.

All diese Dinge erfahren wir – erfahren unsere Zellen – durch die Prägung im Mutterleib und in den ersten drei Lebensjahren, auch durch jene Informationen, die wir über den epigenetischen Code von unseren Vorfahren erhalten.

Entsprechend dieser Prägung gehen wir dann in die Welt hinaus und bilden gemeinsam eine Gesellschaft mit bestimmten Werten und Grundannahmen, die wir wieder an unsere Kinder und Enkel weitergeben.

Narben im Erbgut

Wir haben uns also in Jahrmillionen zu dem entwickelt, was wir heute sind. Wie sich das aber im Detail zeigt, liegt an unseren direkten Vorfahren – unseren Eltern, Großeltern, Urgroßeltern. Und das wiederum hat, epigenetisch und psychologisch, bis heute Einfluss auf uns.

Um zu verstehen, was wir an Seltsamkeiten mit uns herumtragen, möchte ich einen kurzen Schlenker zu den Lebensumständen ebendieser Großeltern und Urgroßeltern machen. Sie waren ganz anders als unsere, und oft waren sie geprägt davon, dass die grundlegendsten Bedürfnisse der Menschen nicht erfüllt werden konnten.

Abraham Maslow, einer der Gründerväter der humanistischen Psychologie, benannte fünf Stufen menschlicher Bedürfnisse:
- existentielle Grundbedürfnisse
- Sicherheit und Schutz
- soziale Bedürfnisse
- Anerkennung
- Selbstverwirklichung

Versetzen Sie sich kurz in die Zeit um 1940. Wie viele unserer Vorfahren konnten sich selbst verwirklichen? Wie viele konnten im täglichen Leben mit Anerkennung rechnen? Wo haperte es bereits an den ganz basalen Bedürfnissen wie Nahrung und Wärme? Wie epigenetische Untersuchungen zeigen, beeinflussen solche Mängel uns bis heute, sogar auf körperlicher Ebene:

Es war gegen Ende des Zweiten Weltkriegs, im Herbst 1944. Die Deutschen belagerten die holländischen Häfen und schnitten die Nahrungsversorgung ab. Der Winter war kalt und die Menschen hungerten. Über Monate wurde das Essen auf 500 Kalorien pro Tag rationiert.[3] Als Holland am 5. Mai 1945 befreit wurde, geschah das nicht einen Tag zu früh.

Was für uns dabei interessant ist, sind die 40.000 Babys, die während dieser Zeit und kurz danach in den Körpern hungernder Mütter heranwuchsen. Die holländische Forscherin Tessa Roseboom hat mit ihrem Team die Entwicklung von 2414 dieser Babys genauer unter die Lupe genommen. Roseboom berichtet: »Unsere Studien haben gezeigt, dass Menschen, deren Mütter während der Belagerung mit ihnen schwanger waren, später im Leben häufiger Übergewicht, Diabetes und Herzkrankheiten haben als Menschen, die unter normalen Bedingungen im Bauch heranwuchsen.«[4]

Wie sich das Hungern der Mutter auf das Baby auswirkte, hatte vor allem damit zu tun, in welchem Stadium sich die Schwangerschaft gerade befand. Am anfälligsten, fanden die Forscher heraus, schien die Frühschwangerschaft zu sein. Diese Menschen reagierten später im Leben stärker auf Stress, wurden leichter dick und/oder herzkrank – und neigten sogar eher zu Schizophrenie. Auch Brustkrebs kam bei den Frauen aus dieser Gruppe fünfmal häufiger vor.

Interessanterweise bekamen die Frauen aus dieser Gruppe auch früher und mehr Kinder als sonst üblich.

Noch während sie im Bauch heranwuchsen, hatten die Körper dieser Babys gelernt, dass die Welt ein gefährlicher Ort ist. Unter anderem reagierten sie darauf, indem sie ihren Stoffwechsel entsprechend anpassten. »Hunger! Die Spezies ist gefährdet! Schnelle Vermehrung nötig«, schienen ihre Zellen zu denken. Spannenderweise waren die Kinder dieser Frauen bei der Geburt im Mittel eher klein, und aufgrund anderer Studien ist zu vermuten, dass sie später eine Neigung zu Übergewicht hatten.[5] Aber auch in Deutschland, dem »Täterland«, litten Menschen und waren durch den Krieg und seine Begleiterscheinungen traumatisiert. Sie hatten Hunger, sie froren, sie hatten Angst. Das hat bis heute Auswirkungen auf uns, körperlich und seelisch, denn auch Depressionen sind epigenetisch vererbbar. »Traumata sorgen nicht nur für Narben in der Seele, sondern auch für Narben im Erbgut«, so Depressionsforscher Florian Holsboer.[6]

. . . .

Blöde Sprüche

Ab dem Augenblick, in dem ein neuer kleiner Mensch das Licht der Welt erblickt, möchten nicht wenige Mitglieder der Verwandtschaft Anteil am Geschehen nehmen und sich und ihre Erfahrungen einbringen. Leider sind diese »Hilfestellungen« oft nicht auf der Höhe der Zeit oder werden ungeschickt vorgebracht, sodass viele junge Eltern sie als äußerst störend empfinden.

Hier ein paar Klassiker:

- »Du verwöhnst das Baby, wenn du es bei jedem Pieps aus der Wiege nimmst!«
- »Wie lange willst du sie noch mit dir rumtragen, so kriegst du sie nie mehr los!«
- »Man darf nicht immer sofort die Brust reinschieben, wenn ein Baby weint. Die müssen auch mal lernen, dass sie sich ein bisschen anstrengen müssen im Leben.«
- »Als ihr klein wart, haben wir auch nicht so ein Tamtam gemacht. Ihr dürft ihn nicht so verwöhnen!«
- »Einen verwöhnten kleinen Tyrannen zieht ihr euch da heran ...«
- Fällt Ihnen etwas auf? – Das sind Erbstücke aus Zeiten, in denen es ums Durchhalten und nackte Überleben ging. Als Menschen Angst und Hunger hatten und eine warme Mahlzeit Seligkeit bedeutete.

Auch die Mütter damals hätten ihre Babys gern in den Arm genommen, sie stundenlang verliebt angesehen und an ihnen geschnüffelt. Aber oft waren viele Mäuler zu stopfen, und es war entsprechend wenig Zeit. Vielleicht glaubten sie auch an das, was ihnen gesagt wurde: Babys müssen abgehärtet werden. Viele sind – vielleicht unbewusst – traurig, dass sie die Nähe nicht erlebt haben, die sie heute in Familien sehen.

Glücklicherweise vererbt sich aber ein Gefühl von Sicherheit, Liebe und Geborgenheit ganz genauso.

Lieber laut als brav

Als wir noch als Jäger und Sammler durch die Savanne zogen, war es vergleichsweise einfach, unseren Babys die Nähe zu geben, die sie brauchten: Sie herumzutragen, bei sich schlafen zu lassen und nach Bedarf zu stillen war auch das, was den Erwachsenen das Leben leichter machte. Um die Eltern herum gab es noch andere Erwachsene mit anderen Babys. Wir versorgten den Stamm und die Babys gemeinsam. Und es gab Rituale, die wir nicht in Frage stellten.

Dann wurden wir sesshaft und merkten, dass unsere zauberhaften Babys im Haushalt und bei der Arbeit auf dem Feld oder in der Werkstatt unglaublich störend und kräftezehrend sein können. Anstatt uns zu fragen, wo das System hakt, haben wir uns als Gesellschaft über viele Jahrhunderte angewöhnt, die Signale von Babys und Kleinkindern als lästig zu empfinden. Anstatt uns an dem zu orientieren, was unsere bedürftigsten Mitglieder brauchen, entwickelten wir einige ziemlich schräge »Qualitätsmerkmale«, an denen unsere Gesellschaft Babys bis heute misst: Babys sollen die Erwachsenen möglichst wenig stören. Sie sollen »brav« sein. Besonders stark war das Bedürfnis nach »braven«

Babys, wenn Eltern wie in Kriegs- und Nachkriegszeiten selbst am Rande des Erduldbaren lebten.

Deswegen ist die Frage nach dem braven Baby eine Frage, die beinahe alle jungen Eltern zu hören bekommen – meist ziehen sie ebenso irritiert die Augenbrauen hoch wie ein Zwölfjähriger, wenn er gefragt wird, wie ihm die Schule gefällt. Die Leute fragen nur aus Hilflosigkeit, weil sie nichts anderes zu fragen wissen.

Ich erinnere mich noch gut: Ich hatte mich gerade an das Tragetuch gewagt und war mit meinem Kind spazieren, als ich Chris traf. Er war ein Freund, mit dem ich viele großartige Stunden verbracht habe. Über vieles haben wir philosophiert, über vieles gelacht. Es ist also nicht so, dass uns im Zusammensein bisher Worte und Themen gefehlt hätten. Einer der ersten Sätze, die Chris an dem Tag zu mir sagte, war aber: »Und? Ist er schön brav und lässt dich auch mal schlafen?«

Hilflosigkeit. Chris wusste nicht, worüber er sich mit einer frischgebackenen Mutter sonst unterhalten sollte. Er hatte offenbar schon gehört, dass Babys brav sein müssten und Schlafen ein großes Thema bei jungen Eltern sei. Deswegen fragte er danach.

Wenn es aber danach ging, war mein Kind so ganz und gar und überhaupt nicht »brav«. Mein Sohn war die ersten Jahre seines Lebens der Meinung, Schlafen sei eine absolute Zeitverschwendung.

Ich fand allerdings, dass er dennoch – oder gerade deswegen – das absolut großartigste Baby der Welt war. Denn er machte uns unerfahrenen Eltern sehr deutlich, was er brauchte. Wie hätte ich es ohne ihn je herausfinden sollen? Ich war ihm sehr dankbar, dass er seine Bedürfnisse so klar kommunizierte.

»Die braven Babys hätten nicht überlebt«, sagt meine Freundin Nicola gern. »Wir sind die Nachkommen der Babys, die Rabatz gemacht haben.« Und das tat mein Sohn. Wenn er stillen wollte, wollte er stillen. Keine Diskussion. Er schaffte es, uns davon zu überzeugen, dass die Welt auf der Stelle untergehen würde, wenn dieses Bedürfnis nicht sofort erfüllt würde. Er wollte nicht abgelegt werden, keine Sekunde. Auch bei dieser

Gelegenheit überzeugte er uns von der drohenden Katastrophe, sollten wir sein Bedürfnis nicht ernst nehmen. Er artikulierte all das laut und unmissverständlich. Was großartig war, denn so konnten wir sehr schnell sehr viel lernen.

Natürlich hatte er keine Worte dafür. Er sprach in einer Sprache, die viel viel älter ist als Worte. Nach zahlreichen Missverständnissen lernten wir allmählich, die Sprache zu verstehen, die er uns so geduldig beibrachte – eben dadurch, dass er nicht »brav« war.

Babys im Wohlfühlrausch

Wir verstanden:»Mama, lass mich nicht allein. Mir geht es so gut, wenn du bei mir bist. Du bist so weich und warm.«»Papa, bitte halt mich und trag mich herum. Du bist groß und stark und verlässlich. Deine Schulter ist einer der besten Plätze der Welt.« Es war offensichtlich, dass er nicht einfach nur darum bat, uns nahe zu sein, wie wir Erwachsenen nach einem anstrengenden Tag unseren Partner um eine Umarmung oder ein Gespräch bitten. Sondern für unser Baby waren unsere Zuwendung und unser promptes Reagieren überlebenswichtig – wie gesagt, sonst würde die Welt auf der Stelle untergehen. Gut, dass er so klar kommunizierte. Denn in den ersten Tagen, Wochen und Monaten lernen nicht nur die Eltern, auch ein Baby lernt sehr viel. Es schaut sich um und macht sich ein erstes Bild von diesem seltsamen Planeten, auf dem es gelandet ist. Es lernt sich selbst und die Welt kennen. Das tut es durch seine Erfahrungen mit anderen Menschen, und diese Erfahrungen werden im Körper gespeichert.

Zum Beispiel im Gehirn. Bei seiner Geburt hat ein Baby zwar – wie ein Erwachsener – ungefähr 125 Milliarden Gehirnzellen, doch diese sind kleiner und weniger vernetzt als bei Erwachsenen.[7] Die Leistungsfähigkeit des Gehirns wird aber letztlich durch die Verknüpfungen bestimmt. Diese bilden sich durch das, was ein Mensch erfährt: liebevolle Berührungen, Streicheln, Singen, Sprechen, Lächeln ... Weil es am Anfang so wenig vernetzt ist, ist das menschliche Gehirn überaus formbar – und ganz besonders angewiesen auf positive Erfahrungen und eine liebevolle Umgebung.

Mit den Verknüpfungen im Gehirn verhält es sich wie mit Trampelpfaden. Wenn sie einmal beschritten werden, passiert gar nichts. Die niedergetretenen Pflanzen richten sich wieder auf, und nach wenigen Stunden sieht nur noch ein geübter Beobachter, dass dort einmal jemand entlanggegangen ist. Wird der Pfad öfter benutzt, ist er bald deutlicher erkennbar, und mehr Menschen benutzen ihn. Dadurch wird er noch ausgetretener. Doch wird er immer noch schnell zuwachsen, wenn er nicht regelmäßig benutzt wird. Genau das geschieht mit Gehirnverknüpfungen, die nicht benutzt werden. Andere, die immer wieder aktiviert werden, verwandeln sich von Trampelpfaden in »Datenautobahnen«, d.h. sie werden im Laufe der Kindheit und Jugend mit einer besonderen Fettschicht, der Myelinschicht, überzogen, wodurch die Verbindungen haltbarer und die Reizweiterleitungen beschleunigt werden.[8]

Ein Baby braucht also immer wieder liebevolle Erfahrungen mit seinen Erwachsenen, wobei das Schöne ist, dass sie beiden Seiten guttun: Durch eine wahre Flut von Wohlfühlhormonen werden Eltern dafür belohnt, dass sie etwas Gutes für ihr Baby tun.

Stressreaktionen lernen

Wenn unser Babysohn in seiner Sprache ohne Worte mit uns sprach, machte er unmissverständlich klar:

»Mir geht es überhaupt nicht gut, wenn du mich allein lässt. Ich gerate dann in Stress und kann mich nicht wieder beruhigen. Ich bin hilflos, wenn ich allein gelassen werde, und ich habe Angst. Du musst mir helfen.«

Ein anderer Teil, der Erfahrungen speichert, ist das Stressreaktionssystem. »Stress« klingt erst einmal nicht besonders attraktiv, aber das Stressreaktionssystem ist eine beeindruckende Einrichtung. Die Hormone Kortisol und Adrenalin sorgen nämlich dafür, dass dem Körper kurzfristig genug Energie zur Verfügung steht, um auf Stress oder Gefahren schnell reagieren zu können. Das ist unter Umständen überlebensnotwendig. Ist der Mensch wieder in Sicherheit, erreichen die Werte dieser Hormone bei einem gesunden Erwachsenen bald wieder ihr normales Niveau.

Ein Baby verfügt aber noch nicht über diesen Mechanismus. Babys und auch Kleinkinder können Stress und Gefahr nur mit

Hilfe eines liebevollen Erwachsenen meistern. Sie sind davon abhängig, dass ihre Erwachsenen ihre Bedürfnisse schnell erfüllen und ihre Probleme für sie lösen. So lernen sie nach und nach, es selbst zu tun.

Wird ein kleiner Körper jedoch wieder und wieder mit Cortisol geflutet, das er allein nicht abbauen kann, kann es sein, dass sein Stressreaktionssystem falsch programmiert wird, d.h. entweder zu hoch oder zu niedrig eingestellt wird. Beides hat unter Umständen bis ins Erwachsenenalter hinein negative Folgen.[9]

. . . .

Warum ein Baby immer getröstet werden sollte
von Sue Gerhardt, Kinderpsychologin

Wir können Babys am besten lieben, indem wir auf sie und ihre Bedürfnisse eingehen. Es ist eigentlich unmöglich, Babys »zu viel« zu lieben, weil sie es brauchen, dass wir immer wieder auf sie eingehen, bis sie Fähigkeiten aufgebaut haben, mehr für sich selbst zu tun.

Der Punkt ist, dass Babys 24 Stunden am Tag abhängig sind. So wie sie einen Erwachsenen brauchen, der sie füttert, brauchen sie auch jemanden, der ihre Ängste, Frustrationen und Nöte besänftigt und beruhigt oder der sie anregt, wenn sie sich langweilen.

Natürlich können sie, wenn sie heranwachsen, mehr und mehr Sachen selbst. Eltern, die auf ihr Baby eingestellt sind, werden diese Veränderungen merken und dem Baby helfen, den nächsten Schritt zu tun. Manchmal merken Eltern durch die eigenen Ängste oder Unsicherheiten nicht, dass ihr Baby bereit für den nächsten Schritt ist, und tun weiterhin alles für das Baby – was nicht so hilfreich ist, weil es das Baby bremsen kann.

Aber ein Baby, das Kummer hat, braucht immer Trost. Durch Stress wird ein Hormon namens Cortisol ausgeschüttet. Zu viel Cortisol ist in vielerlei Hinsicht schlecht für ein Kind in der Entwicklung – es beeinträchtigt das Immunsystem und schädigt die zukünftige Fähigkeit des Kindes, mit Stress umzugehen. Babys können sich nicht selbst besänftigen und ihr eigenes Cortisol abbauen. Sie brauchen einen tröstenden Erwachsenen, der das für sie tut und ihnen hilft, ihr emotionales Gleichgewicht wiederherzustellen.

. . . .

Woher weiß ich, was mein Baby braucht?

Wie die meisten Eltern verstanden wir also nach einiger Übung, was unser Baby uns mitteilte. Ich würde Ihnen gern ein Wörterbuch für diese Sprache in die Hand geben, doch das würde nicht funktionieren.

Diese Sprache muss jeder selbst verstehen lernen, denn obgleich es viele Gemeinsamkeiten gibt,»spricht« jedes Baby auf eigene Art. Was das Lernen ungemein erleichtert, ist Ihre Bereitschaft dazu, sich wirklich einzulassen auf diese neue Phase in Ihrem Leben. Je enger die Bindung zwischen Ihnen und Ihrem Baby wird, desto leichter lernen Sie seine Sprache.

Falls es Ihnen wie 99 % aller neuen Eltern geht, werden Sie überwältigt sein von Ihrem Baby, wenn es in Ihren Armen liegt. Sie werden an vielen Stellen unsicher sein und nicht wissen, was Sie tun sollen.

Das Gute ist: Es ist nicht schlimm, wenn Sie unsicher sind. Babys sind sehr stabile kleine Geschöpfe. Sie verzeihen vieles und wachsen und gedeihen unter den seltsamsten Umständen, solange die Beziehung stimmt und Bindung wachsen kann.

Eine gute Bindung sorgt automatisch auch dafür, dass Sie sicherer werden im Umgang mit Ihrem Baby. Deswegen ist das Einzige, auf das Sie wirklich achten müssen, die Bindung zwischen Ihnen beiden. Bindung macht Sie sicher.

Zeitweise Ratlosigkeit bedeutet nicht, dass Ihre Bindung nicht stabil ist oder dass Sie nicht die allerbeste Mutter wären, die Ihr Baby sich nur wünschen kann. Es heißt schlicht, dass Sie vielleicht noch etwas Zeit und Übung brauchen.

Vertrauen Sie Ihrem Baby

In dem Maß, in dem Sie sicherer werden, wird es Ihnen auch immer leichter fallen, Ihr Baby zu spüren und der eigenen Interpretation seiner Signale zu vertrauen. Nicht von Anfang an, aber nach und nach werden Sie wissen, wann es Ihrem Baby gut geht, wann es Hunger hat, müde ist, Schmerzen leidet oder etwas besonders interessant findet.

Es kann gut und wichtig sein, Hintergründe zu kennen und Dinge theoretisch zu verstehen, um sie besser einzuordnen (»Oh, deswegen ist mein Baby gerade so unruhig – in der 12. Woche gibt es einen Wachstumsschub«). Andererseits kann dieses Wissen- und Verstehenwollen auch zu einer Barriere werden – einem intellektuellen Abstandhalter zwischen Eltern und Baby. Vermeiden Sie deswegen Informationen, die Sie verunsichern oder ängstigen. Konzentrieren Sie sich bei Ihrem Bedürfnis nach Kopfwissen auf Informationen, die Ihnen helfen, die Bindung zu Ihrem Baby zu stärken und zu Ihrem persönlichen Verwöhnprogramm beizutragen.

Bindung kann wachsen

Ein Vater beschrieb die Geburt seines Kindes mit den Worten: »Es war, als würde die Welt stillstehen.«

Mütter berichten oft von einem rauschartigen Verliebtheitszustand.

Es gibt aber auch Fälle, in denen die Bindung nicht mit dem Baby vom Himmel fällt. Vielleicht, weil die Geburt schwierig war oder Mutter und Baby sofort getrennt wurden. Das bedeutet in der Regel, dass ein bisschen Anstrengung und Mut nötig sind, um die Bindung wieder »anzuschalten« und wachsen zu lassen. Um die Mutter-Kind-Bindung oder die Vater-Kind-Bindung gibt es viele Mythen, Missverständnisse – und viele schreckliche Schuldgefühle.

Bindung ist nicht unbedingt von heute auf morgen einfach da, sondern kann auch nach einem schweren Start allmählich wachsen. Über Monate und Jahre. Viele Eltern berichten, dass die Bindung zu ihrem Kind mit jedem Jahr anders und oft tiefer

wird. Die Natur repariert sehr vieles, wenn man ihr die Chance dazu gibt, und Babys sind, wie gesagt, ziemlich stabil. Wenn Sie merken, dass Ihnen die Nähe zu viel wird, achten Sie genau auf sich. Nutzen Sie die Chance, sich selbst besser kennenzulernen – entweder, indem Sie sich mit jenem Teil in sich auseinander setzen, der auf Abstand gehen möchte, oder indem Sie Menschen in Ihr Leben einbeziehen, die Sie unterstützen und ggf. dann Nähe geben, wenn Sie selbst dazu außerstande sind.

Einlassen lernen

Verwöhnen fängt schon lange vor der Geburt an. Und zwar damit, dass Sie sich nach Herzenslust auf diesen neuen Lebensabschnitt einlassen. Stürzen Sie sich für einige Zeit mit Ihrem ganzen Wesen in die Aufgabe:»Mama sein«,»Papa sein«.

Es ist nicht schlimm, wenn Sie Ihre Umgebung damit langweilen, dass Sie nur noch von Ihrem Baby erzählen. Das vergeht schon von alleine wieder. Es ist auch nicht schlimm, wenn jemand Sie als»Übermutter« bezeichnet. Das ist bloß ein Zeichen für die schrägen Werte unserer Gesellschaft

Die Künstlerin Kati Küstner schrieb dazu einmal sehr passend:»Ich habe noch von niemandem gehört, der als Über-Apothekerin oder Über-Verkäufer bezeichnet wurde. Da ist man dann plötzlich eine kompetente und konfliktfähige Mitarbeiterin ... Ich kann es einfach für mich nicht akzeptieren, eine mittelmäßige Mutter zu sein, wenn ich es besser weiß. (Wenn ich das nicht tue, lasse ich mich in den betreffenden Bereichen gern belehren.) So, jetzt gehe ich erst mal zu meinem Über-Eismann, der immer versucht, besonders gutes Eis zu machen.«[10]

Nun mag man einwenden, Muttersein oder Vatersein seien ja keine»Berufe«. Das stimmt. Aber es sind dennoch Aufgaben, die für die Gesellschaft essentiell sind. Ohne Eltern, die liebesfähige, kluge, kreative Kinder großziehen, könnten wir alle einpacken. Selbst wenn Kinder ein Privatvergnügen wären – wie sich einen

Hund zu halten oder einen Garten zu pflegen –, wäre es nicht angebracht, jemanden, der sich mit großer Begeisterung dieser Aufgabe widmet, abfällig zu betrachten. Auch Menschen, die Kinder beruflich betreuen und dies mit besonders viel Engagement tun, sehen sich in der Regel nicht dem Vorwurf ausgesetzt, »Über-Erzieherinnen« zu sein.

Stehen Sie also dazu, wenn Sie sich mit Liebe und Herzblut auf diesen neuen Lebensabschnitt einlassen.

Ich will mein Leben zurück!

Die wenigsten Frauen sind darauf vorbereitet, wie viel Nähe und Einlassen ihr erstes Kind mit sich bringt. Niemand von uns hat das vorher erlebt – außer, wenn wir Glück hatten, als Baby mit unserer eigenen Mutter. Auch wenn Sie sich voll darauf einlassen, wird vielleicht irgendwann der Tag kommen, an dem Sie denken: »Es reicht. Ich kann nicht mehr. Ich will auch mal wieder abends weggehen und mich mit Freundinnen treffen und überhaupt …«

Solche Gedanken sind normal. Und sie sind wahrscheinlich ein Zeichen dafür, dass Sie als Mutter nicht genug Unterstützung haben – und eben tatsächlich nicht das, was Sie an Ihrem alten Leben wertgeschätzt haben: Zeit für sich. Gemeinschaft mit Ihren Freundinnen. Reden Sie mit ihnen. Gerade, wenn sie selbst noch keine Kinder haben, wissen sie nicht, wie sie Ihnen am besten zur Seite stehen können. Ihre Freundinnen sind darauf angewiesen, von Ihnen diese Informationen zu bekommen: »Ich würde mich unglaublich darüber freuen, wie früher mit dir einen Kaffee trinken zu gehen. Ich vermisse dich.« Oder auch: »Ich fühle mich schrecklich allein und überfordert mit meinem neuen Leben. Kannst du vorbeikommen, mich in den Arm nehmen und eine Tafel Schokolade mitbringen?«

Seien Sie einfach ganz ehrlich, werden Sie verletzlich. Nur so wissen Ihre Freundinnen, dass sie gerade wirklich gebraucht werden.

Die gemeinsame Zeit wertschätzen

Wenn ich mich mit Freundinnen treffe, wundern wir uns manchmal und sind ein klein wenig wehmütig, wie schnell die Babyzeit vergangen, wie kurz die Kinderzeit ist und wie wenig wir oft das wertschätzen können, was wir gerade erleben.

Ein Baby zu haben ist anstrengend, keine Frage. Es fordert das Äußerste von uns. Das kann dadurch leichter werden, dass man sich bewusst dafür entscheidet, diese Zeit zu genießen. Sie ist nur ein einziges Mal da, und sie kommt nicht wieder.

Immer wenn die Sprache auf dieses Thema kommt, muss ich an meine Mutter denken und an den Augenblick, als ich – zwischen Hausbau, Heimweh und Steuererklärung – jammerte, dass mir mein Vierjähriger gerade echt auf die Nerven ging. »Sieh ihn dir an«, sagte sie. »Sieh ihn dir richtig an. Er ist so süß!«

Es dauerte einen Moment, aber dann schnappte ich raus aus meinem Selbstmitleid und meiner Überforderung. Ich sah mein Kind an. Es war unglaublich reizend. Und vollkommen unschuldig an meiner Situation. Ihm ging es auch nicht gut. Auch er vermisste seine Freunde und das alte Zuhause. In diesem Augenblick beschloss ich, dass mein Kind nie wieder darunter leiden durfte, dass meine Umgebung alles andere als optimal – alles andere als artgerecht für mich war.

Im Winter darauf starb meine Mama. Nicht nur war mir plötzlich der Boden unter den Füßen weggezogen, es war auch niemand mehr da, der mir sagen konnte: »Schau hin! Er ist so süß!«

Deswegen begannen mein Mann und ich, es selbst zu sagen. Es wirkte wie ein Zauberspruch. Wir sagen es noch heute. Wir sind daran gewöhnt, es zu sagen, und wir sind daran gewöhnt, uns dann verliebt anzulächeln und uns an unserem Kind zu erfreuen. Es gibt wahrhaft schlechtere Gewohnheiten.

Achtung Abstandhalter!

Wenn Mütter überlastet sind und gerade »zu viel Kind« um sich haben, ist es leicht, in die Abstandhalterfalle zu geraten. Wir wollen auch mal allein sein in unserem Kopf, nur drei Minuten nicht Babytonfall reden oder über Bob den Baumeister philosophieren. Weil wir in der Regel aber ohne Großfamilie leben und das Baby eben nicht mal schnell Tante Klara in den Arm drücken und Luft schnappen gehen können, flüchten sich viele von uns ins Internet.

Das ist überhaupt kein Problem, solange es nicht überhandnimmt. Bedenklich wird es erst, wenn wir statt das Baby anzusehen nur noch Babyfotos auf Facebook laden oder beim Spazierengehen statt mit dem Baby überwiegend mit dem Handy reden. Oder wenn unsere Kinder das übernehmen.

»Mama, das war unglaublich!« Mein Sohn war verblüfft und beeindruckt. »Hast du das eben gesehen?« Hatte ich nicht, aber er erzählte es mir: Da war ein vielleicht Fünf- oder Sechsjähriger Junge, der neben seiner Mutter herging. Die Mutter schob ein Baby in einer Karre, und der Junge hielt sich mit einer Hand daran fest, während er mit der anderen das Smartphone der Mutter hielt und ein Spiel darauf spielte.

Ich kenne die Familie nicht, die Situation war eine Momentaufnahme und ich maße mir kein Urteil über diesen speziellen Fall an. Doch er illustriert, wie sehr die praktischen Minicomputer nicht nur Teil unseres Alltags, sondern zu einer regelrechten Epidemie geworden sind. Wenn wir nicht ein bisschen aufpassen, kann es sein, dass uns in der Folge eine Epidemie an »Schwererziehbarkeit« droht. Letztlich ist eine Mutter (oder ein Vater), die auf ein Smartphone starrt, anstatt auf die Kommunikationsversuche ihres Kindes zu reagieren, für das Baby nicht viel anders als eine z. B. durch Depression abwesende Mutter.

Kennen Sie das Still-Face-Experiment? Dabei geht es darum, herauszufinden, wie Babys reagieren, wenn ihre Mütter nicht mit reicher Mimik auf ihr Kind eingehen, sondern ausdruckslos schauen. Nicht unfreundlich, nicht freundlich, sondern »neutral« – wie auf einem dieser schrecklichen biometrischen Passbilder, die man nicht einmal seiner besten Freundin zeigen mag. Forscher setzten also Babys in Babyschalen und wiesen die Mütter an, ausdruckslos zu sein. Und es passierte Folgendes: Die Babys waren zunächst irritiert, dass ihre Mütter sich so seltsam verhielten. Dann versuchten sie, die Aufmerksamkeit der Mutter zurückzubekommen. Sie sprachen sie an, zeigten auf Dinge, lachten, krähten – und fingen schließlich an zu weinen.

Kommt so eine Situation oft oder ständig vor, führt das zu einer starken Verunsicherung beim Baby. Es weiß nicht mehr: Sieht Mama mich? Merkt sie, dass mit mir etwas nicht in Ordnung ist? Babys lernen viel über Nachahmung und dadurch, dass sie sich selbst im Gegenüber gespiegelt finden. Wenn der Spiegel nicht vorhanden ist, ist das – vorsichtig ausgedrückt – keine gute Voraussetzung.

Obgleich das Ziel des Still-Face-Experiments nicht war, die Auswirkungen auf Handys starrender Mütter zu untersuchen, gibt es uns einen Hinweis darauf, was aus Sicht unseres Babys passieren kann, wenn wir uns zu sehr von Minimonitoren vereinnahmen lassen: Unsere Babys geraten unter Stress und versuchen alles Mögliche, um Aufmerksamkeit zu erhalten, oder schränken irgendwann ihrerseits die Kommunikation ein.

Ein weiterer beliebter Abstandhalter ist die Kamera – gegebenenfalls auch die im Handy. Als mein Sohn klein war, beobachtete ich ein seltsames Phänomen an mir. Manchmal, wenn ich tagsüber wenig erwachsene Ansprache gehabt und den ganzen Tag allein mit dem Baby verbracht hatte, entspannte es mich abends, wenn mein Mann da war, kolossal, mir statt des echten Kindes Bilder von ihm anzusehen. So konnte ich ihm nah sein (starkes Bedürfnis), ohne ihm nah zu sein (auch starkes Bedürfnis). Ohne etwas von mir zu geben, was ich nicht mehr geben konnte, weil ich schon den ganzen Tag gegeben hatte.

Ich erzählte das einer Freundin, der es gerade schwerfiel, ihrer Tochter nahe zu sein. Sie sagte:»Darin erkenne ich mich definitiv wieder. Von unserer Tochter haben wir bestimmt zehntausend Bilder. Ich denke manchmal, dass ich auf diese Weise Abstand zwischen uns bringe, weil ich eigentlich Angst vor Nähe habe.« Falls Sie bei sich feststellen, dass Sie kamerasüchtige Phasen haben, bleiben Sie einfach aufmerksam. Hübsche Babybilder kann man nicht genug haben – es wäre bloß schade, wenn Ihr Baby statt Mamas schöner Augen zu oft die gläserne Linse sähe.

Nähe und Liebe sind das Wichtigste

Menschenbabys sind auf Bindung programmiert, auf Nähe und Liebe. Zur Not überleben sie auch ohne, aber sie gedeihen nicht. Deswegen steht dieser Verwöhn-Baustein an erster Stelle. Er ist der alleroberwichtigste. Alle anderen Verwöhn-Bausteine in diesem Buch sind Werkzeuge. Sie machen es wahrscheinlich, dass die Bindung gut klappt und Sie und Ihr Baby sich gut aufeinander einspielen. Sie machen es leicht, dass ein Baby gut gedeiht. Sie haben als natürliches Original viele Vorteile gegenüber künstlichen Kopien oder Notlösungen. Aber sie sind nicht der einzige Weg! Zu allen Zeiten und in allen Kulturen gab es Alternativen. Sie sind beinahe so alt wie die Menschheit selbst. Auch wenn irgendetwas nicht so perfekt läuft, wie Sie es sich erträumt haben, wird Ihr kleiner Mensch zu einem wunderbaren großen Menschen heranwachsen. Behalten Sie immer im Hinterkopf, dass die Natur sehr vieles verzeiht.

Nomother's perfect!

Die Geburt meines Sohnes war schauderhaft. So, wie Geburten nie sein sollten. Ich brauchte viele Jahre, um damit klarzukommen, dass ich ihm das »angetan« hatte.

Außerdem ist mein Sohn ein Einzelkind. Jeder weiß, dass Einzelkinder verpäppelte unerträgliche Blagen sind. Ich brauchte auch hier Jahre, um damit klarzukommen. Lange habe ich jedem, den ich näher kennenlernte, im zweiten Satz erzählt, dass das so nicht geplant war. Und ich bin jedem an die Kehle gegangen, der auch nur wagte anzudeuten, diese oder jene Verhaltensweise meines geliebten Kindes könne etwas damit zu tun haben, dass er keine Geschwister hat.

Inzwischen mache ich selbst Witze darüber. Die Wunden der vermurksten Geburt sind geheilt, und ich weiß genug, um verletzende Bemerkungen richtig einordnen zu können. Die Natur hat in die Kindheit immer wieder Phasen eingebaut, in denen mit Volldampf neu programmiert und repariert wird.

Wichtig ist, dass Sie sich selbst nicht zermartern, wenn Sie aus welchen Gründen auch immer keinen rechten Zugang zu Ihrem Baby finden oder wenn es mit dem Stillen nicht geklappt hat oder die Geburt furchtbar war. Auch wenn Sie sonst irgendwo in diesem Buch einen Baustein finden, der bei Ihnen nicht »perfekt« war oder ist: Bleiben Sie gelassen. Sie haben zu dem Zeitpunkt gegeben, was Ihnen möglich war! Vertrauen Sie darauf, dass die Liebe und Nähe, die Sie Ihrem Kind geben, ein guter Nährboden für Heilung und Wachstum sind.

Sie haben viele gemeinsame Jahre vor sich. Viele schöne Erlebnisse. Viel Zeit, auch Versäumtes wieder auszugleichen.

Ja, aber ...

... das Kind muss auch lernen, dass es nicht allein auf der Welt ist und dass andere Menschen auch Rechte haben

Das stimmt absolut, und niemand, der in einer halbwegs normalen Umgebung aufwächst, wird der Erkenntnis entgehen, dass andere Menschen auch Rechte haben. Ein Baby kann das noch nicht verstehen oder denken. Ein Baby braucht warme Hände, die es halten, warme Milch, die es satt machen, und liebevolle Eltern, die es mit all seinen Bedürfnissen sehen. Dann, und nur dann, lernt es, dass es eben nicht allein ist auf der Welt.

Was der Einwand eigentlich bedeutet, ist: *Ich wünsche mir, dass mein Kind zu einem freundlichen und einfühlsamen Erwachsenen heranwächst.* Dabei ist wichtig zu wissen, dass Empathie und Altruismus nicht vom Himmel fallen, weil man seinem Kind erklärt, dass andere Menschen auch Rechte haben. Im Gegenteil. Diese Qualitäten haben mit der Entwicklung des präfrontalen Kortex zu tun, dem »sozialen Gehirn«, wie Forscherin Sue Gerhardt es nennt. Dieses soziale Gehirn entwickelt sich nicht von allein, sondern ein Baby braucht dafür viele positive Erfahrungen und liebevolle Begegnungen. Das Gehirn »wird im Wesentlichen durch tatsächliche Erfahrungen aufgebaut. Was du reinsteckst, ist mehr oder weniger, was du rausbekommen kannst. Wenn wir uns Kinder wünschen, die ruhig, ordentlich und fähig zu Empathie und Vorausschau sind, dann müssen wir den Eltern helfen, diese Qualitäten weiterzugeben«,[11] schreibt Gerhardt.

... man muss doch beizeiten Grenzen setzen

Ähm ... Nein. Grenzen muss man gar nicht künstlich setzen. Die hat man. Die Kunst ist, sie rechtzeitig zu spüren und den Mitmenschen zu kommunizieren. Sie allerdings einem Baby zu kommunizieren ist sinnlos, denn ein Baby kennt keinerlei Berechnung, und es kann sich nicht anders verhalten, als es das gerade tut. Es drückt lediglich seine Bedürfnisse aus und spiegelt die eigene Umwelt. Deswegen besteht die Kunst mit einem Baby zwar ebenfalls darin, rechtzeitig zu spüren, wenn man an seine Grenzen kommt. Der zweite Schritt ist jedoch nicht, eine Verhaltensänderung des Babys einzufordern, sondern zu überlegen, wie das Thema so gelöst werden kann, dass keiner leidet.

Es ist müßig, bei einem Baby oder sehr kleinen Kind willkürliche Verbote auszusprechen – es kann noch nicht gehorchen. »Ein kleines Kind kann weder wissentlich ungehorsam sein noch sich willentlich schlecht benehmen«, schreibt Joseph Chilton Pearce. »Es kann nur seinem eingeborenen Antrieb folgen.«

Ich erinnere mich an eine Situation, als mein Sohn ungefähr vier Jahre alt war und höchst interessiert an allem. Er musste die Welt erforschen, es ging nicht anders. Nicht immer passte das mit meinen Vorstellungen von einem entspannten Familienleben zusammen, und so fragte ich ihn eines Tages: »Sag mal, wenn ich dir ausdrücklich sage, dass ich nicht will, dass du das tust – warum tust du es dann trotzdem? Ist es dir egal, dass ich das nicht will?« »Nein, Mama«, sagte er und schaute mich mit seinen riesigen Vierjährigenaugen an. »Aber manchmal muss ich es dann trotzdem machen.«

Wie sollte ich ihm das verwehren? Ich muss auch manchmal zu viel Schokolade essen, obwohl ich es mir verboten habe. Und wir alle wissen, dass der Trieb zu lernen bei Kindern noch stärker ist als Hunger oder Schokoladensucht.

... ich will keinen kleinen Tyrannen heranziehen

Keine Sorge. Die Wahrscheinlichkeit für einen »kleinen Tyrannen« steigt in dem Maß, in dem die Bindungsbedürfnisse eines Babys nicht befriedigt werden. Sprich: Je besser Sie auf Ihr Baby eingehen können, desto größer ist die Wahrscheinlichkeit, dass es eben kein »Tyrann« wird, sondern ein tiefenentspanntes größeres Kind und ein gelassener Erwachsener.

Die Bindungstheorie kennt verschiedene Modelle, nach denen Menschen sich binden: sichere Bindung und verschiedene Arten der unsicheren Bindung. Wenn Sie feinfühlig auf Ihr Baby eingehen, wird es eine sichere Bindung zu Ihnen entwickeln.

Erst wenn ein kleiner Mensch sich der Zuwendung und Versorgung durch seine Erwachsenen unsicher ist, muss er sie immer wieder auf ungeschickte Art einfordern. »Jedes Verhaltensproblem«, sagt der Psychologe Gordon Neufeld, »ist in Wirklichkeit ein Beziehungsproblem.«

»Kinder, deren Bedürfnisse früh von liebenden Eltern erfüllt werden, sind vollkommen und absolut der strengsten Form der ›Disziplin‹ unterworfen, die man sich denken kann: Sie tun nicht, was du nicht möchtest, weil sie dich so sehr lieben!«

Dr. Elliot Barker

... wenn ich mir jetzt schon auf der Nase herumtanzen lasse, wie soll das dann später werden?

Später ist nicht jetzt. JETZT ist Ihr Kind ein Baby, dessen Füße sich im Zweifelsfall unglaublich weich und niedlich auf Ihrer Nase anfühlen.

Jetzt genießt Ihr Baby das Gefühl der Geborgenheit, wenn es bei Ihnen ist. Es freut sich, dass es geliebt und gehalten wird, während seine Bedürfnisse erfüllt werden. So lernt es auf einer sehr tiefen Ebene: Ich bin sicher. Die Welt ist freundlich. Mama ist für mich da. Papa hält mich.

Oder, wie Nora Imlau so wunderschön schreibt: »Auf Mama und Papa kann ich mich verlassen. Sie verstehen mich, denn sie haben mich bereits verstanden, als ich noch nicht sprechen konnte. Sie halten mich, denn sie haben mich schon gehalten, bevor ich darum bitten konnte. Sie sind für mich da, wie sie immer für mich da waren. Tag und Nacht.«[12]

... wenn ich mich den ganzen Tag nur um mein Kind drehe, werde ich irre

Tun Sie sich mit anderen Erwachsenen zusammen, wenn Sie können. Suchen Sie sich andere, die in derselben Situation sind wie Sie und möglichst in Ihrer Nähe wohnen. Sie müssen sich nicht auf den ersten Blick lieben, Sie müssen nur in der Lage sein, miteinander zu reden, ohne bei jedem Satz des Gegenübers innerlich die Augen zu verdrehen. Zuneigung kann wachsen. Suchen Sie sich auch andere Unterstützung. Ist Ihre Tante wirklich so furchtbar, dass Sie Ihr das Baby nicht für einige Minuten anvertrauen können? Kurz: Tun Sie alles, was Sie können, um sich und dem Kind das Leben zu erleichtern.

Liebe ist das Wichtigste, alles andere sind Werkzeuge

Bindung wächst und verändert sich über die Jahre

Babyschnüffeln gehört zu den größten
Vergnügen im Leben

Zu viel liebhaben kann man nicht

2 Verwöhnen beginnt vor der Geburt

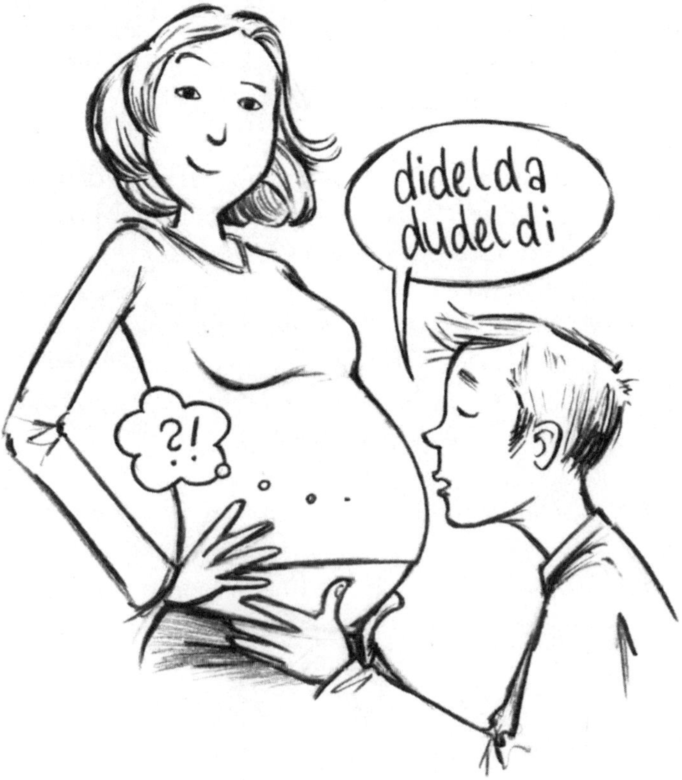

Die Schale

*Wenn du vernünftig bist, erweise dich als Schale und
nicht als Kanal, der fast gleichzeitig empfängt und
weitergibt, während jene wartet, bis sie gefüllt ist.
Auf diese Weise gibt sie das, was bei ihr überfließt,
ohne eigenen Schaden weiter ...*

*Lerne auch du, nur aus der Fülle auszugießen,
und habe nicht den Wunsch freigiebiger zu sein als Gott.
Die Schale ahmt die Quelle nach.
Erst wenn sie mit Wasser gesättigt ist,
strömt sie zum Fluss, wird zur See.
Du tue das Gleiche! Zuerst anfüllen und dann ausgießen.
Die gütige und kluge Liebe ist gewohnt überzuströmen,
nicht auszuströmen.*

*Ich möchte nicht reich werden, wenn du dabei
leer wirst. Wenn du nämlich mit dir selbst schlecht
umgehst, wem bist du dann gut? Wenn du kannst,
hilf aus deiner Fülle, wenn nicht, schone dich.*

Bernhard von Clairvaux

Postkarten von draußen

Haben Sie es schon ganz begriffen? Sie sind schwanger. Ich weiß noch, dass es bei mir lange dauerte, bis ich es wirklich verstanden hatte. Es war eher eine theoretische Idee als etwas, das ich wirklich begriff. Ich bin, ehrlich gesagt, noch heute ab und zu vollkommen verblüfft, dass der phantastische kluge und wunderschöne Junge, der gerade aus der Schule gekommen ist, tatsächlich *mein Sohn* ist.

Was bedeutet Ihre Schwangerschaft für Sie? Wie fühlt sich das Wissen an, ein Kind zu bekommen, Mutter oder Vater zu werden? Für jedes Paar ist dieses Erlebnis wieder neu und einzigartig. Und für jede Frau ist das Erlebnis der Schwangerschaft anders. Jede hat eine andere Geschichte, andere Bilder im Kopf, einen anderen Gesundheitszustand. Entsprechend muss das, was für Ihre beste Freundin oder auch für mich richtig war, nicht unbedingt auch für Sie richtig sein. Nicht mal das, was bei Ihren ersten beiden Kindern passend für Sie war, muss jetzt das Richtige sein. Es ist gut, wenn Sie von Anfang an lernen, ganz genau in sich hineinzuhorchen, was für Sie stimmt und was nicht – und das gegebenenfalls auch deutlich kommunizieren.

Denn die wichtigste Person hier sind Sie.

Sie sind das Wellness-Hotel für Ihr Baby. Diese Aufgabe können Sie nur erfüllen, wenn es Ihnen gut geht. Deswegen gehört es zu Ihren allerwichtigsten Aufgaben in der Schwangerschaft, eben dafür zu sorgen.

Während der Schwangerschaft geschieht in der Abgeschiedenheit der Gebärmutter etwas sehr Faszinierendes. Nicht nur wächst aus zwei Zellen, die sich zusammentun und dann immer wieder teilen, ein neuer Mensch heran, sondern auch im Inneren dieser Zellen passieren sehr wichtige Dinge.

Als erwachsener Mensch haben Sie ca. 100 Billionen Zellen. Ein Baby hat schätzungsweise 5 oder 6 Billionen – in neun Monaten von zwei Zellen auf 6 Billionen! Im Kern jeder einzelner dieser Billionen Zellen ist ein Zellkern, in dem sich die Zellinformation in Form der DNS befindet. Diese Information ist in jeder Zelle gleich.

Woher weiß die eine Zelle, dass sie eine Hautzelle in einem entzückenden Babyfuß werden soll und die andere ein Teil dieser unglaublich langen Babywimpern? Durch Gene allein wissen Zellen das nicht, genauso wenig wie ein Computer ohne Software arbeiten kann. Jede Zelle braucht noch einen »Laufzettel«, auf dem sich ihr Auftrag befindet. Dadurch weiß sie, welche genetischen Informationen sie ausdrücken soll und welche inaktiv bleiben.

Einen solchen Auftrag erhält die Zelle über Methylgruppen, die sich an einzelne Gene binden und sie auf diese Weise »abschalten«. Dadurch kann sie zu einer Babyfußzelle, einer Wimpernzelle, einer Darmzelle werden.

Es gibt noch eine zweite Möglichkeit zu bestimmen, welche der vielen Gene in einem Zellkern überhaupt Ausdruck finden: Die DNS ist um eine »Spule« aus bestimmten Proteinen – Histonen – gewickelt. Je nachdem, wie locker oder eng sie gewickelt ist, können Gene besser oder schlechter ausgedrückt werden. Je enger gewickelt, desto schlechter sind die Gene ablesbar.

Auf diese Weise werden Zellen nicht nur spezialisiert, sondern auch an die individuellen Lebensumstände angepasst. Während der Schwangerschaft bekommt das Baby z. B. durch die Nahrung, welche die Mutter zu sich nimmt, und durch die Hormone in ihrem Blut Informationen über die Welt, die es draußen erwartet. Die Journalistin Annie Murphy Paul nennt sie »Postkarten von draußen«.[1] So erfährt der kleine Organismus schon vor der Geburt viele wichtige Dinge: Ist die Welt, die ihn erwartet, sicher? Ist genug hochwertige Nahrung da?

Welche Nahrung gibt es? Ist es warm oder kalt? Ist die Welt ein freundlicher Ort, an dem sich ein kleiner Mensch wohl fühlen kann? Oder erwartet ihn Unsicherheit, Not und Kampf? So ist das Baby perfekt angepasst an die Welt, in die es hineingeboren wird und hineinwächst. Ist die Welt rau, so ist es sinnvoll, selbst ein bisschen struppig zu sein, um in ihr bestehen zu können. Ist sie feinsinnig, wird auch der heranwachsende kleine Mensch eher sensibel sein. Ist wenig Nahrung da, trägt es zum Überleben bei, wenn man leicht Vorräte anlagert.

Sorgen Sie also gut für sich, um Ihrem Baby möglichst sonnige Postkarten von draußen zu schicken.

Verwöhnen Sie sich selbst.

Alles, was Sie empfinden, empfindet auch Ihr Baby. Ihre Glücksbotenstoffe erreichen es über die Plazenta ebenso wie Ihre Stresshormone. Tatsächlich finden die ersten Programmierungen seines Stresssystems schon im Bauch statt. Das braucht Sie nicht weiter zu beunruhigen – im Gegenteil. Ein bisschen normaler Stress tut Babys sogar gut.

»Du bist schwanger und nicht krank.« Viele Schwangere hören diesen Satz. Er bedeutet auch:

Funktionier weiter. Stell dich nicht an. Bleib arbeitsfähig. Wir alle müssen mit anpacken, um das Land voranzubringen. Du verdienst keine Sonderbehandlung.

Schwangerschaft ist keine Krankheit, sondern ein echtes Abenteuer. Das bedeutet aber nicht, dass das, was in Ihrem Körper gerade passiert, nicht Achtsamkeit verdient hätte. Wie gesagt: Ihr Körper verrichtet gerade ein Wunder. Das ist zehntausendmal komplexer als eine Mondrakete zu bauen. Und Ihr Körper schafft es ganz allein, in nur neun Monaten. Aus dem, was Sie ihm zur Verfügung stellen, baut er einen funkelnagelneuen Menschen zusammen! Das soll erst mal einer nachmachen.

Wir leben gegenwärtig in einer Gesellschaft, in der zwei Dinge werdenden Müttern das Leben schwer machen können:

Erstens hat die Familie keinen besonders hohen Stellenwert, und Mutterschaft an sich schon gar nicht. Das bloße Wort »Mutterschaft« klingt beinahe unanständig – konservativ bis »Blut und Boden«.

Zweitens hat das Funktionieren im Gegensatz dazu einen hohen Stellenwert. Zum Teil ist das ein Erbe der Kriegs- und Nachkriegsgenerationen vor uns, als es wirklich ums nackte Überleben ging. Heute sollte es eher um Lebensqualität gehen. Und die ist nicht unbedingt höher, wenn das Auto ein bisschen größer oder das iPhone ein bisschen neuer ist, sondern hat in der Regel mit den Menschen zu tun, mit denen wir uns umgeben. Hören Sie wirklich genau in sich hinein: Was ist Lebensqualität für Sie? Welche Menschen brauchen Sie dafür? Welche Unterstützung würden Sie sich wünschen, wenn Sie frei wählen könnten?

Auf die Nachkriegszeit folgten die 1960er und 1970er Jahre, in denen Frauen Karriereleitern, die bisher Männern vorbehalten waren, für sich entdeckten. Diese großartige Entwicklung hat leider auch dazu geführt, dass nichts allzu Weibliches der Arbeitskraft in den Weg kommen durfte: »Eine Frau konnte arbeiten wie ein Mann, selbst wenn sie zusätzlich 30 Pfund Blut, Flüssigkeiten, Gewebe und einen tretenden, sich windenden Fötus mit sich herumtrug«, schreibt Annie Murphy Paul.[2]

Wir versuchen, uns in alle Richtungen zu dehnen wie Elasticgirl aus dem Animationsfilm »Die Unglaublichen«: Perfekte Frau, perfekte Arbeitskraft, perfekte Mutter. Bloß keinem auf die Nerven gehen mit unseren schwangeren Zipperlein. Es ist vielleicht an der Zeit, wieder ein bisschen zurückzurudern und netter zu uns selbst zu werden. Wie gesagt, Ihr Körper verrichtet gerade ein Wunder.

Schwanger und nicht krank

Viele Frauen merken während ihrer Schwangerschaft, dass sie besser riechen können und eher Ekelgefühle entwickeln. Sie sind empfindlicher, ihre Nerven liegen schneller blank. Das ist eine wichtige Schutzfunktion.

Denn in der Frau wächst ein kleines Wesen heran, das dem Körper immerhin zur Hälfte fremd ist. Um den Fötus nicht abzustoßen, wird das Immunsystem der Mutter heruntergefahren. Sie ist nicht krank, wird aber anfälliger für Krankheiten.

Damit im Zusammenhang steht, dass schwangere Frauen auch misstrauischer werden und sich am liebsten nur innerhalb ihres »Stammes« bewegen.

Nehmen Sie die Signale Ihres Körpers ernst und handeln Sie entsprechend.

Unterstützung

Gehen wir davon aus, dass Ihre Lebensqualität im Wesentlichen durch menschliche Begegnungen bestimmt wird, so stellt sich die Frage: Wen wollen Sie in dieser besonderen Zeit in Ihrem Leben haben? Wer kann Ihnen besonders gut zur Seite stehen?

Ich habe mich umgehört, welche Menschen für andere Mütter während der Schwangerschaft am wichtigsten waren. Ganz vorn dabei war in den Antworten »meine Hebamme«, gefolgt von »meine beste Freundin«, »meine Mutter« und »mein Mann/Partner«.

Als besonders wertvoll empfinden die meisten Schwangeren Unterstützung durch Frauen, die selbst schon Kinder geboren haben oder besondere Sicherheit ausstrahlen: die Mutter, die Hebamme, die Schwiegermutter, die Frauenärztin. Sie alle kön-

nen die galoppierenden Angstphantasien zurück auf den Boden der Tatsachen holen.

Ich habe das ähnlich erlebt. Wie oft war ich mit meiner Mutter in meinem Lieblingspark spazieren! Wie gern habe ich mit meiner Cousine oder meiner besten Freundin telefoniert! Um mich zu einer Hebamme zu trauen, brauchte ich eine Weile. Schließlich ging ich ja regelmäßig zur Frauenärztin. Wozu brauchte ich eine Hebamme? Ich wollte nicht noch mehr Neues, nachdem mein ganzes Leben schon umgekrempelt war. Der Gang zur Hebamme war mir unheimlich. Zu »anders« und vielleicht auch ein bisschen zu weiblich. Entsprechend dauerte es einige Wochen, eine Hebamme zu finden, die wirklich zu mir passte.

Wer auch immer Ihnen guttut – Ihre beste Freundin, Ihr bester Freund, Ihr Mann, die Mädelsclique, Ihre Mutter, Ihre Hebamme oder Ihre Frauenärztin – treffen Sie sich mit diesen Menschen, so viel Sie können.

So finden Sie Ihre Hebamme

Ungefähr in der 15. oder 16. Woche können Sie sich schon auf die Suche nach »Ihrer« Hebamme machen. Sie kann bis auf den Ultraschall auch die Vorsorgeuntersuchungen übernehmen.

Welche Hebamme zu Ihnen passt, hängt von mehreren Faktoren ab:

Wünschen Sie sich von ihr »nur« Vor- und Nachsorge? Hätten Sie gern eine Beleghebamme im Krankenhaus? Möchten Sie im Geburtshaus Ihr Kind bekommen oder zuhause? Erkundigen Sie sich, was die Hebammen in Ihrer Nähe anbieten.

Es ist gut, wenn Sie Ihre Hebamme auch persönlich mögen und ihr hundertprozentig vertrauen. Gerade weil Sie in der Schwangerschaft besonders empfindsam sind, ist es wichtig, dass auch die Zwischentöne stimmen. Hören Sie sich um, welche Ihrer Freundinnen von welcher Hebamme begleitet wurde und was sie dabei besonders angenehm fand.

Falls Sie nicht auf persönliche Empfehlungen zurückgreifen können, schauen Sie sich direkt in Ihrer Umgebung um. Wenn Ihre Hebamme in der Nähe praktiziert, sind Sie schneller bei ihr – und Ihre Hebamme schneller bei Ihnen. Im Idealfall ist der Weg zwischen Ihnen und Ihrer Hebamme möglichst kurz.

Ernährung

Wie gesagt, Ihr Körper zaubert gerade einen neuen Menschen. Unendlich viele Zellen, Hormone und Botenstoffe arbeiten genau aufeinander abgestimmt zusammen, um dieses Wunderwerk zu vollbringen. Für den neuen kleinen Körper werden nur die besten Materialien verwendet. Was nicht aus Ihrer Nahrung kommt, wird aus Ihren Körpervorräten geholt. Wenn auch dort keine wertvollen Bausteine zu finden sind, müssen die körpereigenen Bauarbeiter nehmen, was sie finden. Das bedeutet, dass ein Baby keine optimalen Startbedingungen hat, wenn die Mutter mangelernährt ist.

Aber hier geht es ja erst mal um Sie. Was passiert im Körper der Mutter, wenn für Ihr Baby Nährstoffe gebraucht werden, die bei ihr selbst knapp sind? Sie werden der Mutter entzogen. Dadurch wird sie anfälliger für Krankheiten, schneller schlapp, weniger leistungsfähig und anfälliger für Depressionen.

Sie sollen sich aber wohl fühlen mit Ihrem neuen schwangeren Körper. Satt, zufrieden, genährt und warm. Und dafür benötigen Sie Nährstoffe, Vitamine, Mineralien, Spurenelemente – all das, was Ihr Körper braucht, um Ihr Baby wachsen zu lassen, braucht er auch, damit es Ihnen gut geht. Idealerweise sind Ihre Zellen schon seit Monaten britzelnd voll mit all diesen Powerbausteinen, wenn Sie in die Schwangerschaft gehen.

Essen Sie also möglichst »echtes Essen«, dessen Inhaltsstoffe Sie kennen und aussprechen können und das sie am besten selbst auf dem Markt oder beim Bauern nebenan gekauft haben. Mal eine Fertigpizza ist nicht schlimm – aber jeden Tag eine Fertigpizza macht krank.

Falls Sie sich bisher eher einseitig ernährt haben, sollten Sie nicht in Stress verfallen und Ihre Ernährung von heute auf morgen um 180 Grad in irgendeine Richtung verändern. Das führt bei den allermeisten Menschen nicht zum Ziel. Meine Idee ist eher, dass Sie die wirklich minderwertigen Anteile Ihrer gewohnten Ernährung nach und nach immer weiter reduzieren – und die Anteile echten Essens immer mehr erhöhen und sich zusätzlich zwischendurch gute aufbauende Verwöhn-Einheiten gönnen: frisch gepresste Obst- und Gemüsesäfte, grüne Smoothies oder auch mal ein Stück dunkle (rohe) Schokolade.

Essen Sie nicht »für zwei«!

Bewegung und Massage

Ich fühlte mich gegen Ende meiner Schwangerschaft ein bisschen wie ein gestrandeter Pottwal. Unbeweglich und unglücklich. Im Rückblick denke ich, dass das vor allem daran lag, dass ich mich zwar nach Kräften bemüht hatte, mich zu bewegen, aber bis auf die täglichen Fahrradfahrten zur Arbeit und ein paar Spaziergängen im Park de facto nicht viel getan hatte. Die Menge der wöchentlichen Käsebrötchen (jawohl, diese fiesen, fettigen Teile), die ich so über die Woche aß, war nicht zu verachten, die Gemüsemenge schon. Wenig Bewegung und schlechtes Essen: zwei Gewohnheiten, die schon im nicht schwangeren Zustand wenig förderlich sind.

Dem Baby im Bauch, aber vor allem der Mama selbst tut es gut, wenn das Gewebe und die Muskeln gut durchblutet und mit Sauerstoff versorgt sind. Das entspannt, stärkt und erleichtert letzten Endes auch die Geburt.

Als besonders angenehm empfinden die meisten Frauen regelmäßiges Schwimmen. Es gönnt den Gelenken eine Pause, und es hält fit. Schwimmen ist etwas, das Sie während der Schwangerschaft bedenkenlos tun können, selbst wenn Sie vorher eine Couch-Kartoffel waren. Wenn Sie vorher schon sportlich aktiv waren, gibt es keinen Grund, dies nicht auch in der Schwangerschaft zu sein. Im Gegenteil: Wissenschaftler empfehlen Sport während der Schwangerschaft.[3] »Regelmäßiges Training hält die Mutter fit, vermindert typische Rückenprobleme und Wassereinlagerungen, eine zu starke Gewichtszunahme, Schwangerschaftsdiabetes und Depressionen«,[4] schreibt die Journalistin Michaela Rose.

Ist in Ihrer Nähe eine Craniosacral-Therapeutin oder ein Osteopath? Falls ja, gönnen Sie sich eine oder mehrere Behandlungen!

Auch zuhause können Sie eine Massagekultur einführen. Zeigen Sie Ihrem Partner, wo Sie seine knetenden Hände besonders wohltuend finden, um Ihren Körper zu entlasten: am unteren Rücken? An den Schultern? Im Nacken?

Glückliche Mama

Am besten können Sie Ihr Baby glücklich machen, indem Sie selbst dafür sorgen, dass Sie glücklich sind. Treffen Sie sich mit Freundinnen, gehen Sie in den Wald, bummeln Sie mit Ihrem Partner durch die Innenstadt, erledigen Sie lange angehäufte Arbeiten – tun Sie, was Ihnen gerade guttut. Ihr Baby bekommt Ihre Glücksbotenstoffe ab, und das ist genau das, was Sie wollen. (Es versteht sich, denke ich, von selbst, dass »glücklich« hier nicht bedeutet, beschwipst in der Disco zu sein – das macht das Baby nicht glücklich, sondern setzt es enorm unter Stress.)

Moderater Stress tut gut

»Ich sitze aber nicht den ganzen Tag in Yogapose«, denken Sie jetzt vielleicht. Oder: »Ja, ich habe manchmal Stress bei der Arbeit! Ich sorge mich auch um mein Baby. Es ist nun mal im Leben nicht alles rosig.«

Stressen Sie sich nicht damit, sich nicht zu stressen! Ihr phantastischer Körper hat diverse Schutzmechanismen für Ihr Baby auf Lager: Zum einen sind Schwangere sowieso gelassener als sonst,[5] zweitens sorgt ein Enzym mit dem schönen Namen »11β-Hydroxysteroid Dehydrogenase Typ 2« in der Plazenta dafür, dass ein großer Teil des mütterlichen Kortisols aufgebrochen und unschädlich gemacht wird, und drittens – und das ist etwas, das Sie selbst bewusst gestalten können – haben Wissenschaftler festgestellt, dass negative Auswirkungen von zu viel Stress durch liebevollen, bindungsorientierten Umgang mit dem Säugling wieder ausgeglichen werden können.[6]

Und ein bisschen ganz normaler Lebensstress tut dem Baby tatsächlich gut. Genau wie sich Erwachsene »unter Strom« lebendig und wach fühlen, ist Alltagsstress auch gut für Ihr Baby. Janet DiPietro, Entwicklungspsychologin an der Universität Maryland, hat herausgefunden, dass Babys, die im Mutterleib immer wieder leichtem Stress ausgesetzt waren, im Alter von zwei Jahren motorisch und geistig weiter entwickelt waren als ihre entspannten Kollegen.[7] DiPietro geht davon aus, dass diese Babys schon *in utero* ihr Nervensystem trainieren konnten: »Leichter Stress mag eine notwendige Voraussetzung für die optimale Entwicklung sein.«[8]

Gestresste Mama, gestresstes Baby

Wirklich schwierig für das Baby wird Stress erst, wenn er überhandnimmt und das heranwachsende kleine Gehirn einer Flut von Kortisol ausgesetzt ist, die es nicht mehr stimuliert, sondern überwältigt. In solchen Fällen erhält das Baby »Postkarten von draußen«, die ihm signalisieren: Die Welt, die dich erwartet, ist gefährlich und unberechenbar. Jederzeit könnte eine Katastrophe eintreten.

Babys, die permanentem starken Stress ausgesetzt sind – sei es durch traumatische Erlebnisse, Gewalt, Alkohol, Gifte oder anderes – können bereits im Mutterleib ungesunde Stressreaktionsmuster entwickeln: zu starke oder zu schwache Reaktionen. Beides hat Auswirkungen auf Gesundheit, Intelligenz und Sozialverhalten.

Doch auch hier gilt wieder: Ein Trauma in der Schwangerschaft bedeutet nicht ewige Verdammnis. Liebe heilt vieles.

Bewusstes Konsumieren

Kennen Sie diese Sprüche, die eine Zeitlang auf Facebook und davor auf diversen E-Mail-Verteilern zirkulierten? »Wenn du ein Kind der 1970er oder 1980er Jahre bist, dann …« … dann bist du mit giftigen Lackfarben auf deinen Möbeln aufgewachsen, dann hast du bleihaltige Spielzeuge gehabt, dann war deine Lieblingspuppe aus PVC mit Weichmachern. »Es hat uns auch nicht geschadet« ist in der Regel die Quintessenz dieser Texte. Leider häufen sich die Belege, *dass* es uns geschadet hat.[9] Viele dieser Chemikalien sind auch in geringsten Dosen schädlich und − das finde ich am unheimlichsten − Schädigungen durch chemische Substanzen wie Bisphenol A, Phtalate oder Pestizide können auch eine Generation überspringen: Die Eltern sind zum Teil vollkommen gesund − die Schädigung tritt erst in der nächsten Generation auf. Schon winzigste Mengen dieser Chemikalien werden in Verbindung gebracht mit Asthma, Autismus, Diabetes, Krebs, Unfruchtbarkeit, kognitiven Störungen, Übergewicht, Geburtsdefekten und Stoffwechselstörungen im weiteren Leben.[10]

Wir können unserer Umwelt nicht davonlaufen. Wir alle tragen Chemikalien in uns. In einer Studie aus dem Jahr 2009 arbeiteten Wissenschaftler aus den USA, Kanada und den Niederlanden zusammen, um Nabelschnurblut von 10 Neugeborenen zu untersuchen. Sie fanden 232 potenziell schädliche Chemikalien.[11] Es ist nicht sinnvoll, deswegen in einen emotionalen Ausnahmezustand zu geraten. Aber wir können aufmerksam sein. Während der Schwangerschaft und der ersten Lebensjahre sind Kinder ganz besonders empfindlich, einfach dadurch, dass sie sich so schnell entwickeln.

Umso wichtiger ist es, dass wir als Eltern bewusst konsumieren und unsere Kinder bewusst in einer möglichst natürlichen Umwelt aufwachsen lassen. Das macht dazu noch ziemlich viel Spaß.

Zuwendung

Papas tiefe Stimme klingt durch die Bauchdecke, das Baby dreht sich zu seinen Händen, die darauf liegen. Jeden Tag nehmen sich Mama und Papa Zeit, um den Bauch zu streicheln und mit dem Baby zu sprechen. Manchmal singt Mama ihm vor. Manchmal spielt Papa auf der Gitarre.

Ebenso wie bereits geborene Säuglinge genießen auch Ungeborene Zuwendung, Zwiegespräche und Zeit mit den Eltern.

So können Eltern und Baby (vor allem auch Papa und Baby) schon eine enge gefühlsmäßige Bindung aufbauen, bevor der kleine Mensch das Licht der Welt erblickt hat.

Der französische Frauenarzt Michel Odent ist ein Pionier auf dem Gebiet der Geburtsforschung. Eine beeindruckende Datenbank von Studien hat er zusammengetragen und eine ebenso beeindruckende Menge wegweisender Bücher geschrieben, von denen viele in alle möglichen Sprachen übersetzt wurden. Heute ist er über achtzig und jettet immer noch für die natürliche Geburt um die Welt. Zwischendurch ist er zuhause in seinem Häuschen in London, wo ich ihn im November 2012 getroffen habe.

»Ich glaube«, so Odent damals, »es ist wichtig, dass schwangeren Frauen klar wird, dass die Wissenschaft derzeit davon ausgeht, dass die Gesundheit eines Menschen zu großen Teilen im Mutterleib festgelegt wird. Das bedeutet, dass das Wohlergehen schwangerer Frauen wichtiger ist, als wir gemeinhin angenommen haben. Es bedeutet, dass der emotionale Zustand schwangerer Frauen geschützt werden muss.«

Standarduntersuchungen und Eigenverantwortung

Frauen sind heute durchschnittlich älter, wenn sie ihr erstes Kind bekommen, als noch vor fünfzig Jahren. Sie sind auch durchschnittlich dicker. Ich gehe davon aus, dass das sicherlich ein Grund ist für die »Epidemie der Risikoschwangerschaften«. Mir scheint es manchmal, als gäbe es kaum mehr normale, problemlose Schwangerschaften, obwohl Statistiken für verschiedene Risikosymptome meist nur Werte zwischen 5 und 10 % zeigen.[13] Ein weiterer Grund mag die immer genauere Diagnostik sein. Heute werden auch Feinheiten entdeckt, welche die Geräte älterer Generationen nicht gefunden hätten – was vereinzelt Leben retten kann, vor allem aber die Alarmbereitschaft erhöht. »Im täglichen Leben«, schreibt Dr. Michel Odent, »können wir alle feststellen, dass es unmöglich geworden ist, eine ›normale‹ Schwangere zu treffen. Sie alle haben zumindest einen Grund bekommen, ernstlich besorgt zu sein.«

»Die Menschen, die die Schwangerschaft begleiten, sollten von einer einzigen Sache besessen sein: den Gefühlszustand der schwangeren Frau zu schützen. Anders gesagt: Sie müssen zum Beispiel sicherstellen, dass die Frau am Ende des Besuchs nicht nervöser ist als vorher.«

Michel Odent[14]

Bevor Sie also besorgt sind – bevor Sie überhaupt die Standarduntersuchungen machen lassen –, fragen Sie sich und Ihre Frauenärztin (oder Ihren Frauenarzt): Was (oder wem) nützt eine Untersuchung? Was sind die Konsequenzen? Gibt es überhaupt Konsequenzen bei bestimmten Testergebnissen? Was haben Sie davon zu wissen, dass der Fötus einige Millimeter »zu klein« ist? Es kann eine Messungenauigkeit sein. Es kann sein, dass Ihr Baby ein bisschen jünger ist als angenommen. Es kann sein, dass es einfach von Natur aus ein kleines Baby ist. Sie können sowieso nichts daran ändern, also ist es nicht schlau, sich über solche Dinge aufzuregen.

Und doch machen sich viele Frauen verrückt mit Gedanken wie »mein Baby ist zu klein«, »mein Baby ist zu groß«, »mein Baby hat einen zu großen Kopf«, »mein Baby hat einen zu kleinen Kopf«, »mein Baby hat einen zu dicken Bauch« ...

Diese Unsicherheit hilft weder der Mutter noch dem Baby. Sie schadet ihnen nur und setzt die Mutter unter unnötigen Stress. Außerdem kann dadurch – sehr subtil! – ein unschönes Denkmuster ausgelöst werden, das unter Umständen die Beziehung zwischen Eltern und Kind vielleicht bis ins Teenageralter beeinflusst: Eine äußere Autorität sagt mir, dass mein Kind kaputt ist und dass es repariert werden muss. Ich finde diese Denkweise gefährlich. Wie viel schöner ist es, jeden Augenblick zu wissen: Du bist wunderbar, mein Kind, genau so, wie du bist.

»Aber was ist mit Tests, durch die sich Behinderungen erkennen lassen?«, denken Sie jetzt vielleicht. Das können Sie nur selbst beantworten. Was würden Sie tun, wenn Sie ein Kind mit Down-Syndrom bekämen? Was, wenn Sie einem Kind das Leben schenkten, das nicht lebensfähig ist?

Wir haben damals gemerkt, dass wir nicht den Wunsch hatten zu entscheiden, welches Leben lebenswert ist und welches nicht. Wir wollten keine Tests. Unter anderem auch, weil Testergebnisse immer falsch sein können und gegebenenfalls unnötig viele Wochen einer sonst prächtigen Schwangerschaft überschattet hätten. Ich dachte: Was habe ich davon zu wissen, dass mein Kind vielleicht behindert ist, vielleicht aber auch nicht? Falls es tatsächlich ein Kind mit besonderen Bedürfnissen ist, brauche ich meine Kraft später noch und sollte sie nicht schon während der Schwangerschaft in unnötigen Sorgen aufreiben.

Doch das war mein Weg. Es muss nicht der Ihre sein.

Beispiel Blutzuckertest

Michel Odent hat mich darauf hingewiesen, wie wichtig es ist, zwischen Nutzen und Schaden einer Untersuchung abzuwägen. Keine Schwangere, sagt er, sollte sich nach einem Arztbesuch schlechter fühlen als vorher. Er kritisiert, dass einige Untersuchungen standardmäßig durchgeführt werden, die praktisch keinen Nutzen oder keine Konsequenzen haben und die Mutter potenziell verunsichern. Als Beispiel nennt er den Zuckertest auf Schwangerschaftsdiabetes. Von einem Team in Ontario wurde eine groß angelegte Studie durchgeführt, in der alle zwischen 1984 und 1996 beim Canadian Institute for Health Information registrierten Babys erfasst wurden. Die Anzahl der Diabetesfälle stieg während der untersuchten Jahre. Die Autoren der Studie sind der Meinung, dass dies letztlich durch das flächendeckende Screening verursacht wird, ohne dass dies einen positiven Effekt auf den Ausgang der Schwangerschaft hätte.[15] Nach einer positiven Diagnose erfolgt in der Regel eine Ernährungsberatung und -umstellung, die, so schreibt Odent, eigentlich von vornherein bei jeder Schwangeren stattfinden sollte.[16]

Beispiel Ultraschall

Häufige Ultraschalluntersuchungen fallen ebenfalls in diese Kategorie.

Odent verweist auf verschiedene große Studien, nach denen statistisch nicht mehr oder weniger Kinder lebendig und gesund geboren werden, wenn die Eltern keine Ultraschalls machen lassen.[17]

Was aber spricht dagegen außer der Tatsache, dass sie in der Regel keinen tatsächlichen Nutzen bringen? Warum kann es sinnvoll sein, keine oder nur zwei Ultraschalls durchführen zu lassen?

»Es ist erstaunlich, wie wenig ich das brauche«, sagte meine Freundin Birgit, als sie bei ihrem dritten Kind auf die Ultraschalluntersuchungen verzichtete. »Und es ist erstaunlich, wie sehr ich mich auf diese Weise viel innerlicher mit meinem Baby verbunden fühle und viel besser mit ihm kommunizieren kann.« Wie viele andere Frauen fühlte sie sich selbst auch stärker und hatte mehr Vertrauen in ihren eigenen Körper und ihr Baby, als wenn sie sich hauptsächlich auf ihre Augen verlassen hätte. So lernte sie schon früh die Persönlichkeit ihres Kindes kennen und nicht nur seine Scheitel-Steiß-Länge in Millimetern.

Ich glaube, dass die Natur es nicht ohne Grund so eingerichtet hat, dass ein Baby im Verborgenen heranwächst – unbeobachtet und in intimem Wechselspiel mit seiner kleinen Welt. Ultraschall stellt unter diesem Aspekt tatsächlich einen Einbruch in die Privatsphäre des Kindes dar.

Vielleicht ist Ultraschall auch gar nicht so ungefährlich, wie wir gern glauben – einfach, weil er so normal geworden ist. Es scheint beinahe lächerlich, etwas so Alltägliches in Frage zu stellen. Dennoch kreisen immer wieder Meinungen durchs Internet, wonach Ultraschall das Fruchtwasser aufheize und ganz furchtbar für das Baby sei. Der aktuelle Stand der Wissenschaft relativiert diese Perspektive.[18]

Ultraschall ist letztlich nichts anderes als Schallwellen oberhalb dessen, was wir Menschen hören können. Das heißt, das Medium, auf das die Schallwelle trifft, wird zusammengedrückt und kann sich dann wieder ausdehnen. Vielleicht ist das für Zellen, die sich gerade teilen, entwickeln und einen neuen kleinen Menschen bauen, völlig harmlos. Vielleicht ist es aber auch nicht besonders vorteilhaft.

Es ist zum Beispiel denkbar, dass Zellmembranen durch einen Prozess namens Kavitation beschädigt werden und so die Zellkommunikation gestört wird. Was nicht gut wäre, wenn die Zellen sich gerade absprechen, wer eine Darmzelle und wer eine Gehirnzelle werden soll.

Im Jahr 2006 hat ein Team der Yale-Universität trächtige Mäuse Ultraschall ausgesetzt und ihre Nachkommen untersucht.[19] Die behandelten Mäuse haben »kleine, aber signifikante« Abweichungen in der Hirnentwicklung gezeigt. »Diese Ergebnisse verlangen nach weiterer Untersuchung bezüglich größerer Gehirne bei nichtmenschlichen Primaten und weiterhin einen prüfenden Blick auf unnötig lange vorgeburtliche Ultraschalluntersuchungen.«

Schädlich oder nicht: Warum öfter als nötig etwas tun, das potenziell schädlich ist, aber keinen nachgewiesenen Nutzen hat? Ultraschall hat absolut seine Berechtigung, und es ist gut, dass wir damit Babyleben retten können.

Es gibt aber definitiv bessere erste Bilder im Familienalbum als ein Ultraschallfoto. Einen prächtigen Schwangerenbauch zum Beispiel. Oder niedliche Händchen.

Das neue Leben feiern

Wenn Ihre Vor- und Nachsorge-Hebamme nicht als Beleghebamme mit einem Krankenhaus zusammenarbeitet, wird sie Sie nicht zur Geburt begleiten können. Es wird immer beliebter, in solchen Situationen die Dienste einer Doula in Anspruch zu nehmen. Doulas gibt es so lange wie die Menschheit, aber in neuerer Zeit kommt der Trend dazu vor allem aus den USA zu uns, wo das Hebammenwesen anders ist als bei uns. Eine Doula ist keine Hebamme, sondern einfach eine Frau, die sich gut mit natürlichen Geburtsabläufen auskennt, im Krankenhaus die Funktion einer begleitenden Freundin übernimmt und dafür sorgt, dass es der Mutter gut geht.

Viele Doulas kennen auch Möglichkeiten, das neue Leben zu feiern. In allen Zeiten gab es dafür Rituale, Feiern und Zeremonien. Eine Variante davon ist der »Blessingway«. Ursprünglich war er ein Ritual der Navajo in Nordamerika, doch inzwischen finden Abwandlungen davon überall in der Welt statt, um die Mutter und das ankommende Kind zu ehren.

Ich habe mich umgehört, was Frauen als besonders schön erlebt haben:

»Ich begleite als Doula Mütter auch bei Blessingway-Zeremonien. Meistens mögen sowohl die Gäste als auch die Mütter die Kerzen-Zeremonie am liebsten (fast allen laufen die Tränen). Eine Kerze in der Mitte eines großen, z. B. mit Sand gefüllten Tabletts repräsentiert die Mama. Vielleicht ist es sogar eine Kerze mit Bild oder eine besonders liebevoll dekorierte Kerze. Nach und nach zünden die Gäste ihre kleineren Kerzen an der großen Mama-Kerze an und sprechen dazu ein paar Worte zur Ermutigung oder Stärkung der Mutter. Dann stecken sie ihre Kerze in den Sand um die Mutter-Kerze herum. Es ist sehr berührend,

und am Ende ist es schön, all die brennenden Kerzen zu sehen, welche die Mama-Kerze umgeben. Viele lassen bei der Geburt die Mama-Kerze brennen.«

»Ich mochte die Perlenzeremonie am liebsten. Jeder Gast brachte eine Perle mit, erzählte etwas darüber, gab der Mutter gute Wünsche mit, dann wurde die Perle auf eine Schnur gefädelt, die bei der Geburt um den Hals getragen oder in der Hand gehalten werden konnte.«

»Ich hatte eine Babyparty, bei der alle Mamas positive Erfahrungen und Geburtsgeschichten zum Besten gaben. Wir machten auch die Zeremonie mit der roten Schnur – alle Frauen bekamen ein rotes Band ums Handgelenk, und als meine Geburt anfing, benachrichtigte eine von ihnen die anderen. Sie sandten mir positive und liebevolle ›Birth-Vibes‹ und schnitten die Schnur durch. Ich hatte eine schnelle, leichte Wassergeburt zuhause.«

»Ich bekam ein tolles Geburtsarmband mit Perlen. Meine Füße wurden massiert, mein Haar gebürstet und schön gemacht. Und ich bekam ein hübsches Tagebuch, in das jede Mama reinschrieb … Später sollte ich die Geburtsgeschichte und mein Babytagebuch hineinschreiben. Und das tat ich.«

Lassen Sie sich von diesen kleinen Geschichten inspirieren, Ihr eigenes Schwangerschaftsritual zu erleben. Lassen Sie sich mit Zeit und Freundschaft beschenken, erlauben Sie sich selbst, im Mittelpunkt zu stehen.

Verwöhnen Sie Ihr Baby, indem Sie sich verwöhnen

Ein klein wenig Stress in der
Schwangerschaft tut dem Baby gut

Feiern Sie das neue Leben!

Schwangerschaft ist Ihr ganz eigenes Erlebnis

 **Geborgen geboren**

»Eine Juwa-Frau in den Wehen wartete im Lager ( ), bis sie kurz vor der Geburt stand. Dann verließ sie das Camp und ging zu einem Ort in der Steppe, den sie vielleicht vorher vorbereitet hatte. Die Frau gebar allein, außerhalb des Lagers, wo niemand sie sah, es sei denn, es war ihre erste Geburt. In dem Fall ging ihre Mutter mit ihr.«

Elizabeth Marshall Thomas: The Old Way

Geplatzter Traum

Er lag auf meinem Bauch und sah mich an mit diesen riesigen dunklen Augen. Ich sah ihn an. Und etwas passierte mit mir. Es war kein Feuerwerk, kein Stehenbleiben der Welt. Es war mehr so ein leises, leicht verwirrendes Verschieben der Realität. Auf einmal gab es niemanden mehr außer uns beiden im Kreißsaal. Ihn und mich, außerhalb der Zeit. Ganz am Rande meines Bewusstseins war noch die warme liebevolle Präsenz meines Mannes. Danach war die Welt zu Ende.

Es war kein bisschen mehr wichtig, dass sie uns unter Drogen gesetzt hatten, dass sie ihn aus mir herausgedrückt und gepresst hatten, während ich verkabelt auf dem Rücken lag. Es spielte keine Rolle mehr, dass der Raum rings um uns her voll war mit Menschen, von denen mir einer gerade den Beckenboden zusammennähte und ein anderer die Braunüle aus dem Arm zog. Ich war im Rausch. Alles war gut. Ich liebte die Welt.

Und vor allem liebte ich diesen kleinen Jungen, der so warm und weich auf meinem Bauch lag. Alles, alles würde ich für ihn tun. Bis ans Ende der Zeit.

Irgendwann kam jemand und wollte ihn wiegen und messen, und ich war gezwungen, meine Augen für einen Moment von ihm zu lösen und aufzuschauen. Die Löwenmutter in mir reckte sich und hob träge den Kopf. Es ging nicht, dass sie ihn von mir wegnahmen. Er gehörte ja zu mir. Er musste dableiben. Immer und immer. Ich hätte meinen Sohn gegen alle Eindringliche der Welt verteidigt. »Der wächst in einer Stunde nicht. Der bleibt hier.«

Unsere Bindung war stark, von Anfang an. Das war kein Zufall, sondern ich glaube, dass es daran liegt, dass wir das Glück hatten, vorher die richtigen Menschen zu treffen, die uns die richtigen Informationen gaben. Die brauchte ich, um stark genug zu sein, die Löwenmutter sprechen zu lassen. Im Zweifelsfall hätte ich sogar noch die Kraft gehabt, meine Pranke zu heben und die Krallen auszufahren, um mein Junges zu schützen.

Ich wollte, dass das Bonding, die erste tiefe Bindung zwischen meinem Kind und mir, so ungestört wie möglich stattfinden konnte, egal, wie die äußeren Umstände waren.

Einige Wochen vor dem errechneten Geburtstermin fing mein Traum von einer mozartuntermalten Hausgeburt im Kerzenschein an zu wackeln. Ich wünschte mir eine Geburt wie die meiner Freundin Astrid, die alle ihre Kinder im Wohnzimmer bekommen hat, einfach so, als wäre es das Einfachste auf der Welt. Astrids jüngstes Kind war schneller als die Hebamme, und seine großen Schwestern konnten es begrüßen, bevor es jemand anderes tat. So wollte ich das auch. Die Wehen würden sanft einsetzen, dann immer stärker werden, dann würde ich meinem Mann Bescheid sagen, wir würden alles aufbauen und gemütlich zurechtmachen, um unser Baby in dieser Welt zu empfangen. Irgendwann dann würde es heftiger werden – richtige, ordentliche, harte Arbeit, aber nicht qualvoll. Dann würde unser Sohn geboren werden, zuhause, nur mit seinen Eltern und mit unserer Hebamme. Dieser Teil des Phantasiebildes blieb irgendwie vage, es setzte erst dann wieder ein, als wir nach getaner Arbeit zu dritt auf der Matratze lagen und uns inniglich in die Augen sahen …

Es sollte nicht sein. Ich lagerte Wasser ein und bekam Bluthochdruck. Frauenärztin und Hebamme wurden unruhig. Ich sprach mit meinem ungeborenen Kind und erklärte ihm, dass es Zeit war, die Höhle zu verlassen, denn da draußen wartete Mozart. Immer noch dachte ich, wir würden es schaffen. Mein Baby würde nicht weinen müssen nach der Geburt, denn alles wäre ruhig und gut. »Ich will noch nicht«, sagte mein Baby in meinem Kopf. »Ich brauche noch eine Woche. Mir geht's gut hier.«

Mein Blutdruck ging weiter hoch, das Wasser im Gewebe ließ mich anschwellen wie einen Luftballon. Frauenärztin und Hebamme benahmen sich analog zum Blutdruck. Gestose, Schwangerschaftsvergiftung. Schlimm. Kann tödlich sein. Ganz schlimm. Aber ich hatte nicht alle Symptome, und keine der zahlreichen Untersuchungen ließ je darauf schließen, dass es meinem Baby an irgendwas fehlte. »Immer mal ruhig, Mama«, sagte es, aber das hörte ich nicht mehr so gut. Denn »der muss da jetzt raus«, sagte die Hebamme, und »der muss da jetzt raus«, sagte die Frauenärztin. (In meinem Geburtsbericht vom Krankenhaus las ich später, dass meine Blutdruckwerte »grenzwertig« gewesen seien und gar nicht so astronomisch hoch, wie die allgemeine Panik es hätte vermuten lassen.)

Das Ganze endete also damit, dass mein Mann, mein Babybauch und ich eines Donnerstagmittags ins Krankenhaus gingen, um die Geburt einleiten zu lassen.

Ich erspare Ihnen die Details der Einleitung künstlicher Wehen.

Die nächsten Stunden verbrachte ich in dem vergeblichen Versuch, mich zu entspannen und ins Nirgendwoland abzutauchen, in dem es nur noch mich und mein Baby und den Oxytocinrausch gab. Das war nicht so einfach. Denn das Licht störte mich, und ständig liefen Leute rein und raus und wollten irgendwas von mir. Ich machte die Augen zu, um das helle Licht nicht zu sehen, und gab mich den Hackehammerwehen hin. Das heißt, ich versuchte es. Man machte es mir nicht leicht.

»Frau Dibbern, Sie wollten noch etwas spazieren gehen. Möchten Sie das jetzt?«
Ich weiß es nicht. Ich habe zu tun, wissen Sie. Ich habe gerade eine Wehe wegzuatmen.
»Frau Dibbern, wie geht es Ihnen denn?«
Meine Güte, wie es einem eben so geht, wenn man chemisch erzeugte Wehen hat. Gott, war mir schlecht. »SCHÜSSEL!!!«
»Frau Dibbern, was möchten Sie?«
»Die Schüüüüsseeel!« Oooooooohhhh ...
»Frau Dibbern, möchten Sie einen Tee?«

Keine Ahnung. Ich versuche hier gerade, ein Kind zu kriegen, sehen Sie das nicht? »Ich weiß nicht. Nein.«
»Sie müssen jetzt aber mal etwas trinken.«
Ich kann jetzt nichts trinken. Ich bin beschäftigt.
»Sonst müssen wir Ihnen Kochsalzlösung intravenös geben.«
Das ist ja nun auch schon egal, oder? Ich bin doch sowieso verkabelt bis an die Zähne.
»SCHÜSSEL! Und dann geben Sie mir in Gottes Namen einen Tee.«
»Was möchten Sie denn für einen Tee, Frau Dibbern?«
»Es ist ... ooooohhhh ... mir so was von ... aaaaahhh ... egal!«
SIE wollen doch, dass ich was trinke!
»Wir hätten Kamillentee und schwarzen Tee und Pfefferminztee. Vielleicht wäre ein schwarzer Tee ganz gut?«

Ich habe dann einige Minuten oder Stunden weiter geweht, zwischendurch brav zwei Schlucke kalt gewordenen Tee getrunken, meinen Mann dazu gebracht, mir Wasser zu holen, und ansonsten versucht, die Wehen als Freund zu betrachten. Ich hätte so gern mehr mit meinem Baby kommuniziert, aber ich war derart übermannt von den Wehen und der Situation, dass ich davon leider wenig mitbekommen habe.

»Möchten Sie vielleicht noch ein Bad nehmen, Frau Dibbern?«
Theoretisch ja, praktisch hätte ich keine Ahnung, wie ich da reinkommen soll. »Nein, ich glaube nicht.«
»Aber das entspannt Sie vielleicht etwas.«
Muss man hier über ALLES diskutieren? Ich habe Nein gesagt, reicht das nicht?

Nachdem ich zwei Flaschen dieser Kochsalzlösung im Körper hatte und dazu noch diverse Schmerzmittelchen und etwas Nux vomica gegen das erbärmliche Frieren, hatte sich um Mitternacht immer noch nichts Wesentliches getan, außer dass ich auf die großartige »Gebärlandschaft« umgezogen war und das Personal gewechselt hatte. Fast, fast gelang es mir, dann endlich zu entspannen und loszulassen. Bis …

»Guten Abend, Frau Dibbern, ich bin Hebammenschülerin Kerstin von der Nachtschicht.«
Das ist mir herzlich egal. Aaaaaaahhhhh …»Was? Tschuldigung, hallo.«
Der Muttermund war bei 4 cm oder so, ich war leer gebrochen und leer geweht, und es tat sich nichts mehr. Die Wehen wurden schwächer. Ich bekam mehr Chemie.
»Vielleicht sollten wir Ihnen jetzt doch Dolantin …«
War das nicht dieses Morphiumzeug? »Was ist denn das?«
»Oooooch, das entspannt Sie ein bisschen. Kann sein, dass Sie da für ein bis zwei Stunden etwas schläfrig sind. Das Kind wird auch etwas schläfrig davon, aber ansonsten ist das ganz harmlos.«
Ja nee, ist klar.
Mein Mann erinnerte mich daran, dass unsere Hebamme gesagt hat, Dolantin habe auch seine guten Seiten und habe schon Geburten gerettet, die sonst unter dem Messer gelandet wären. Irgendwie war auch schon alles egal. »Was soll's«, hab ich gesagt. »Immer her mit den Drogen.«

An dem Punkt musste mein Mann rausgehen, weil er nicht mehr konnte. Kann ich gut verstehen – es lief ja so ziemlich alles anders, als wir es uns vorgestellt hatten. Ich konnte nicht so gut weggehen, aber dafür hatten der Kleine und ich ja die Drogen.
Morgens um drei war ich aus dem Drogenrausch wieder aufgetaucht und lag mit offenem Muttermund – yeah! – in Krabbelkäferstellung verkabelt auf dem Rücken, als – wieder mal – die Tür aufging. Ulf kam rein. Mit ihm war ich schon im Kindergarten gewesen. Ich erinnere mich, dass er in der vierten Klasse einmal eine Gehirnerschütterung hatte. Wir waren ab und zu bei denselben Kindergeburtstagen, ansonsten hatten wir nicht viel miteinander zu tun gehabt. Im Gymnasium hatte ich ihn dann

aus den Augen verloren. Ich hatte keine Ahnung davon gehabt, dass er Gynäkologe geworden war. Die Oberhebamme wollte mein Baby mit Zange oder Saugglocke aus mir rausholen, aber Ulf was eher fürs Rausdrücken. Kristellerhilfe heißt das. Sie haben dann noch eine Hebamme dazugeholt, die auch die Lizenz zum Rausdrücken hatte. Ulf saß zwischen meinen Beinen.

»Ich betäube dir jetzt mal den Beckenboden.«
Klar. Und dann wirst du schneiden. Ich habe nicht Zeter und Mordio geschrien. Ich wollte nur, dass die Tortur für mein Baby so schnell wie möglich vorüberging. »Mach man.«

Zu dritt lagen sie auf meinem Bauch und drückten mein Kind in die Welt. Und dann wurde mein Sohn geboren. Ins grelle Scheinwerferlicht, in die Gummihandschuhe an den Händen von jemandem, den er nicht kannte.

Er hat sofort geschrien wie wild. Das hätte ich auch getan. Es war schon recht empörend, wie er in diese Welt kam. Sofort wurden ihm die Atemwege abgesaugt – so schnell, dass wir nicht einmal protestieren konnten.

»Müssen wir gleich ritsch-ratsch abnabeln.«

Naja, so hat sie es nicht gesagt, unsere robuste Oberhebamme, aber ich weiß noch genau, dass wir darüber diskutieren mussten, dass unserem Kind die Nabelschnur nicht sofort gekappt wird, und sogar darüber, ob ich mein eigenes Kind auf dem Bauch halten darf.

Danach diskutierten wir über Silbernitrat-Augentropfen, dann über die Vitamin-K-Gabe. Als sie das tote Baby ausspielten, gaben wir auf. Dabei hätte ich es gern gehabt, dass die Darmflora meines Babys als erstes Kolostrum bekommt und nicht chemisch aufbereitetes Soja. Vitamin K hätte es ja nach dem ersten Stillen auch noch getan.

Sie brachten das Krankenhausbett. »Oh nein. Das brauchen wir nicht«, habe ich gesagt. »Wir gehen jetzt nach Hause.«

Auch darüber mussten wir eine Weile diskutieren. Letztlich schritt Ulf ein und sagte:»Das ist o. k. Die gehen jetzt nach Hause.«

Um vier wurde mein Sohn geboren, um sieben waren wir zuhause im Bett. Und da rührten wir uns die nächsten Wochen nicht mehr raus.

Im Rückblick kommt mir die damalige Situation noch grotesker vor. Natürlich sehe ich, dass auch nach so einer Gruselgeburt ein wunderbares, liebenswertes, liebesfähiges, witziges, intelligentes, sportliches, gesundes, begabtes, schönes und sowieso großartigstes-der-Welt Kind heranwächst. Ich sehe, dass wir eine absolut gesunde Bindung haben. Aber ich sehe auch die Geburtserlebnisse meiner Freundinnen, die ihre Kinder zuhause oder im Krankenhaus gewaltfreier geboren haben. Und manchmal macht es mich immer noch traurig, dass wir das nicht erleben konnten.

Wie gebären die anderen?

Wie gebären die anderen Säugetiere? Wie funktioniert das Ganze? Welche Hormone spielen zusammen?

Frauenarzt und Geburtsforscher Michel Odent weist in seinen Arbeiten immer wieder auf die Wichtigkeit des Neuropeptids Oxytocin hin. Es ist auch bekannt als »Geburtshormon« (griech. okys = schnell, tokos = Geburt) oder »Liebeshormon«. Bei allem, was im weitesten Sinne der Arterhaltung dient, hat Oxytocin eine Aufgabe: Es schützt, es heilt. Zum Beispiel steuert es den Geburtsprozess und sorgt für starke, effektive Wehen. Später bringt es den Ausstoß der Plazenta in Gang. Und nach der Geburt erreicht es im Körper der Mutter einen Höchstwert und sorgt so a) für eine gute Bindung zum Baby und b) für weniger Blutverlust durch eine schnelle Wundheilung.

Oxytocin sorgt dafür, dass wir Verbundenheit empfinden mit Menschen, bei denen wir uns sicher fühlen. Es ist auch das Geborgenheitshormon. Wir schütten Oxytocin aus, wenn wir uns sicher und geschützt fühlen, wenn liebevolle Menschen bei uns sind, denen wir hundertprozentig vertrauen und bei denen wir uns fallen lassen können. Oxytocin ist, wie Odent sagt, auch ein sehr schüchternes Hormon. Damit es seine Arbeit tun kann, müssen wir uns sicher und unbeobachtet fühlen. Viele Säugetiere gebären deswegen allein, unbeobachtet, in der Dämmerung.

»Stimmt gar nicht!«, habe ich gesagt, als ich das las, und bei Michel Odent nachgefragt. »Es gibt auch Säuger, die Hebammen haben. Seekühe. Delphine. Elefanten.«

»Es ist sehr wahrscheinlich, dass das Hebammenwesen in der Geschichte der Menschheit recht neu ist (nicht älter als 10.000 Jahre) und nicht charakteristisch für unsere Spezies«, hat er geantwortet. »Bei Meeressäugern und Elefanten blickt der Kreis der Begleiterinnen nach außen. Ihre Rolle ist offenbar der Schutz gegen Raubtiere. Sie sind nicht da, um zu helfen. Das einzige mögliche Beispiel für einen helfenden Ansatz könnte sein, wenn ein weiblicher Delphin das neugeborene Baby für seinen ersten Atemzug an die Oberfläche bringt (wenn dies denn geschieht).«[1]

Obwohl die tierischen Hebammen zum Beispiel bei Elefanten im Normalfall nach außen gewandt sind, gibt es auch von ihnen immer wieder Erzählungen, die zeigen, wie wohltuend direkte Unterstützung bei der Geburt sein kann: Vor einigen Jahren stand eine Elefantendame in einem amerikanischen Zoo kurz vor der Geburt.[2] Die Wärter brachten sie in einen abgezäunten Bereich, sodass sie nicht gestört wurde, stellten aber schnell fest, dass nicht alles lief, wie es sollte. In ihrer Not riefen sie europäische Kollegen an, die Erfahrung mit Elefantengeburten hatten. »Wo sind die Hebammen?«, fragten diese. Die Wärter ließen also die anderen Elefanten zu der gebärenden Elefantendame. Sie streichelten sie mit ihren Rüsseln (Oxytocin!) und beruhigten sie. Während die Mutter sich nach der Geburt ausruhte, machten sie das Baby sauber und kümmerten sich darum, bis die Mutter es versorgen konnte.

Strickende Hebammen können die Welt retten

Auch Menschenfrauen wünschen sich meistens eine unaufdringliche kraftvolle Unterstützung, durch die sie sich nicht beobachtet, sondern geschützt fühlen. Wenn wir uns bedroht fühlen, können die Geburtshormone ihr Werk nicht verrichten. In Stress-Situationen schütten Gebärende Hormone aus, welche die Wehen stoppen. Unsere Urmütter in der Savanne hätten ihre Kinder nicht in der Nähe möglicher Gefahren auf die Welt gebracht.[3] Derjenige Teil unseres Gehirns, der für die Regulierung der Hormone zuständig ist, versteht keine logischen und rationalen Zusammenhänge. Er versteht nur, dass die Umgebung fremd und unnatürlich und potenziell feindselig ist, und reagiert dementsprechend.

Deswegen ist es so wichtig, dass sich die Mutter sicher fühlt und abtauchen kann in das »Nirgendwoland«, in dem bewusste Kontrolle und bewusstes Denken aufgegeben werden zugunsten der Hingabe an die innewohnenden »animalischen« Kräfte bei der Geburt.

Wie aber können wir als Mütter die Geburtsräume aktiv zu einem solchen Ort machen? Indem wir Menschen dabeihaben, bei denen wir uns wohl und sicher fühlen und die unseren Raum schützen: zum Beispiel die Hebamme.

Als besonders entspannend für die gebärende Frau haben sich »strickende Hebammen« erwiesen:[4] unterstützende Frauen, die sich mit dem Geburtsverlauf auskennen und somit Sicherheit bieten, die aber nicht stören und untersuchen, sondern still und unauffällig einfach da sind und am besten repetitive Tätigkeiten ausführen – wie Stricken. Sie bieten das, was die meisten Mütter bei der Geburt als angenehm empfinden: liebevolle, unaufdringliche Präsenz, Sicherheit und Kompetenz.

Was den Geburtsverlauf günstig beeinflusst:

Alles, was unsere Säugetiernatur unterstützt, lässt auch die Geburt gut voranschreiten: Wenn die gebärende Frau sich sicher fühlt, können die Geburtshormone im Schutz der Dunkelheit ihr Werk tun. Dazu gehört auch, dass sie eine Möglichkeit hat, sich zurückzuziehen und unbeobachtet zu sein. Auch urtümliche Geburtslaute von sich zu geben, zu schreien, zu tönen – sich wirklich fallen zu lassen – ist unbeobachtet leichter. Es ist gut, wenn sich die Frau frei bewegen und essen und trinken kann, wie sie das möchte.

Zum Gefühl der Sicherheit – wie auch zur tatsächlichen Sicherheit – kann beitragen, wenn eine erfahrene Frau (Hebamme, Doula) bei der Geburt dabei ist, die repetitive Tätigkeiten ausführt (z. B. strickt) und die Frau nicht offensichtlich überwacht. Der Vater kann wunderbar als Torwächter den Raum nach außen schützen.

Was die Geburt ungünstig beeinflusst:
Angst, helles Licht, das Gefühl, beobachtet zu sein – das alles hindert den Geburtsverlauf. Ebenso wie zum Trinken genötigt zu werden oder rational funktionieren zu müssen. Vaginale Untersuchungen und rationale Informationen (»Sie sind jetzt bei 7 cm«) stören auch mehr als dass sie helfen.

Ebenso hinderlich ist es, wenn die gebärende Frau sich nicht fallen lassen kann, sondern beherrschen und kontrollieren muss, weil ihre Bewegungsmöglichkeiten eingeschränkt sind oder sie meint, nichts dreckig machen zu dürfen. Besonders störend ist es, wenn sie das Gefühl hat, sich verteidigen müssen – Stresshormone können die Geburt zum Stillstand bringen.

Es ist wichtig, wie wir geboren werden

Unter Umständen beeinflusst der Geburtsverlauf die Beziehung zwischen Mutter und Kind ein Leben lang – und damit letztlich auch die Beziehung des Kindes zum Rest der Welt. »Die Liebesfähigkeit eines Menschen wird bei der Geburt festgelegt«,

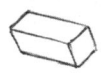

erklärte mir Michel Odent, als wir in seinem Wohnzimmer in London zusammensaßen. »Ähm … unsere Geburt war ziemlich vermurkst, und ich bilde mir ein, dass mein Sohn trotzdem sehr liebesfähig ist«, wagte ich einzuwenden. »Kann man das wieder reparieren?« Odent lächelte. »Wir dürfen bei diesen Dingen nicht mehr in Einzelfällen denken. Es sind immer Statistiken und Tendenzen.« Er hat Hunderte von Studien gesammelt und gesichtet, aus denen er seine Vermutungen ableitet. Störungen des natürlichen Geburtsverlaufs stehen in statistischem Zusammenhang mit allerlei Krankheiten und Problemen, die im weitesten Sinne mit der Fähigkeit sich selbst und andere zu lieben, zu tun haben: mit niedrigen Oxytocinwerten.[5]

Erschienen die Warnrufe der Vertreter einer natürlichen Geburt vielen Menschen lange Zeit als emotionale und romantische Träumerei, sind heute eine ganze Reihe nüchterner wissenschaftlicher Zusammenhänge bekannt, die eine deutliche Sprache sprechen: Wir tun gut daran, uns nicht zu weit von dem zu entfernen, was die Natur vorgesehen hat. Es beeinflusst nicht nur unsere Liebes- und Beziehungsfähigkeit, sondern hat auch direkte körperliche und letztlich sogar volkswirtschaftliche Auswirkungen.

»Die Auswirkungen dieser ersten Stunden und Tage können möglicherweise ein Leben lang anhalten«, schreibt auch Entwicklungspsychologin Aletha Solter.[6] Tatsächlich häufen sich die Indizien, dass es sich bei diesen Auswirkungen nicht »nur« um schlechte Familienbeziehungen handelt. Bei einem großen Anteil von Kindern, die wegen AD(H)S therapiert werden, liegen Geburtskomplikationen vor[7], und sogar gewalttätig-kriminelles Verhalten steht in statistischem Zusammenhang mit Geburtskomplikationen und mütterlicher Vernachlässigung.[8]

Das alles wünsche ich Ihnen nicht. Ich will, dass es Ihnen und Ihrem Baby gut geht und Sie jetzt in eine rosafarbene Wolke aus Liebe abtauchen können, aus der Sie die nächsten zehn bis zwölf Jahre nicht mehr auftauchen. Und dafür ist es einfach eine gute Voraussetzung, wenn die Geburt möglichst störungsfrei vonstattengeht. Eine ganze Reihe von Hormonen und Botenstoffen arbeiten bei der Geburt zusammen, um Ihnen und Ihrem Baby den besten Start zu geben.[9] Es ist ein unglaublich fein abgestimmtes System. Wenn dieses System durcheinandergebracht wird, setzt das oft ganze Ketten unglücklicher Ereignisse in Gang. Hormone verursachen kein Verhalten, aber sie beeinflussen, wie wahrscheinlich es ist, dass bestimmte Verhaltensweisen unter bestimmten Bedingungen ausgedrückt werden.[10]

. . . .

Die Vorzüge natürlicher Wehen
von Dr. Linda F. Palmer

Oxytocin und die Mutter

Oxytocin ist ein Wohlfühl- und Bindungshormon, das unser Leben lang mit Zusammensein und insbesondere mit Hautkontakt zu tun hat. Der bei weitem stärkste Einsatz von Oxytocin erfolgt während und unmittelbar nach der Geburt. Seine Ausschüttung während der Wehen sorgt für die Kontraktionen, die notwendig sind, um das Baby herauszuschieben. Wenn der Körper der Mutter merkt, dass das Kind durch den Geburtskanal kommt, werden weitere Oxytocinschübe angeregt, und im Gehirn bleibt ein wesentlich höherer Oxytocinspiegel zurück.[11]

Dieser außergewöhnlich hohe Oxytocinspiegel im Gehirn direkt nach der Geburt sorgt für eine starke Prägung zwischen Mutter und Neugeborenem, während sie aneinander riechen und sich in die Augen sehen. Etwa eine Stunde und länger nach der Geburt bleibt der Oxytocinspiegel im Gehirn so hoch und schenkt Mutter und Baby Gefühle von Vertrauen, Ruhe und Wohlbefinden. Gleichzeitig sorgt er dafür, dass Erinnerungen leicht verwischt werden, sodass Kind und Mutter die hinter ihnen liegenden Schmerzen ein wenig vergessen. Wenn es nicht beeinträchtigt wird, bereitet dieses hormonelle Hoch auch die Bühne für das erfolgreiche Stillen vor. Die ersten Stillversuche führen dann zu einer weiteren Oxytocinausschüttung. Wenn dies direkt nach der Geburt geschieht, hilft es beim Zusammenziehen der Gebärmutter und verhindert so schwere Blutungen.

Dieses ganze Oxytocinerlebnis bewirkt im Gehirn der Mutter, dass liebe-voll-mütterliches Verhalten angestoßen wird,[12] hilft, dass sich die ersten Stillversuche ganz natürlich anfühlen, und bringt die Mutter dazu, nichts anderes zu wollen, als ihr Baby im Arm zu halten und auf sein Weinen zu reagieren. Während der ganzen Schwangerschaft und in Reaktion auf späteren Körperkontakt, besonders beim Stillen, kommt es zu Gehirnverän-derungen, aber dieses Fenster direkt nach der Geburt, das durch natürliche Wehentätigkeit geschaffen wird, führt zu wertvollen Umbauten von Rezep-toren in den Oxytocin- und Stressreaktionsrezeptoren im Gehirn der Mutter.

Es ist auch gezeigt worden, dass hohe Oxytocinwerte im weiblichen Ge-hirn damit in Verbindung stehen, dass irgendein männliches Wesen, das während der Oxytocinschübe in der Nähe ist, attraktiv wirkt[13] (ein guter Grund für den Papa, nach der Geburt in der Nähe zu bleiben).

Wenn der Plan des Körpers unterbrochen wird

Pitocin ist eine Nachahmung von Oxytocin, die angewendet wird, um Wehen auszulösen oder zu verstärken. Dieser synthetische Stoff gelangt nicht durch die Blut-Hirn-Schranke der Mutter. Daher verpassen Mütter, deren Geburt eingeleitet wurde, einen Großteil der Oxytocin-Vorteile, was Bindung, Beruhigung, Stimmungsaufhellung und Vergessen angeht. Wenn während der Geburt Betäubungsmittel zum Einsatz kommen, gibt es auch keine mütterliche Oxytocinausschüttung aufgrund der Vaginalpassage, und so verpasst die Mutter auch die nächste Gelegenheit für diese nützlichen Effekte auf das Gehirn, und ihr mütterliches Verhalten wird nicht auf na-türliche Weise angeschaltet.[14] Kaiserschnitte ohne Wehentätigkeit bieten nichts von diesem außerordentlichen Oxytocinerlebnis, Wehen vor einem Kaiserschnitt immerhin einen Teil.

Wenn ein Baby bei der Geburt unter Medikamente gesetzt wird, ist es weniger gut in der Lage, Nutzen aus den Vorteilen des Oxytocins (Beruhigung, Bindung und den Antrieb zum Stillen) zu ziehen. Müttern diese kraftvollen Oxytocinschübe im Gehirn zu verweigern, kann zu einem erhöhten Risiko für postpartale Depressionen und schlechter Bindung führen.[15] Es wurde festgestellt, dass der beim Stillen ausgeschüttete Oxytocinpegel nach einem Kaiserschnitt für mindestens zwei Tage niedrig bleibt, was zu signifikant erhöhter Nervosität bei der Mutter und vermindertem Stillerfolg führt.[16]

Viele andere Hormone spielen bei der Geburt zusammen, und die meisten werden durch Eingriffe in den natürlichen Prozess beeinflusst. Endorphine, die körpereigenen Schmerzmittel, werden bei natürlicher Wehentätigkeit stetig mehr, der Einsatz von Pitocin verhindert ihren Aufbau.[17] Mütterlicher Stress während der Wehen, generell ausgelöst durch einen Mangel an beständiger, mitfühlender Unterstützung, führt zu verstärkter Ausschüttung von Stresshormonen. Dies verändert für gewisse Zeit das Stressreaktionsverhalten der Mutter und erhöht Entzündungsfaktoren, die mit der Entwicklung postpartaler Depressionen in Zusammenhang stehen.[18]

Das Baby schützen

Während der Geburt gelangt das mütterliche Oxytocin über die Plazenta in das kindliche Gehirn und beruhigt es, sodass das Kind durch die Geburt weniger unter Stress gesetzt wird. Das Gehirn wird dadurch auch weniger anfällig für Schäden in Zeiten verminderter Sauerstoffzufuhr oder verringerten Blutzuckers. Obwohl auch Pitocin in das kindliche Gehirn gelangen kann, fehlt jegliche natürliche Regulierung eines angemessenen Pegels.

Es ist bekannt, dass die exzessive Stimulierung des Uterus, die man unter Pitocin sieht, im kindlichen Gehirn gefährliche Sauerstoffunterversorgungen erzeugt. Der mütterliche Schutz des fötalen Gehirns ist bei einem Kaiserschnitt ohne Wehen nicht gegeben.[19] Der mütterliche Körper stellt dem Gehirn des Babys während der Geburt auch wichtige Zucker zur Verfügung. Dies wird behindert, wenn Mütter während der Geburt davon abgehalten werden, zu essen und zu trinken.

Geborgen geboren

Das Baby erhält während der letzten Schwangerschaftswochen bestimmte Antikörper von der Mutter, aber der Großteil dieser Übertragung geschieht während der Geburt.[20] Der Mangel an übertragenen Antikörpern könnte ein Faktor dafür sein, dass Babys, die durch einen risikoarmen Wunschkaiserschnitt geboren werden, in den ersten Monaten eine dreifach erhöhte Todesrate haben,[21] obwohl die geringere Stillwahrscheinlichkeit nach einem Kaiserschnitt wahrscheinlich die größere Rolle spielt.

Die hormonellen Veränderungen der natürlichen Geburt helfen, Flüssigkeit aus den Lungen des Babys zu bringen, indem die Flüssigkeit absorbiert wird, und auch durch eine gewisse mechanische Reinigung durch die Kontraktionen. Wenn die Wehen künstlich eingeleitet werden, leiden Kinder mehr als doppelt so oft unter Atemproblemen wie nach Spontangeburten.[22] Bei Kaiserschnitten ohne Wehentätigkeit ist die Wahrscheinlichkeit viermal höher.[23] Dieser Einfluss auf die Lungen hält offenbar lange an, denn Kaiserschnittbabys leiden doppelt so häufig unter Allergien wie vaginal geborene Kinder.[24]

Die Suche nach dem gesündesten Ausgang

Es ist nicht alles verloren, wenn die Geburt nicht so läuft wie geplant, aber unsere Entscheidungen bei der Geburt haben Auswirkungen auf eine riesige erste Chance für eine gute Bindung und erfolgreiches Stillen. Eine natürliche Geburt stellt einen Meilenstein in der Vorbeuge kindlicher Krankheiten dar und stärkt zugleich das Zufriedenheitsgefühl der Mutter. Ein Kind wird mit einem bestimmten Potenzial geboren (Natur), aber die Entscheidungen seiner Eltern (Umwelt) bestimmen zu einem großen Teil, ob diese latenten Fähigkeiten in Erscheinung treten können.

© Linda Folden Palmer

95

Geburtsorte

Wissen Sie schon, wo Sie Ihr Baby bekommen wollen? Es gibt verschiedene Möglichkeiten, und die, für die Sie sich entscheiden, muss letztlich zu Ihnen und Ihren Bedürfnissen passen. Es kann, aber es muss nicht die Standardoption »Krankenhaus« sein. Gleich, wo Sie Ihr Kind bekommen: Ihre Geburt ist immer ein einzigartiges, ureigenes Erlebnis. Geburten sind überall sicher – so sicher, wie es bei einem natürlichen Vorgang möglich ist. Und es ist (beinahe) überall möglich, eine kraftvolle, selbstbestimmte Geburt zu erleben.

Krankenhausgeburt

Wenn Sie Ihr Baby im Krankenhaus bekommen möchten, hören Sie sich im Freundeskreis um: Was hat Ihren Freundinnen besonders gut gefallen? Lauschen Sie auch auf die Informationen zwischen den Zeilen: War das Personal respektvoll und sich dessen bewusst, dass das Baby nur diese eine Chance auf eine gute Geburt hat? Wurde beim Infoabend besonders die phantastische technische Einrichtung erwähnt oder eher erzählt, was das Krankenhaus alles für die Mutter-Kind-Bindung tun kann? Hören Sie aus einem bestimmten Haus besonders viele Gott-sei-Dank-wurde-die-Katastrophe-gerade-noch-abgewendet-Geschichten? Die können darauf schließen lassen, dass dort eher freizügig mit Interventionen umgegangen wird.

»Was ist so schlimm an Interventionen? Es ist doch gut, wenn die Ärzte darauf achten, dass meinem Baby nichts passiert.« Grundsätzlich stimmt das natürlich. Aber es ist auch wichtig, dass die begleitenden Personen Vertrauen in den natürlichen Verlauf haben und sich nicht zu viel einmischen. Eine einzige unnötige Intervention kann eine ganze Abwärtsspirale in Gang setzen. Sie brauchen deswegen Menschen um sich, die den natürlichen Geburtsverlauf achten und schützen. Und ihn überhaupt erst einmal kennen.

Es gibt Krankenhäuser, bei denen das der Fall ist. Sie achten die Bindung zwischen Mutter und Baby als höchstes Gut – vor OP-Zeitplänen, vor Schichtwechseln, vor »ordentlichen« Abläufen. Das Krankenhaus in Winsen vor den Toren Hamburgs ist so ein gutes Beispiel: »Wir als geburtshilfliches Team am Krankenhaus Winsen arbeiten nach den Richtlinien von WHO und UNICEF, um den jungen Familien die besten Chancen für ein behutsames Kennenlernen zu ermöglichen. Wir möchten Ihnen (…) hier die Geborgenheit schaffen, die notwendig ist, damit ein Kind selbstbestimmt und sicher geboren werden kann.«[25] Wenn Sie auf der Website Ihres Krankenhauses solche Worte lesen, ist das schon mal ein guter Anfang. Wenn Sie dann noch beim Infoabend ein gutes Gefühl haben und Ihnen mindestens drei Freundinnen in den höchsten Tönen von ihrer wundervollen Geburt dort erzählen, können Sie mit großer Wahrscheinlichkeit davon ausgehen, dass es ein guter Ort zum Gebären ist.

Zuhause

Vielen Eltern gefällt der Gedanke, Ihr Baby zuhause zu bekommen. Sie müssen keine Tasche packen, sie müssen nicht losfahren, wenn die Wehen losgehen, sie sind in ihrer gewohnten Umgebung. Vielen ist der Gedanke auch unheimlich, weil sie fürchten, zuhause nicht so sicher zu sein wie im Krankenhaus.

Ich hätte damals sehr gern zuhause geboren. Mit Kerzenlicht und Geburtspool im Wohnzimmer und nur meinem Mann und meiner Hebamme und vielleicht meiner Mutter. Für uns hat es nicht sein sollen. Aber mir haben viele Frauen von ihren Geburten zuhause erzählt. Diese Berichte lassen mich eindeutig Partei ergreifen für die Hausgeburt.

Abgesehen davon, dass es zuhause schnuckeliger ist als im Krankenhaus: Ist es nicht mutig, zuhause gebären zu wollen?

Nein. Für Freunde der nackten Fakten gibt es eine Menge wissenschaftlicher Studien dazu. Eine holländische Studie aus dem Jahr 2009[26] zum Beispiel zeigt, dass Hausgeburten bei Frauen mit geringem Risiko weder öfter tödlich verlaufen noch das

Baby häufiger geschädigt wird, vorausgesetzt, das Gesundheitssystem ist so angelegt, dass ein gutes Hebammenwesen und Verlegungsmöglichkeiten für die Frauen gegeben sind. Eine kanadische Studie aus demselben Jahr[27] kommt zum selben Ergebnis: sehr geringe Mortalitätsraten für beide Gruppen, keine Unterschiede bei Schädigungen. Ein dritte Studie[28] zeigt ebenfalls dasselbe Ergebnis, weist allerdings – und das ist für den Wohlfühlfaktor und die langfristige emotionale und körperliche Gesundheit des Babys entscheidend – darauf hin, dass Hausgeburten mit geringem Risiko statistisch nicht gefährlicher oder weniger gefährlich sind als Krankenhausgeburten, dass sie aber mit weniger Interventionen ablaufen. Interventionen wiederum sind oft verbunden mit Bindungsstörungen. Das heißt, Hausgeburten sind durchschnittlich bindungsfördernder.

Geburtshaus

Ist bei Ihnen in der Nähe ein Geburtshaus? Schauen Sie es sich an, lernen Sie die Menschen kennen, die dort arbeiten.

Es ist eine perfekte Lösung für Eltern, die nicht zuhause gebären möchten, denen das Krankenhaus aber zu unpersönlich ist.

Im Geburtshaus können Sie Ihre Hebamme(n) vorher in Ruhe kennenlernen. Geburtshäuser bieten zum Teil auch Möglichkeiten, die nicht jedes Krankenhaus anbieten kann: Ein gemütliches Zimmer für die ganze Familie, freiere Wahl der Geburtsposition, natürliche Schmerzlinderung.

Geht leise –
es ist müd von der Reise.
Es kommt von weit her:
vom Himmel übers Meer,
vom Meer den dunklen Weg ins Land,
bis es die kleine Wiege fand –
geht leise.

Paula Dehmel

Geburtsplan

Vor der Geburt können Sie sich zusammen mit ihrer Hebamme Gedanken darüber machen, wie Sie sich die Geburt wünschen, und das in einem Geburtsplan festhalten. Legen Sie einfach kurz in Stichpunkten fest, wie Sie sich Ihre Geburt vorstellen – auch wenn das Leben vielleicht einen anderen Plan hat als Sie. Der Geburtsplan ist ein Wunschzettel, keine Bestellliste, aber mit seiner Hilfe haben Sie Eventualitäten schon vorher bedacht und müssen nicht, wenn es schnell gehen muss, übereilte Entscheidungen treffen. Ein Geburtsplan kann so aussehen im Folgenden dargestellt. Sie können die Vorlage auf Ihre Bedürfnisse anpassen und selbst entscheiden, welche Punkte für Sie wichtig sind und welche nicht.

· ·

Geburtsplan von _____

Begleitung:
☐ Partner
☐ Hebamme
☐ Verwandte/Freundin
☐ Kind(er)
☐ _____

Vor der Geburt wünsche ich mir:

☐ keine ständige CTG-Überwachung
☐ in Ruhe gelassen zu werden
☐ Betreuung
☐ meinem eigenen inneren Zeitplan zu folgen

Die Verwöhn-Bausteine

Während der Geburt möchte ich:

☐ gedämpftes Licht/Dunkelheit
☐ Musik meiner Wahl in der Lautstärke meiner Wahl
☐ in Ruhe gelassen werden
☐ kein Publikum mit Ausnahme meines Partners,
☐ meiner Hebamme und ggf. eines Arztes
☐ mich frei bewegen können
☐ essen und trinken nach meinem Gefühl
☐ spontan entscheiden können, welche Position für mich gerade angenehm ist
☐ die Möglichkeit für eine Wassergeburt haben
☐ so wenig vaginale Untersuchungen wie möglich, kein Ultraschall ohne Indikation
☐ so wenig Störungen wie möglich
☐ wenn möglich umfassende Information über Eingriffe und ausreichend Bedenkzeit
☐ Schmerzmittel nur nach meinem eigenen Wunsch

Nach der Geburt:

☐ Mein Baby soll wenn möglich durch mich oder meinen Partner aufgehoben werden.
☐ Auspulsieren der Nabelschnur
☐ Mein Baby soll sofort Haut an Haut auf meinen Bauch gelegt werden, kein Waschen, Wiegen, Wickeln oder Anziehen.
☐ Keinerlei Trennung von meinem Baby, keine Störungen in den ersten Stunden.
☐ Erstuntersuchung nach dem ersten Stillen
☐ Keine Silbernitratlösung, keine antibiotischen Augentropfen

Im Falle eines Kaiserschnitts:

☐ Mein Baby soll sofort Haut an Haut auf meinen Bauch oder den meines Partners gelegt werden, kein Waschen, Wiegen, Wickeln oder Anziehen.
☐ Falls unser Baby medizinisch versorgt werden muss, bleibt mein Partner die ganze Zeit bei ihm.

Außerdem wünsche ich mir:

- ☐ keinerlei Zufüttern, kein Tee, keine Säuglingsnahrung, kein Wasser, kein Zucker, nur Stillen
- ☐ 4 Stunden Rooming-in/Beistellbett
- ☐ schnellstmögliche Entlassung aus dem Krankenhaus
- ☐ _____
- ☐ _____

· ·

Geburtsbegleitung

Wenn bei der Geburt eine verlässlich verfügbare, liebevolle Begleitung dabei ist (Mutter, enge Freundin, Doula), die ganz für die gebärende Frau da ist, ihr den Rücken massiert und aufpasst, dass ihre Bedürfnisse geachtet werden, verlaufen Geburten schneller und mit weniger Schmerzmitteln. Das ist sogar wissenschaftlich nachweisbar: Studien haben gezeigt, dass Schmerzmittel signifikant seltener notwendig sind, wenn eine Doula bei der Geburt anwesend ist, die die Mutter liebevoll berührt, hält und unterstützt.

Die Anwesenheit einer Doula hat sogar Langzeit-Auswirkungen: Sechs Wochen nach der Geburt hatten Mütter mit Doula-Begleitung eine bessere Beziehung zum Baby und zum Partner. Diese Begleitung muss nicht einmal eine ausgebildete Doula sein. Es kann einfach eine Freundin, Mutter oder Tante sein, die die Wünsche der gebärenden Frau ernst nimmt und sie feinfühlig unterstützt, wo sie kann.[29]

Die Gefahr unnötiger Interventionen sinkt, wenn Sie eine erfahrene Freundin oder Doula mit ins Krankenhaus nehmen. Das entlastet Sie und auch Ihren Partner, der dadurch frei ist, sich um Sie (oder um sich selbst) zu kümmern und nicht in einer Situation auf Habacht sein muss, die für ihn völlig neu, unbekannt und vielleicht überwältigend ist.

Die Verwöhn-Bausteine

Der Vater

Während der Geburt meines Sohnes fühlte ich mich alleingelassen. Mein Mann war da und stand mir zur Seite, so gut er konnte. Aber auch er war hilflos. Er hatte das noch nie gemacht. Er sah, wie sich seine Frau in ein wimmerndes Etwas verwandelte, das zitterte und fror und kotzte. Er konnte mir nicht helfen. Er versuchte, mir Tee zu geben, aber ich wollte keinen Tee. Ich wollte, dass jemand machte, dass das aufhörte, dass jemand das Licht ausmachte und all die Leute wegschickte, die an mir rumzuppelten. Dass sie mich alle endlich mal in Ruhe mein Kind bekommen ließen. Aber für diese Aufgabe war er nicht vorbereitet. Trotzdem war ich froh, dass er da war. Weil ich immer froh bin, wenn er da ist. Weil es mir gut geht, wenn er da ist. Aber er wusste einfach nicht, wie er mir während der Geburt direkt Gutes tun konnte. Wie auch? Es war ja auch seine erste Geburt.

Was von den Vätern bei der Geburt zum Teil erwartet wird, ist nicht zu erfüllen. Es ist, wie Marshall Klaus, einer der großen alten Männer der Geburtsforschung, schreibt,[30] »als würden wir die Väter bitten, nachdem sie ein paar Vorträge darüber gehört haben, ohne Training in einem professionellen Fußballspiel mitzuspielen«.

Das ist eigentlich nicht besonders fair. Wie soll ein junger Mann das leisten, der vorher nie damit konfrontiert war, ohne Angst oder Unsicherheit auszustrahlen?

Michel Odent rät deswegen dazu, dass bei einer Geburt nur Frauen dabei sein sollten, die selbst ohne Komplikationen geboren haben. Die Aufgabe des Vaters sieht er eher darin, der »Torwächter« zu sein. In meinem Kopf entsteht dazu immer das Bild einer Steinzeithöhle, in der die Frau ihr Baby bekommt, während der werdende Vater mit dem Speer in der Hand am Eingang steht und die Raubtiere abwehrt.

Es ist sehr schwierig, Raubtiere abzuwehren, wenn sie weiße Kittel und eine Menge medizinischer Kompetenz tragen und man nicht genau weiß, ob das, was sie da tun, lebensnotwendig oder störend ist. Der Vater kann aber gut dafür sorgen, dass das Licht gedämpft bleibt, er kann die Formalitäten übernehmen, er kann Schwester Kerstin von der Nachtschicht in Empfang nehmen und sie daran hindern, seine Frau bei ihrer Wehenarbeit zu unterbrechen. All das sind Dinge, die ein Vater gut tun kann.

Nach der Geburt

Warum nicht gleich abnabeln?

Die Natur hat uns so viele ausgeklügelte Mechanismen zur Verfügung gestellt. Zu ihnen gehört auch die Übergabe der Sauerstoffversorgung von der Mutter (Plazenta) an das Kind (Lunge). Wir tun gut daran, in diesem System nicht herumzufuschen.

Wenn das Kind geboren ist, braucht die Lunge einige Minuten, bis sie ihre Arbeit voll aufnehmen kann. Während dieser Minuten hält die Plazenta etwa ein Drittel des Blut- und Sauerstoffvorrats des Babys bereit, um es versorgen zu können, bis die Lunge regelmäßig arbeitet. Dann schließt das Herz das Ventil zur Nabelschnur und leitet fortan das Blut durch die Lunge. Die Plazenta bekommt das Signal: Du wirst nicht mehr gebraucht.[31]

Auf diese Weise entscheidet das Kind selbst, ab wann es die Plazenta nicht mehr benötigt. Säuglinge, die ein wenig länger zur Anpassung brauchen, lassen die Plazenta noch länger arbeiten. Das kann auch eine halbe Stunde oder länger sein. Deswegen ist es so wichtig, dass ein Baby nach der Geburt nicht sofort abgenabelt wird.

Immer wieder erzählen mir Hebammen und Mütter, dass immer noch in vielen Krankenhäusern nicht mit dem Abnabeln gewartet wird, bis die Nabelschnur auspulsiert ist. Oft muss es nach der Geburt schnell gehen – oder es werden einfach Gewohnheiten weitervererbt, Dinge, die »immer schon so gemacht« wurden.

Auch viele der Medikamente, die Frauen bei der Geburt bekommen, tragen möglicherweise zu ungenügender Sauerstoffversorgung bei. Vor über einhundert Jahren wurde im US-Bundesstaat Indiana ein Junge namens William Windle geboren. Als er heranwuchs, interessierte er sich für die menschliche Anatomie und Neurologie. Er lernte und lehrte an verschiedenen Orten, bis er eines Tages wissen wollte, was passiert, wenn man Rhesusaffenmüttern bei der Geburt denselben Drogencocktail gibt, den Menschenmütter oft bekommen.

Also ließ Windle schwangeren Affenmüttern dieselbe Behandlung angedeihen, die Menschenmütter bekommen. Als die Wehen einsetzten, bekamen sie (die auf ihre Größe bemessene Dosis) Betäubungsmittel, direkt nach der Geburt durchtrennte er die Nabelschnur. Sämtliche Affenbabys mussten künstlich beatmet werden! Ihre Sauerstoffversorgung funktionierte nicht. Und sie waren auch nicht agil und fidel, wie kleine Affen in der Natur bald nach der Geburt sind. Sie konnten sich nicht an ihren Müttern festklammern. Auch die Affenmütter waren erschöpft und nicht in der Lage, sich um ihre Babys zu kümmern. Ohne Windles Einschreiten hätten die Kleinen nicht überlebt.

Sicher, das war vor vielen Jahren, und die Drogen sind heute verträglicher und besser dosierbar geworden. Und ja, Menschen sind keine Rhesusaffen. Trotzdem: Wir können aus diesem alten Experiment immer noch einiges lernen.

Haut an Haut

Als mein Sohn auf meinem Bauch lag, dachte ich nicht mit dem Kopf darüber nach, warum und wieso das toll war. Das Muttertier in mir wusste einfach nur: Da gehört er hin, und nirgendwo anders. Instinktiv ahnte ich vielleicht auch, was eine Gruppe von Wissenschaftlern festgestellt hat: Ausgiebiger Hautkontakt direkt nach der Geburt ist die beste Möglichkeit, die Auswirkungen von »Geburtsstress« zu reduzieren.[32] Dieselben Forscher untersuchten auch die Langzeitauswirkungen des Hautkontakts in der »sensiblen Phase« direkt nach der Geburt und stellten fest, dass 25 bis 120 Minuten Hautkontakt und frühes Stillen die Interaktion zwischen Mutter und Baby noch ein Jahr später positiv beeinflussten.[33]

Eine andere Forschergruppe untersuchte die neurobiologischen Auswirkungen von Hautkontakt gleich nach der Geburt. Sie beobachteten 47 Neugeborene, von denen ca. die Hälfte nach der Geburt eine Stunde lang Hautkontakt genossen und die andere nicht. Danach wurden alle Babys auf die Säuglingsstation gebracht. Die Wissenschaftler stellten fest, dass es den Hautkontakt-Babys (selbst unter diesen, wie ich finde, suboptimalen Umständen) nach vier Stunden besser ging als der Kontrollgruppe: Sie schliefen länger und tiefer, und ihre Ärmchen und Beinchen waren eher entspannt angewinkelt als durchgestreckt.[34]

Hautkontakt direkt nach der Geburt verringert auch das Risiko einer Postpartalen Depression.[35] In einer großen Metastudie betrachteten Wissenschaftler insgesamt vierunddreißig solcher Forschungsergebnisse und fassten zusammen, dass Hautkontakt sich nicht nur signifikant positiv auf das erfolgreiche Stillen auswirkt, sondern auch auf die Herz-Lungen-Funktion und den Blutzucker.[36]

Doch alle Studien und Statistiken der Welt hätten mich nicht so gut überzeugen können wie die Augen meines Babys und seine weiche Haut. Und dieses entzückende Mündchen.

. . . .

Tabu Postpartale Depression

Es ist nicht immer alles rosa, wenn man für einen neuen kleinen Menschen verantwortlich ist. Durch den Hormonabfall nach der Geburt bekommen die meisten Frauen einige Tage später die »Heultage«, auch »Baby Blues« genannt. Bei 20 bis 40%[37] der Frauen verschwindet dieser »Baby Blues« nicht wieder, sondern macht Platz für eine ausgewachsene Postpartale Depression (PPD).

Bis heute ist dieses Phänomen tabuisiert. Mütter haben auf rosa Wolken zu schweben.

Was aber, wenn Sie es nicht tun? Wenn Ihnen alles zu viel wird und Sie feststellen, dass Sie keinen richtigen Zugang zu Ihrem Baby finden? Wenn Sie gar nicht so verliebt sind in dieses kleine Wesen, wie alle Welt von Ihnen zu erwarten scheint?

Sie sind deswegen keine »schlechte Mutter«, sondern die Wahrscheinlichkeit ist hoch, dass Sie an einer Postpartalen Depression leiden. Die gute Nachricht ist: Diese Krankheit ist behandelbar und heilt meist vollkommen wieder aus.

Auf www.schatten-und-licht.de finden Sie einen Fragebogen zur Selbsteinschätzung einer möglichen PPD.

Anzeichen für eine Postpartale Depression können sein:

- Sie fühlen sich innerlich leer.
- Sie müssen oft ohne ersichtlichen Grund weinen.
- Sie werden mit Ihrem Baby »nicht richtig warm«.
- In Ihrem Kopf kreisen die Gedanken: Sie machen sich viele Sorgen oder denken darüber nach, Ihrem Kind etwas anzutun.
- Sie haben das Gefühl, sich oder Ihr Baby ständig waschen und putzen zu wollen.

Man hat herausgefunden, dass im Gehirn von Babys mit depressiven Müttern bereits nach sechs Wochen die Grundstrukturen für Depressionen zu finden sind.[38] Das heißt, Kinder depressiver Mütter haben später eine stark erhöhte Wahrscheinlichkeit, selbst Depressionen zu bekommen, selbst wenn die Mutter sich nach dem Säuglingsalter von ihrer Depression erholt hat.

Auch der morgendliche Kortisolspiegel ist bei diesen Kindern über die gesamte Kindheit erhöht. Sie haben also eine verminderte Stresstoleranz und sind in der Regel anfälliger für Krankheiten.

Kinder depressiver Mütter haben eher Bindungsstörungen und reagieren später ggf. nicht auf die Versuche der Mütter, ihnen näherzukommen. Damit einher geht, dass die Kinder eher als »schwer erziehbar« gelten und Aufmerksamkeitsstörungen entwickeln. Auch kognitive Beeinträchtigungen haben Forscher beobachtet. Wenn Sie bei sich selbst den Verdacht auf eine PPD haben, holen Sie sich also lieber früher als später Hilfe. Für Ihr Kind, für Ihre Beziehung zueinander und für sich selbst.

Bonding bei Kaiserschnittgeburt

Immer mehr Kinder werden per Kaiserschnitt geboren. Das hängt zusammen mit, wie Michel Odent vermutet, einem zunehmend schwächer werdenden menschlichen Oxytocin-System, mit Modeströmungen, verbesserten OP-Techniken, finanziellen Interessen und medial geschürten Geburtsängsten. Waren es 1991 noch 15,3%, werden heute im Bundesdurchschnitt doppelt so viele – über 30% – aller Kinder per Kaiserschnitt geboren. In einigen Landkreisen sind es gar um die 40%. Allein die Unterschiede zwischen einzelnen Krankenhäusern und Regionen zeigen, dass nicht alle dieser Kaiserschnitte medizinischer Notwendigkeit geschuldet sind.

Auf jeden Fall ist es gut zu wissen, dass Bonding, die erste tiefe Bindung zwischen Mutter und Kind, auch nach Kaiserschnittgeburten stattfinden kann, wenn man auf einige Dinge achtet und diese vorher mit dem Krankenhauspersonal bespricht.

• •

Kaiserschnitt ohne schlechtes Gewissen
von Katrin Jill Hagemeyer, Diplom-Psychologin

Einen wirklich sanften Kaiserschnitt gibt es nicht. Aber es gibt viele Möglichkeiten, die diese große Operation für das Kind und die werdenden Eltern leichter machen können. Das Wichtigste ist, sich mit den beteiligten Menschen auszutauschen, genau hinzuhören und die eigenen Wünsche und Bedürfnisse genau zu formulieren.

Die Verwöhn-Bausteine

Möglichkeiten vor dem Kaiserschnitt:

- Hebammenvorsorge im Krankenhaus
- Ausführliche Gespräche in Ruhe mit den Ärzten
- Besichtigung der Kreißsäle und der Neugeborenenstation
- Terminierung: Warten auf den Wehenbeginn. Auch hier sind die Vorgehensweisen der verschiedenen Kliniken sehr unterschiedlich.

Beim Kaiserschnitt:

Unterschiedliche Szenarien:

- Der Papa ist mit im OP. Er wird seine Frau bei den OP-Vorbereitungen begleiten. Nachdem er sie an der OP-Schleuse abgegeben hat, zieht er sich in einer Hygieneschleuse OP-Kleidung über und kommt wieder zu seiner Frau in den OP. Dort bleibt er am Kopfende bei ihr, bis das Kind da ist. Es gibt die Möglichkeit, dass er das Baby zu den Untersuchungen begleitet oder bei seiner Frau bleibt, während die Operation beendet wird.
- Der Mann gibt seine Frau an der OP-Schleuse ab und geht in den Kreißsaal, wo er das Kind in Empfang nimmt und es bei sich auf dem nackten Bauch oder der Brust warm kuschelt, bis die OP beendet ist und die Frau in den Kreißsaal gebracht wird.

Direkt nach dem Kaiserschnitt:

Leider gibt es immer noch Kliniken, in denen auch Kaiserschnittmütter zur postoperativen Überwachung in den normalen Aufwachraum kommen. Dort liegen sie dann, während ihr neugeborenes Baby von anderen betreut wird. Äußern Sie am besten klar Ihren Wunsch, nach der OP in den Kreißsaal verlegt zu werden.

Glücklicherweise gibt es aber auch immer mehr Kliniken, in denen die enorm wichtige postoperative Überwachung durch die Hebammen geleistet wird. Die Mutter kann also direkt nach dem Beenden der Operation in den Kreißsaal gebracht werden und dort in Ruhe, bei nettem Licht, vielleicht selbst mitgebrachter Musik die ersten Stunden nach der Geburt mit ihrem

Kind verbringen. Die Hebammen können ihr helfen, das Kind sofort zu stillen, das Kind kann Haut an Haut an Mama gekuschelt die Welt begrüßen. Alle Routineuntersuchungen, die die Klinik verlangt, können in Ruhe und zu einem sinnvollen Zeitpunkt gemacht werden. Es kann also erst mal zwei Stunden gestillt werden, bevor das Kind gemessen und gewogen wird. Das Kind kann auch nackt bleiben und den so wichtigen Hautkontakt zur Mama und zum Papa genießen. Gerade nach einem Kaiserschnitt, bei dem ein Teil der natürlichen Hormonausschüttung fehlt, ist der Hautkontakt enorm wichtig. Durch die Berührung von Haut an Haut werden alle wichtigen Hormone angekurbelt, zum Beispiel Oxytocin für die Bindung und Prolaktin für die Milchbildung.

Wenn dann nach den ersten Stunden alle so weit sind, kann die Familie auf die Neugeborenenstation verlegt werden. Einige Kliniken haben Familienzimmer, in denen der Papa und auch Geschwisterkinder mit wohnen können. Einige Kliniken, die keine speziellen Familienzimmer haben, bieten an, dass in einem Zweibettzimmer das zweite Bett privat gebucht wird. Dann können die Krankenhausbetten zusammengeschoben werden und man hat ein praktisches Familienbett. (In die Ritze zwischen den Betten kann man Decken stopfen oder ein Stillkissen.) Es ist sehr erleichternd, wenn der Partner auch die Nächte über mit im Krankenhaus ist, um die frisch operierte Mutter im Umgang mit dem Baby zu unterstützen.

Wo und wie Sie gebären, entscheiden Sie; es ist Ihre Geburt!

Hautkontakt nach der Geburt hilft beim Verlieben

Haben Sie Vertrauen in Ihren Körper und den Geburtsprozess

4 Gute warme Milch

»Das Gehirn ist ein soziales Organ,
und unsere Beziehungen miteinander
sind kein Luxus, sondern essentieller
Nährstoff unseres Überlebens.«

Daniel Siegel

Das Wunderelixier

Das Erste, was Ihr wunderbares Baby nach der Geburt tun wird – gehen wir mal von einer komplikationsfreien Geburt in einer störungsarmen Umgebung aus –, ist: Es wird Sie ansehen. Mit diesen riesigen Augen, in denen Sie sich verlieren. Und dann irgendwann wird es anfangen, sich in Richtung Brust hochzuarbeiten. Dort wartet warme süße Milch. Ein bisschen nur. Am Anfang sind es nur ein paar winzige Tropfen Kolostrum. Kalorienreich und voller guter Bakterien.

Wenn Sie Glück haben, klappt das Stillen dann einfach so. Ihre Hormone werden Tango tanzen, die Verliebtheit zwischen Ihnen und Ihrem Baby wird noch mehr wachsen, und alles ist fein.

Vielleicht haben Sie kein Glück und müssen ein wenig arbeiten, bevor Sie die rosa Wolken erreichen. Ich komme später dazu, warum das so ist. Auf jeden Fall lohnt sich der Einsatz, denn Muttermilch ist das ultimative Wellness-Elixir für Ihr Baby. Als solches versorgt es das Kind mit Nährstoffen, Glückshormonen, Antikörpern, guten Bakterien und einer ganzen Reihe weiterer wertvoller Dinge.

Mein Sohn war sechs, und wir machten eine Fahrradtour ins Nachbardorf, als wir es sahen, auf einer kleinen Weide, halb versteckt hinter einem großen Baum: Das Kälbchen lag im hohen Gras zu Füßen seiner Mutter. Es war noch ganz nass, und die Nabelschnur baumelte der Mutter noch aus dem Hinterleib. Sanft leckte die Mutter das Neugeborene und stupste es mit der Nase an. Es rappelte sich auf, versuchte zu stehen – und knickte wieder in sich zusammen. Wieder stupste seine Mutter es an. Wieder streckte es tapfer die Beinchen. Wieder knickten sie unter ihm weg. Seine Mutter leckte es, stupste es. Das Kälbchen gab sein Bestes. Fast eine Stunde brauchte es, um aufzustehen. Das Aufspüren der Milch war dagegen ein Leichtes. Das Kälbchen fand die Milch und trank, wie das alle Kälbchen der Welt getan haben, seit es Kälbchen gibt.

Wie Hundebabys bei ihren Hundemüttern trinken und Nashornbabys bei ihren Nashornmüttern und Eichhörnchenbabys bei ihren Eichhörnchenmüttern. Für sie alle hält die Milch ihrer Art genau die Inhaltsstoffe bereit, die sie für das Leben brauchen, das auf sie wartet. Für die einen mag das viel Protein für schnelles Wachstum sein, für die anderen mehr Milchzucker für ein großes Gehirn. Die eine Milch ist dickflüssiger, die andere dünnflüssiger. Ihnen allen gemein ist, dass sie die Nachkommen perfekt versorgen und dass sie bei den Müttern genau das Verhalten fördern, das sie zeigen müssen, um ihre Nachkommen möglichst gut auf die Welt vorzubereiten.

In dem Augenblick, in dem man akzeptiert und wirklich versteht, dass wir Menschen genauso Säugetiere sind wie Kühe, Hunde, Nashörner und Eichhörnchen, stellt sich die Frage »Stillen oder Flasche?« nicht mehr. Warum sollte ein kleines Säugetier die Milch einer anderen Art trinken? Wir können es − als Notfallprogramm. Das ist Säugetiernatur. Und das ist gut so. Aber die Milch anderer Arten ist eben nicht optimal für uns. Walmilch zum Beispiel ist dickflüssig wie Hüttenkäse. Unsere Babys könnten sie vermutlich gar nicht schlucken. Aber unsere Babys wachsen auch nicht 20 kg pro Tag. Die Milch von klassischen Nesthockern wie Katzen und Hunden dagegen ist extrem fetthaltig. Mama Katze verlässt ihre tauben, blinden Jungen oft für längere Zeit, um jagen zu gehen. Damit die Kleinen diese Zeit überstehen, muss die Milch sie lange satt machen und Energie geben. Wieder anders ist die Milch von Nestflüchtern wie Pferden und Kühen. Sie ist extrem eiweißhaltig, denn kleine Nestflüchter müssen zum einen schnell Muskeln aufbauen, zum anderen darf ihre Milch nicht zu lange satt machen. Die Jungtiere brauchen zum Überleben die Herde − und den Drang, ihrer Mutter zu folgen, wenn die Herde weiterzieht.

Wie aber ist es mit uns Menschen, die wir weder Nesthocker noch Nestflüchter sind? Wir brauchen für unsere komplexen sozialen Beziehungen ein noch größeres Gehirn als die anderen Primaten. Und dieses große Hirn braucht Kohlehydrate. Selbst im Ruhezustand braucht unser Supercomputer schon bei einem Erwachsenen beinahe ein Viertel der Kalorien, die insgesamt benötigt werden, um uns am Leben zu halten.

Außerdem muss für das Überleben und Gedeihen von Menschenbabys sichergestellt werden, dass das Gehirn, dieses soziale Organ, programmiert wird mit liebevollem menschlichem Miteinander und Hautkontakt. Wir können nicht wie Braunbären als Einzelgänger die Tundra durchstreifen. Wir brauchen Menschen.

Unsere Milch ist deswegen sehr süß, kohlehydrathaltig und fettarm. Sie hält nicht besonders lange vor. Kohlehydrate versorgen unser Riesengehirn mit Brennstoff zum Wachsen, und die schnelle Verdaulichkeit der Milch sorgt dafür, dass das Baby immer in engem Kontakt mit der Mutter ist.

Menschliche Milch enthält auch nur vergleichsweise wenig Eiweiß. Dafür allerdings nicht irgendein Eiweiß, sondern besonders die Aminosäure Taurin findet sich reichlich in Muttermilch. Der Körper kann diese Aminosäure nicht selbst herstellen, umso wichtiger ist, dass sie in dieser entscheidenden Phase des Lebens zugeführt wird. Denn Taurin ist wichtig für die Entwicklung von Augen und Gehirn.[1]

Die Top Ten des Verwöhnens-durch-Stillen

Stillen ist eine wirklich phantastische Erfindung der Natur. Auch wenn Sie nicht stillen, lege ich Ihnen ans Herz, die folgenden Punkte aufmerksam zu lesen. Sie geben Ihnen Hinweise darauf, warum es sinnvoll ist, eine möglichst stillähnliche Umgebung zu schaffen, an welchen Stellen Sie besonders auf Ihr und Babys Wohlbefinden achten müssen und worauf Sie bei der Auswahl der Milchnahrung achten sollten.

1. Stillen stärkt die Bindung und macht entspannt

Während des Stillens wird die ultimative Wohlfühlchemikalie Oxytocin ausgeschüttet. Das regt das Milchbildungshormon Prolaktin und damit die Milchbildung an. Aber nicht nur. Vor allem sorgt Oxytocin dafür, dass wir unhaltbar verliebt sind in unsere Kinder. Je mehr Oxytocin durch den Körper der Mutter kreist, desto interessierter ist sie daran, sich ihrem Baby liebevoll zuzuwenden.[2]

Ein Wissenschaftlerteam aus England hat errechnet, dass sich das mütterliche Gehirn beim Stillen sogar anders benimmt als sonst und dadurch eine ganz besonders intensive Oxytocinflut genießen kann.[3] Normalerweise wird Oxytocin im Hypothalamus hergestellt und als Hormon über den Blutstrom verteilt. Doch es funktioniert auch als Botenstoff, der über Nervenleitungen transportiert wird.

Durch das Saugen beim Stillen, so die Wissenschaftler, würden selbst Nervenenden, die sonst für die Aufnahme von Botenstoffen zuständig sind, Oxytocin ausschütten und so das Gehirn quasi in Oxytocin baden – angenehm für die Mutter und angenehm für das Baby.

2. Stillen macht Papas »mütterlich«

Prolaktin sorgt nicht nur für die gute Milch bei der Mutter, sondern es gilt auch als »Mütterlichkeitshormon« – interessanterweise vor allem bei Vätern und anderen nahestehenden Erwachsenen, die als potenzielle Babybetreuer in Frage kommen.[4] Bereits während der ersten Schwangerschaftswochen sinkt beim Vater der Testosteronspiegel, und das Prolaktin nimmt zu.[5] Wenn das Baby dann da ist und gestillt wird, was das Zeug hält, ist auch die Luft angereichert mit Prolaktinspuren. Wer auch immer der Nähe von Mutter und Baby lang genug ausgesetzt ist, wird dadurch zum potentiellen Babypfleger.

Michel Odent, der große alte Herr der Geburtsforschung, weist darauf hin, wie sehr unsere ganze Gesellschaft möglicherweise davon gekennzeichnet ist, dass wir durchschnittlich nicht besonders lange stillen. Er mutmaßt, dass eine Gesellschaft, in der »Prolaktinreichtum herrscht«, eher geneigt wäre, auf die Bedürfnisse von Babys und Kindern Rücksicht zu nehmen. Vielleicht würden diese sogar in den Vordergrund gestellt. Er vermutet auch, dass in einer solchen Gesellschaft den »Gesetzen der Natur« eher mit Respekt begegnet würde.[6]

3. Stillende Mütter haben seltener Postpartale Depressionen

Um genau zu sein, müsste es eigentlich heißen: Nicht zu Stillen erhöht das Risiko für Postpartale Depressionen.[7] Eigentlich ist das logisch, wenn man einmal verstanden hat, dass wir Säugetiere sind, die zum einen auf Bindung angewiesen sind und zum anderen von unseren Hormonen im Empfinden beeinflusst werden. Was wird der Körper einer Frau signalisieren, deren Baby nicht an der Brust trinkt, nachdem die Hormone alles so schön vorbereitet haben? Genau. Die Brust wird »denken«, das Baby sei gestorben. Glücklicherweise sind wir eben nicht nur hormongesteuert, sondern haben noch viele andere Systeme, die deren Einfluss relativieren. Aber ich bin immer wieder fasziniert davon, wie fein ausgeklügelt unsere menschliche Maschine ist. Je mehr ich darüber lerne, desto mehr bin ich der Meinung, dass wir gut daran tun, dem natürlichen Lauf der Dinge möglichst nicht in die Quere zu kommen.

Beispielsweise hat ein Forscherteam 2013 eine neue Theorie aufgestellt, warum Stillen Postpartalen Depressionen entgegenwirken könnte. Während der Schwangerschaft speichert der Körper der Mutter mit dem Vitamin A verwandte Retinoide. In hoher Konzentration können diese zu Depressionen und suizidalem Verhalten führen. Beim Stillen jedoch wird eine große Menge an Vitamin A an das Baby abgegeben, sodass das Baby damit gut versorgt wird und die Mutter ihren angesammelten Überschuss nach und nach abbauen kann.[8]

Warum auch immer: Wir wissen, Stillen tut gut. Gönnen Sie sich das, wenn irgend möglich.

4. Stillen senkt die Gefahr des Plötzlichen Kindstods

Plötzlicher Kindstod, SIDS – der absolute Albtraum! Wie können wir dafür sorgen, dass unsere Babys am Leben bleiben?

Die Antwort ist leider: Wir können es nicht. Das Leben gibt keine Überlebensgarantien. Wir können aber dafür sorgen, dass das Risiko nicht durch künstliche Nahrung erhöht wird.

2011 fand sich ein internationales Forscherteam aus Deutschland, den USA und Neuseeland für eine riesige Metastudie zusammen.[9] Die Wissenschaftler sichteten, was immer sie an Studien, Artikeln und Daten zu einem möglichen Zusammenhang zwischen Stillen und SIDS fanden. Das Ergebnis war eindeutig: Die Wahrscheinlichkeit, dass ein gestilltes Baby plötzlich stirbt, ist wesentlich geringer als die, dass dies einem Fläschchenbaby widerfährt. Der Schutz ist stärker, wenn das Baby voll gestillt wird.

5. Stillen spart Zeit

Muttermilch ist so praktisch! Perfekt temperiert, stets zur Verfügung. Niemand muss für das Stillen nachts aufstehen und Wasser kochen, nichts muss sterilisiert werden, nichts angerührt, nichts abgekühlt.

Und kein hungriges Baby muss minutenlang auf sein Essen warten, dabei knörig und quengelig werden und anfangen zu weinen. Wunderbar.

6. Stillen spart Geld

Muttermilch ist auch so günstig! Niemand muss für das Stillen einkaufen gehen. Niemand die beste Nahrung aussuchen. Niemand 50 Euro im Monat dafür ausgeben. Legen Sie das Geld lieber zurück und gönnen Sie sich dafür in ein paar Jahren einen Aufenthalt im Verwöhnhotel Ihrer Wahl.

7. Stillen schenkt eine gesunde Darmflora

Wussten Sie, dass in und auf uns zehnmal mehr Bakterien, Pilze und andere Mikroorganismen leben als menschliche Zellen? Und die Gene der Mikroben sind gleich »100:1 in der Überzahl« gegenüber unseren menschlichen Genen.[10] Wir leben mit diesen kleinen Lebewesen in perfekter Symbiose – sie sind ein Teil von uns. Ohne sie könnten wir nicht bestehen. Sie sorgen dafür, dass wir gesund bleiben und dass unsere Systeme so funktionieren, wie sie sollten. Man nennt das das menschliche Mikrobiom.

Für uns ist das deswegen spannend, weil durch die Geburt und beim Stillen der Grundstein für das Mikrobiom des Babys gelegt wird: Es entscheidet sich, welche Art von Bakterien, Pilzen und sonstigen Mikroorganismen im Organismus künftig die Oberhand haben werden: gute oder weniger gute. Wenn das menschliche Mikrobiom aus dem Gleichgewicht gerät, steigt die Anfälligkeit für Krankheiten. Ein gestörtes Mikrobiom bringen Wissenschaftler inzwischen in Verbindung mit Übergewicht, Krebs, Asthma, Allergien und Autismus, um nur einige zu nennen. Natürlich bekommt nicht jedes Kind, das als Neugeborenes Glukoselösung bekommen hat, zwangsläufig Krebs! Aber wir wissen, dass sich die Darmflora von gestillten Kindern deutlich von der nicht gestillter Babys unterscheidet[11] – unter Umständen ein Leben lang.[12]

»Der Verdauungstrakt beherbergt eine der dichtesten und vielfältigsten Bakteriengemeinschaften auf dem gesamten Planeten.«

Eric W. Rogier

8. Stillen stärkt das Immunsystem

Hand in Hand mit der Darmflora wirkt das Immunsystem. In der Muttermilch sind Tausende wichtiger Stoffe, die die Darmwand schützend auskleiden, antimikrobiell wirken, die Zellkommunikation stärken und Entzündungen hemmen. »Um den Schutz wirklich zu gewährleisten, ist Muttermilch nötig«, schreibt Forscher David Newburg.[13]

Zu diesen Stoffen zählt auch der Antikörper Immunglobulin A – einer der Anführer der Körperpolizei. Ein Forscherteam der Universität Kentucky hat sich – wie so viele Forscherteams – mit Mäusen beschäftigt. Eine Gruppe Mäuse war gesund, die

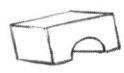

andere war so gezüchtet worden, dass sie kein Immunglobulin A verarbeiten konnten. Das heißt, ihnen wurde, obwohl sie ganz normal gesäugt wurden und auch sonst gleiche Bedingungen hatten, dieser eine entscheidende Stoff vorenthalten. Die Forscher stellten fest, dass die gesunden Mäuse zum Zeitpunkt des Abstillens eine bedeutend andere Darmflora hatten als jene, die diesen besonderen Antikörper nicht bekommen hatten. Und – jetzt kommt das wirklich Spannende! – diese Unterschiede wurden nicht etwa geringer, als die Mäuschen heranwuchsen. Mit zunehmendem Alter wurden die Unterschiede sogar größer. Wie konnte das geschehen, da ihre Nahrung später doch identisch war?

Offenbar wurden in den Darmwandzellen einfach nur dadurch, dass sie in der ersten Lebenszeit vom Immunglobulin in der Muttermilch umspült wurden, bestimmte Gene schlicht »auf Gesundheit geschaltet«.[14]

Dieser Mechanismus könne, so die Forscher, ein lebenslanges Gleichgewicht im Darm schaffen – und damit einen lebenslangen Schutz vor bestimmten Krankheiten.

Schutz, zum Beispiel vor Mittelohrentzündungen

Eine dieser Krankheiten ist die Mittelohrentzündung. Haben Sie schon einmal eine Mittelohrentzündung gehabt? Ich ja. Die letzte ist 25 Jahre her, und ich erinnere mich heute noch daran, wie weh sie getan hat. Ich wünsche das niemandem, und schon gar keinem Baby.

Eine Vielzahl an Studien zeigt einen Zusammenhang zwischen Flaschennahrung und Mittelohrentzündungen[15] – zum einen wegen der veränderten Darmflora, zum anderen werden die Kiefermuskeln beim Stillen anders bewegt und trainiert als beim Trinken aus dem Fläschchen.

Schutz, zum Beispiel vor Asthma und Allergien

Auch Asthma, Lebensmittelallergien, Ekzeme und Heuschnupfen haben mit einem Immunsystem zu tun, das nicht ganz rund läuft, und mit einer veränderten Darmflora. Wir wissen, dass Stillen diesen Krankheiten vorbeugt.[16]

»Mein Kind ist nicht allergiegefährdet«, mag die eine oder andere denken. Oder: »Für mich ist das nicht so wichtig.« Ich bin sicher, meine Eltern dachten das auch. (Beziehungsweise dachten sie sich damals vermutlich gar nichts, da Allergien allgemein noch kein großes Thema waren.) Das änderte sich, als ich mit strähnigen Haaren und knallroten Augen dauerniesend nach Hause kam.

Allergien sind aufgrund vielerlei Faktoren stark auf dem Vormarsch. Wer einmal unter Allergien gelitten hat, weiß, dass man sie seinem ärgsten Feind noch weniger wünscht als eine Mittelohrentzündung. Allergien sind nicht nur ein bisschen Niesen und ein wenig lästig, sie bedeuten eine massive Einschränkung der Lebensqualität.

9. Gestillte Kinder haben weniger Übergewicht und Diabetes

Wir wissen alle, dass Übergewicht nicht nur damit zu tun hat, zu viel zu essen. Nicht einmal ausschließlich damit, zu viel vom Falschen zu essen. Übergewicht hat auch damit zu tun, wie viel Ihre Großeltern zu essen hatten oder (bei Männern) ob Ihr Vater früh im Leben geraucht hat. Es hängt damit zusammen, ob Ihre Mutter während der Schwangerschaft geraucht hat. Es gibt sogar eine Studie, die zeigt, dass geringes Geburtsgewicht und frühes Kälteerleben mit einer Neigung zu Übergewicht zu tun hat – Winterkinder werden tendenziell fetter.[17]

Wir können nicht alle diese Faktoren beeinflussen. Aber Übergewicht hat auch mit der Darmflora zu tun. Womit wir wieder bei der Geburt und beim Stillen wären.

10. Stillen sorgt vor gegen Brustkrebs

»Stillen schützt vor Brustkrebs.« Hier ist es wie mit all den anderen Punkten. Eigentlich müsste ich es andersherum sagen. Eigentlich ist der natürliche Zustand eine gewisse Gefeitheit gegen Brustkrebs. Und nicht zu stillen erhöht das Risiko. Hat das damit zu tun, dass die Myoepithelzellen, in denen der Milchspendereflex ausgelöst wird, auch der Kommunikation zwischen den verschiedenen Brustzellen[18] dienen und so die Zellen nicht so leicht entarten?

Wie dem auch sei: Wenn Sie stillen, sinkt Ihr Brustkrebsrisiko. Das haben Sie sicherlich schon gehört. Aber wussten Sie auch, dass möglicherweise auch das Brustkrebsrisiko Ihrer Tochter sinkt, wenn sie gestillt wird?[19] Das fanden New Yorker Wissenschaftler bereits 1994 heraus. Sie untersuchten 528 Frauen, bei denen Brustkrebs diagnostiziert worden war. Die Frauen waren zu dem Zeitpunkt zwischen 40 und 85 Jahren alt, aber die Forscher interessierten sich viel mehr für die Zeit, als sie noch Babys waren: Sie wollten wissen, wie die Frauen als Säuglinge ernährt worden waren und ob es einen statistischen Zusammenhang zwischen Stillen und der Entwicklung von Brustkrebs gibt. Sie stellten fest, dass die erkrankten Frauen im Vergleich mit der gesunden Kontrollgruppe weniger gestillt worden waren, Flaschenmilch (zumindest die Flaschenmilch der damaligen Zeit) also offenbar das Brustkrebsrisiko erhöhte.

Stillen lernen

Es gibt also viele gute Gründe, warum es sich lohnt, beim Stillen durchzuhalten, auch wenn der Anfang manchmal schwer ist. Es wäre eine Lüge zu behaupten, dass bei allen Mutter-Kind-Paaren das Stillen sofort wie am Schnürchen klappt. Es gibt sogar Mütter, die zwei Kinder erfolgreich gestillt haben und beim dritten läuft plötzlich nichts mehr. Das liegt daran, dass Stillen entgegen vielen Annahmen nicht ausschließlich instinktives Verhalten ist. Es ist kein Reflex, sondern richtiges Stillen wird auch von Mutter und Baby gelernt. Es wird mitsamt allen Finessen und Tricks von Generation zu Generation weitergegeben.

Die Herausforderung, vor der wir heute stehen, ist, dass das Stillen in den 1960er und 1970er Jahren zunehmend vergessen wurde. Wir sind global in den Industrieländern erst wieder dabei, es zu lernen und kulturell neu zu verankern.

Für Sie heißt das, dass es keine Schande und kein Versagen ist, wenn das Stillen nicht sofort klappt, als hätten Sie nie etwas anderes getan. Zwischen zwei und vier Prozent aller Mütter können anatomisch wirklich nicht stillen – die Wahrscheinlichkeit ist gering, dass es bei Ihnen auch so ist. Wenn Sie also stillen möchten, dann suchen Sie sich am besten noch vor der Geburt eine Stillgruppe in der Nähe und eine kompetente Stillberaterin. Das hat den angenehmen Nebeneffekt, dass Sie nette Menschen kennenlernen, die in einer ähnlichen Lebensphase sind und ähnliche Fragen haben wie Sie.

So klappt das Stillen von Anfang an

Niemand kann garantieren, dass das Stillen bei Ihnen klappt, aber Ihre Chancen sind gut, wenn Sie die folgenden Punkte beachten:

- Sorgen Sie dafür, dass Ihr Baby nach der Geburt bei Ihnen bleibt und Sie es häufig anlegen. Ihre Brust »lernt« so, dass sie jetzt Milch produzieren muss.
- Informieren Sie sich über die richtige Stillhaltung. Tummy to tummy, nipple to nose – Bauch an Bauch, Brustwarze an Nase. Ohr, Schulter und Hüfte des Babys bilden eine Linie. Finden Sie dabei eine für Sie bequeme Haltung. Legen Sie sich ggf. entspannt halb zurück und Ihr Baby quer auf den Bauch. Probieren Sie aus.
- Es ist wichtig, dass die gesamte Brustwarze im Mund des Babys verschwindet. Scheuen Sie sich nicht, ggf. eine Stillberaterin zurate zu ziehen. Lieber früher als später.
- Stillen Sie Ihr Baby bei den allerersten Hungerzeichen, nicht erst, wenn es vor Hunger weint. Diese sind subtil, aber Sie lernen schnell, sie zu erkennen: Wenn Ihr Baby anfängt, das Köpfchen suchend hin- und herzudrehen, unruhig wird oder den Mund weit öffnet, sind das die ersten Zeichen von Hunger. Wenn der Hunger größer wird, werden auch die Zeichen größer: Kauen auf den Fingerchen, Schmatzen, große Unruhe.
- Eine Stillgruppe ist auf jeden Fall eine gute Idee (aber erst nach dem Wochenbett!).
- Sorgen Sie schon im Vorfeld dafür, dass Sie möglichst wenig Stress und möglichst viel Unterstützung haben.
- Trinken Sie nur so viel, wie Sie möchten. Viel trinken führt nicht zu viel Milch.
- Bleiben Sie gelassen. Es ist normal, wenn der Anfang schwierig ist. Es ist auch normal, wenn das Baby nach der Geburt zunächst etwas Gewicht verliert. Solange es wohlauf und rosig ist und gut gedeiht, besteht kein Grund zur Sorge.
- Vertrauen Sie auf Ihre Kraft!

Häufige Fragen

Dadurch, dass wir eben nicht in Dörfern aufwachsen, in denen wir andere Frauen selbstverständlich stillen sehen und alles Wissenswerte zum Thema nebenbei lernen, gibt es mit einem neuen Baby oft viele viele Fragen zum Stillen. Ich werde einige der häufigsten hier beantworten. Das kann natürlich weder den Besuch einer Stillgruppe noch die Lektüre eines guten Stillbuches ersetzen.

Richtig angelegt? Was heißt das?

An sechs Merkmalen erkennen Sie, dass Ihr Baby richtig angesaugt hat:[20]

* Die Lippen des Babys sind nach außen gestülpt.
* Sie hören kein Klickgeräusch.
* Die Wangen des Babys sind voll und wirken »aufgeblasen«.
* Der Unterkiefer bewegt sich rhythmisch – und zwar der gesamte Unterkiefer: Sie sehen das an den Ohren.
* Die Mutter hat keine Schmerzen.
* Das Baby schluckt hörbar (das Geräusch wird deutlicher, wenn mehr Milch da ist).

Wenn Sie beim Stillen Schmerzen haben, stimmt höchstwahrscheinlich mit der Stillhaltung und/oder dem Anlegen etwas nicht.

Der Milcheinschuss lässt auf sich warten. Mein Baby hat Hunger. Sollten wir nicht lieber Glukoselösung oder Pre-Milch geben (lassen)?

Klare Antwort: NEIN! Und zwar aus folgenden Gründen nicht: Der kleine Darm hat noch nie etwas anderes verdaut als Fruchtwasser. Er muss sozusagen erst warmlaufen. Dafür hat die Natur nicht ohne Grund das Kolostrum – die Vormilch – erfunden. Kulinarisch gibt es für Ihr Baby nichts Leckereres und Genialeres als Kolostrum!

Es ist extrem kalorienreich, sodass einige Tropfen am Anfang genügen, um Ihr Baby satt zu machen. Es ist extrem leicht verdaulich, da es nur wenig Fett enthält, dafür aber eine Menge Kohlehydrate und Eiweiß. Die Ernährung des Säuglings in den ersten Tagen ist also sichergestellt. Außerdem wirkt Kolostrum durch den enthaltenen Zucker abführend und erleichtert dem Baby so den ersten Stuhlgang. Das ist wichtig, weil auf diese Weise auch überschüssiges Bilirubin ausgeschieden und so einer Gelbsucht vorgebeugt wird.[21]

Auf Dauer braucht das Baby natürlich »etwas Richtiges«: Milch. Diese wird von der Brust nach drei bis vier Tagen produziert, wenn der Säugling häufig an der Brust saugt. Und nur dann!

Sie werden merken, dass sich die Milchmenge erhöht und die Milch dünnflüssiger und heller wird.

Grund zwei für mein entschiedenes Nein zur Glukoselösung hat mit der Darmflora und damit mit der langfristigen Gesundheit Ihres Babys zu tun. Das trägt sehr wesentlich zu Ihrer Lebensqualität über viele Jahre bei!

Der ganze kleine Babykörper muss sich erst einmal darauf einstellen, jetzt »draußen« zu leben. Einige Stellen sind dabei besonders beansprucht, wie z. B. die Schleimhäute in Hals, Lunge und Verdauungstrakt. Sie sind auf einmal einer großen Anzahl von potenziellen Krankheitserregern ausgesetzt, mit denen sie vorher nie zu tun hatten. Gut, dass es Kolostrum gibt! Denn Kolostrum, das »flüssige Gold«, enthält eine Menge Immunglobulin A, das haargenau an diesen Stellen dabei hilft, gesund zu bleiben.[22]

Außerdem ist Kolostrum der perfekte Stoff für die richtige Erstbesiedelung des kleinen Darms (siehe »Stillen ist gut für die Darmflora«). Es ist keine schlaue Idee, in diesem System, das die Natur über Jahrmillionen perfektioniert hat, mit Glukosefläschchen herumzupfuschen.

Grund drei ist ganz praktischer Natur: Aus der Brust zu trinken ist anstrengend. Aus der Flasche zu trinken ist leicht. Auch die Technik des Trinkens unterscheidet sich jeweils. Wenn ein Baby also aus der Flasche zu trinken bekommt, bevor es an der Brust zu trinken gelernt hat, kann das zu einer sogenannten Saugverwirrung führen, die unter Umständen die ganze Stillzeit beeinflusst.

Meine Brust ist ganz weich! Da ist nicht genug Milch für mein Baby drin!

Keine Sorge! Eine weiche Brust ist kein Zeichen dafür, dass Sie etwa nicht genug Milch für Ihr Baby hätten. Sie zeigt nur, dass sich das Stillen offenbar schon prima eingespielt hat.

Ein großer Teil der Milch wird erst während des Stillens produziert. Dadurch, dass Ihr Baby an der Brustwarze saugt, schüttet Ihr Hypophysenhinterlappen Oxytocin aus. Das macht sich auf die Reise durch Ihren Blutstrom hin zu den Myoepithelzellen in Ihrer Brust. Diese ziehen sich zusammen: der Milchspendereflex wird ausgelöst. Wenn das Baby einige Minuten gesaugt hat, schüttet der Hypohpysenvorderlappen Prolaktin aus,[23] das wiederum durch den Blutstrom zur Brust gelangt und dort sein Werk verrichtet: Es sorgt dafür, dass Milchproteine hergestellt werden.

Das Baby trinkt und saugt dabei weiter an der Brust: Oxytocin wird ausgeschüttet – der Milchspendereflex wird ausgelöst – Baby saugt – Prolaktin wird ausgeschüttet – Milch wird produziert – Baby trinkt – Oxytocin wird ausgeschüttet – Milchspendereflex – Saugen …

Werde ich jemals wieder etwas anderes tun als stillen?
»Was habt ihr heute Schönes gemacht?«, fragte mein Mann.
»Och, naja … Stillen«, antwortete ich. »Und stillen. Und dann
haben wir noch gestillt. Und gestillt.«

Ich fand es zum Teil sehr anstrengend und fühlte mich unglücklich und eingesperrt. Ich lernte jedoch recht schnell, dass all
die Phasen, in denen ich dachte: »Das geht so gar nicht«, genau

in dem Augenblick vorbei waren, wenn ich sicher war, es keinen einzigen Augenblick länger auszuhalten.

Es gibt immer wieder Zeiten, in denen ein Baby vermehrt stillt.* In der Regel macht das Baby dann einen Wachstumsschub durch (zum Beispiel in der 8. und 12. Lebenswoche). Durch das häufige Trinken teilt es der Brust mit, dass die Milchproduktion an seinen erhöhten Bedarf angepasst werden muss:»Hey, ich brauche mehr!«

Man nennt dieses scheinbar ununterbrochene Stillen Clusterfeeding. Ein»cluster« ist eine Anhäufung, ein Schwarm, eine Traube – etwas, das nur in reicher Anzahl vorkommt. Diesen Namen haben solche Stillphasen nicht ohne Grund erhalten. Wenn Sie wissen, dass sie einen Sinn haben und dass sie vorübergehen, können Sie sich hoffentlich einfach gelassen auf sie einlassen.

Es gibt auch Situationen, in denen ein Baby sehr viel an die Brust möchte, ohne dass gerade ein Wachstumsschub vorliegt: bei Stress, Unruhe, Kummer, Zahnung, Krankheit. Ihr Baby hat dabei keinerlei böse Hintergedanken. Es braucht bloß Hilfe bei der Stressregulierung – und was könnte dafür besser geeignet sein als Mamas Nähe inklusive all der glücklich machenden Hormone, die durch Hautkontakt und Stillen ausgeschüttet werden?

Mein Baby hat ein sehr starkes Saugbedürfnis. Sollte es nicht einen Schnuller bekommen, um meine Brustwarzen zu schonen?
Schnuller oder kein Schnuller? An dieser Frage kann man ganze Identitäten aufbauen. (Ich weiß das – ich hab's gemacht. Nie hätte ich einen Schnuller benutzt. Nie. Das passte nicht zu dem Bild, das ich gern von mir als Mutter hatte.) Aber so aus der Entfernung von zwölf Jahren … ehrlich: Es macht nicht die Qualität der Beziehung aus, und die ist das Wichtigste.

---

* Ich nutze das Wort»stillen« bewusst auch für das Baby in der aktiven Form, weil ich es wie viele andere Mütter genauso erlebt habe: Das Baby hat ein Bedürfnis, das es aktiv kundtut und zu erfüllen sucht. Grammatikalisch ließe sich darüber vermutlich diskutieren. Das stört die hungrigen Babys aber wenig.

Dennoch gibt es einige Punkte, die für mich eindeutig gegen Schnuller sprechen. Einer davon ist: Gerade wenn Sie das Gefühl haben, dass Ihre Brustwarzen geschont werden sollten, mag ein Schnuller kontraproduktiv sein. Beißende Babys und wunde Brustwarzen haben in den meisten Fällen damit zu tun, dass ein Baby nicht richtig an der Brust trinkt. Durch den Schnuller wird die Trinktechnik nicht besser, sondern mit großer Wahrscheinlichkeit schlechter. Das heißt, Schnuller (und Stillhütchen) erhöhen eher die Gefahr, dass die Brust strapaziert wird, weil das Baby falsch saugt, z. B. die Brustwarze nicht weit genug im Mund hat.

Eine wunde Brust tut weh. Allein das ist − jenseits aller Glaubenssätze − ein Grund, dafür zu sorgen, dass Sie und Ihr Baby die richtige Stilltechnik lernen. Ein Schnuller kann dem im Wege stehen. Mit genügend Hautkontakt ist ein Schnuller in den meisten Fällen auch völlig unnötig.

Mein Baby hat noch keinen Rhythmus. Ist das schlimm?
Ich verrate Ihnen etwas im Vertrauen: Ich habe auch noch keinen Rhythmus. Es gibt Tage, an denen ich mehr Hunger habe, und Tage, an denen ich weniger Hunger habe. Es gibt kalte Tage und warme Tage, anstrengende Tage und ruhige Tage. Das gilt für Babys nicht weniger.

Entsprechend wichtig ist es, dass sie selbst entscheiden können, wann es Zeit ist, ein Schlückchen Milch zu sich zu nehmen: Stillen nach Bedarf. Die Idee, dass Babys in einem Abstand von drei oder vier Stunden trinken sollten, hat historische Gründe und ist wissenschaftlich absolut nicht haltbar.

Im Gegenteil: Stillen nach starrem Rhythmus kann leicht dazu führen, dass die Brust tatsächlich nicht mehr genug Milch produziert, weil sie so selten verlangt wird − und dann unter Umständen von einem sehr hungrigen Baby, das so erschöpft ist, dass es beim Stillen einschläft.

Machen Sie es sich leicht! Achten Sie auf die Zeichen Ihres Babys (und Ihrer Brust) und stellen Sie die Uhr dekorativ auf den Nachttisch − oder irgendwoanders hin, wo sie Sie nicht stört.

Wie ist denn das mit Karies und dem nächtlichen Stillen?

Viele Eltern machen sich Sorgen über Karies, wenn ihr Baby die ersten Zähnchen bekommt und nachts gern noch stillt. Viele Zahnärzte und Kinderärzte unterstützen diese Sorgen, sodass Eltern ein schlechtes Gewissen bekommen, wenn ihr Baby nachts noch die Brust braucht.

Nun, hier geht es um Verwöhnen und Wohlbefinden, und ein schlechtes Gewissen ist dem nicht dienlich. Also: Weg damit!

Auf der Erde gibt es über 4600 Arten von Säugetieren, deren Kinder mit der Milch ihrer Mütter aufwachsen – und in freier Wildbahn keine Karies bekommen. Karies bekommen Haustiere, die von Menschen gemachtes, teilweise wenig artgerechtes Futter bekommen. Archäologische Funde deuten darauf hin, dass es auch bei den Menschen zu Jäger- und Sammlerzeiten nur wenig Karies gab.[24] »Muttermilch als Karieskiller« titelt eine Facharbeit von Kathrin Veronika Plattner, in der nicht nur diese Argumente zu finden sind. Plattner untersucht den Ursachenkomplex von Karies, die Übertragungswege und den Entstehungsprozess von Karies. Ein ganzes Kapitel widmet sie dem Kariesbakterium Streptokokkus mutans.

Plattner zitiert Studie um Studie, argumentiert klug und umfassend und kommt zu dem Schluss: Stillen allein verursacht keine Karies! Im Gegenteil: Viele Studien weisen sogar darauf hin, dass Stillen vor Karies schützen kann.

• •

Medikamente

Auch wenn Sie während der Stillzeit Medikamente nehmen müssen, gibt es in der Regel eine stillfreundliche Variante dieser Mittel. Fragen Sie Ihren Arzt gezielt danach und weisen Sie ihn ggf. auf das Beratungszentrum für Embryonaltoxikologie hin: www.embryotox.de

• •

Papa und das Stillen

Auch für den frischgebackenen Vater ist alles neu: Plötzlich ist aus seiner Frau dieses neue zerbrechliche Wesen geworden, das besonders kurz nach der Geburt emotional etwas wacklig unterwegs ist. Vielleicht klappt das Stillen nicht sofort. Vielleicht fühlt sich seine Frau scheußlich mit ihrem veränderten Körper. Vielleicht fühlt sich auch der Vater verunsichert und ein bisschen ausgeschlossen. Ein Fläschchen kann auch Papa mal geben – die Brust nicht.

Glücklicherweise ist das Zusammenleben ja nicht nur auf die Nahrungsaufnahme beschränkt. Auch Papas können kuscheln. Auch Papas können in den höchsten Tönen mit dem Baby Witze machen oder das Kleine auf ihren starken Schultern herumtragen. Auch Papas können sich um die Ausscheidungen ihres Kindes kümmern. Auch Papas können mit dem frisch gestillten Baby einen Spaziergang machen, damit Mama duschen oder schlafen kann.

Das Wichtigste aber, was Väter ihren Frauen geben können, ist Zuwendung und emotionale Unterstützung. Ein »Du schaffst das« in einem schwierigen Moment kann die Stillbeziehung retten. Ein Glas Wasser beim Stillen oder andere kleine aufmerksame Gesten sind Gold wert.

Väter können auch als menschlicher Schutzwall dienen, körperlich oder mit Worten. Falls die Mutter des Babys sich beim Stillen in der Öffentlichkeit nicht wohl fühlt, das Baby aber gerade schrecklichen Hunger hat, kann der Vater seine Frau vor Blicken schützen. Falls die Verwandtschaft doofe Bemerkungen macht, kann er sie mit Worten schützen. Die meisten Frauen empfinden es als unglaublich stärkend, wenn sie wissen, dass ihr Mann beim Stillen bedingungslos hinter ihnen steht – und zwar über die ersten Wochen hinaus.

(Wenn Sie zu den Männern gehören, die nach drei Monaten zum Abstillen drängen, weil Sie gern »ihre« Brust wiederhätten, melden Sie sich schnellstmöglich bei mir. Ich werde Ihnen höchstpersönlich den Kopf waschen.)

Väter können mit gutem Grund stolz sein auf ihre stillenden Frauen (und sich freuen, dass sie nachts nicht aufstehen müssen, um Fläschchen warm zu machen). Sie geben dem Nachwuchs mit ihrer Milch den bestmöglichen Start ins Leben.

Wie lange stillen?

Am Anfang hatte ich mir nicht viele Gedanken über das »Wie lange?« gemacht. Viele Babys trinken Muttermilch, manche trinken aus der Flasche, und irgendwann tun sie das nicht mehr. Das war so ziemlich alles, was ich wusste.

In *Geborgene Babys* habe ich beschrieben, wie ich zusah, als meine Cousine ihren gerade einjährigen Sohn stillte, und wie seltsam ich das fand.[25] Ich habe das ziemlich geschönt: Ich fand es in Wirklichkeit nicht *seltsam*, dass dieses »große Kind« gestillt wurde – ich fand es fast schon *unanständig*. Ich war unangenehm davon berührt, Zeuge von etwas so Privatem und Ungewohntem zu sein. Man möge mir zugutehalten, dass ich keine Ahnung hatte.

Anders wäre es sicherlich gewesen, wäre ich in einem anderen Land aufgewachsen. Nicht gerade in Deutschland oder Frankreich oder gar den Vereinigten Staaten, wo das Stillen größtenteils schamvoll versteckt stattfindet, sondern zum Beispiel in der Mongolei.

Dort, in einem Land, in dem Ringen Nationalsport ist, heißt es, dass die besten Ringer die sind, die mindestens sechs Jahre lang in den Genuss von Muttermilch gekommen sind. »Nicht nur stillen die Mongolen lange«, berichtet die Autorin Ruth Kamnitzer, »sondern sie tun dies auch mit mehr Enthusiasmus und weniger Hemmungen als so gut wie jeder andere, den ich je getroffen habe. In der Mongolei ist Muttermilch nicht nur für Babys, es ist nicht bloß Nahrung, und es ist definitiv nichts, das man verstecken müsste. Es ist der Stoff, aus dem Dschingis Khan gemacht wurde.«[26]

Gut, Dschingis Khan hat bei uns nicht den allerbesten Ruf mit seinen mordenden Horden. Aber immerhin, wir wissen, dass er stark und knackig gesund war. Hört sich das nach ordentlichem Verwöhnen an? Wir können für unsere Zwecke in unserer Welt ja sagen, dass ein Baby durch Muttermilch besser gestärkt wird als Superman durch die Sonne.

Also, wie lange sollten Sie Ihr Baby stillen, damit es gesund, zäh und fit wird wie Superman oder Dschingis Khan? Wie lange *wollen* Sie Ihr Baby stillen?

Empfehlung der Weltgesundheitsorganisation

Sie *müssen* gar nicht. Die Weltgesundheitsorganisation *empfiehlt*, mindestens sechs Monate voll zu stillen und dann mindestens bis zum zweiten Geburtstag weiter. Und dann so lange, wie Mutter und Kind es wünschen.

»Voll stillen« bedeutet, nichts anderes zu geben. Kein Wasser, keinen Fencheltee, keinen Saft, kein gar nichts.

Auch im Sommer nicht? – Auch im Sommer nicht. Muttermilch enthält genügend Flüssigkeit. Es gibt sogar Studien darüber, die gezeigt haben, dass Babys, die ausschließlich Muttermilch bekamen, selbst in sehr heißen Klimazonen mehr Flüssigkeit aufnahmen als solche, die zusätzlich Wasser bekamen.

Also, mindestens sechs Monate. Aber in diesem Buch geht es ja nicht um »Sollen« oder »Müssen«, es geht um das volle Verwöhnprogramm. Es geht darum, für Sie und Ihr Baby das Beste vom Besten zu bekommen. Und das ist Ihre Milch. Solange es sich für Sie gut anfühlt.

Das biologische Abstillalter

Wir sind es nicht gewöhnt, Stillkinder jenseits des Krabbelalters zu sehen. Die meisten von uns befremdet es zunächst. Aber was wäre, wenn wir nicht auf das Bild von der Babyflasche konditioniert wären? Welches Alter wäre das, in dem wir allein aufgrund

unserer menschlichen Natur aufhören würden, Muttermilch zu trinken?

Es gibt verschiedene Ansätze, das herauszufinden. Zum einen haben Wissenschaftler überall in der Welt menschliche Überreste ausgegraben, anhand derer sie Rückschlüsse auf Ernährung und Abstillalter ziehen konnten. Bestimmte Merkmale im Zahnschmelz zeigen ihnen das. In den meisten Fällen war das Abstillalter – durch alle Zeiten und rund um die Welt – zwischen zwei und vier Jahren, seltener bei fünf bis sechs Jahren.[27]

Eine andere Möglichkeit ist, uns mit anderen Primaten zu vergleichen. Gorillas und Schimpansen sind uns beeindruckend ähnlich. Sie stillen über sechs Mal länger, als die Schwangerschaft dauert. Für Menschen würde das ungefähr vier Jahre bedeuten.[28]

Andere Forscher ziehen die Grenze beim Durchbrechen der ersten bleibenden Zähne und beim ausgereiften Immunsystem: beim Menschenkind bei 5,5 bis 6 Jahren.[29]

Je nach Berechnungsgrundlage (Gewicht des ausgewachsenen Weibchens, Geburtsgewicht, Alter beim Durchbruch der ersten bleibenden Molaren) landet man beim Vergleich mit anderen Säugetieren bei einem Abstillalter zwischen 2,8 und 7 Jahren.[30]

»Obwohl es in den meisten Industrie-Kulturen nicht die Norm ist, empfehlen sowohl UNICEF als auch die Weltgesundheitsorganisation ›zwei Jahre und darüber hinaus‹ zu stillen. Tatsächlich ist es so, dass die Immunreaktion eines Kindes ihre volle Stärke erst nach etwa fünf Jahren erreicht.«

Jack Newman, M.D.

Gehirnwachstumsschub mit 2,5 Jahren

In den meisten indigenen Gesellschaften ist es vollkommen normal, drei oder vier Jahre zu stillen – auch wenn es uns seltsam erscheint. Dabei würde es uns vielleicht guttun. Möglicherweise ginge es unserer Gesellschaft bald so gut wie den Stammesgesellschaften, die Neuropsychiater Dr. James Prescott betrachtet hat. Er studierte die Gewohnheiten von 26 solcher Gesellschaften und fand Erstaunliches heraus: Bei über drei Vierteln der Kulturen, in denen das Abstillalter bei oder über zweieinhalb Jahren liegt, gibt es so gut wie keine Selbstmorde. Er stellte außerdem fest, dass sich Kulturen, in denen das Abstillalter bei zwei Jahren und darunter liegt, von solchen unterscheiden, die länger stillen.

Seine Vermutung: Im Alter um zweieinhalb Jahre könnte ein kritischer Punkt in der Gehirnentwicklung sein, der dafür sorgt, dass Menschen weniger selbstmordgefährdet sind. Möglicherweise kann die optimale Gehirnentwicklung zu diesem Zeitpunkt nur stattfinden, wenn das Gehirn genügend Tryptophan für den Serotonin-Stoffwechsel zur Verfügung hat. Diese Aminosäure kommt in Muttermilch reichlich vor.[31]

Meine Vermutung: Vielleicht hat das mit diesem Entwicklungsschub zu tun: Viele Mütter beobachten, dass ihre Kinder mit etwa zweieinhalb Jahren noch einmal verstärkt an die Brust wollen, bevor sie danach endgültig aufhören, Mamamilch zu trinken. »Mein Kind stillt plötzlich wieder wie ein Neugeborenes«, erzählen die Mütter, oft leicht genervt. »Es will ständig an die Brust!«

Okay. Und wann ist nun endgültig Schluss? Endgültig Schluss ist, wenn Sie sagen, dass endgültig Schluss ist. Es ist Ihr Leben. Und es ist nicht so, dass andere Säugetiermütter ihren Kindern nicht irgendwann mitteilen würden, dass es ihnen jetzt reicht. Das kann man sanft und freundlich tun, indem man die Brust zwar nicht ablehnt, aber auch nicht begeistert bei jeder Gelegenheit anbietet, als lebte man in der Mongolei.

Die allermeisten Kinder, denen die Entscheidung selbst überlassen wird, stillen sich zwischen drei und vier Jahren ab. Einige früher, andere etwas später.

Die Natur gibt uns noch einen weiteren Hinweis darauf, ab wann ein kleiner Mensch nur noch feste Nahrung essen sollte: die Verdauung. In Europa und Amerika haben wir uns so daran gewöhnt, Milch anderer Tiere zu trinken, dass wir auch als Erwachsene noch das Enzym Laktase produzieren, das für die

Verdauung von Milchzucker benötigt wird. Natürlicherweise hört die Laktaseproduktion zwischen sechs und acht Jahren auf. Schluss mit der Milch.

Zweieinhalb Jahre, drei Jahre, vier Jahre ... Für viele Mütter ist dieser Gedanke erst einmal erschreckend. Aber die wenigsten Mütter ziehen los mit dem Vorhaben, ganz besonders lange zu stillen. Es ergibt sich meist einfach so. Nachdem die Anfangsholpereien überwunden sind, läuft alles gut – im wahrsten Sinne des Wortes. Und irgendwie stillen sie immer weiter und stellen plötzlich fest, dass sie ganz aus Versehen zur »Langzeitstillmama« geworden sind. Entscheiden Sie also einfach jeden Tag aufs Neue, ob Sie weiterstillen möchten oder nicht.

Manchmal hat das Leben andere Pläne als wir ...

... so wie bei meiner Mama. Meine Geburt war alles andere als schön, habe ich mir erzählen lassen. Die Wehen hörten auf, meine Herztöne wurden schlecht, meine Mutter wurde unter Vollnarkose gesetzt. Das Baby, das man per Saugglocke aus ihr herausholte, war ein winziges Etwas von knapp 2500 g. Ich wurde weggebracht und ordentlich gewaschen, gewindelt und angezogen. Meine Mama wachte aus der Narkose auf, und ich war nicht da. Man brachte mich zu ihr, nach Babypuder duftend. »Die können Sie nicht stillen. Die ist zu klein.« Noch während der Narkose hatte meine Mama eine Abstillspritze bekommen. Nichts von dem war lieblos – so war es damals einfach gang und gäbe. Ich bekam also die Flasche. Aber meiner Mutter reichte das nicht. Sie gab die Hoffnung auf das Stillen nicht auf und legte mich immer wieder an ihre Brust. Sie zog mich aus, hielt und wärmte mich, Haut an Haut. Ich habe nie einen Tropfen Muttermilch bekommen, aber die Nähe, die durch das Stillen entsteht, habe ich trotzdem bekommen. Ich kann mir nicht vorstellen, dass jemand seiner Mutter näher sein kann, als ich es gewesen bin.

… oder so wie bei Sina, die mir schrieb: »Vor der Geburt meiner Tochter war ich überzeugt, dass jede Frau stillen kann. Wir hatten weder Schnuller noch Flaschen gekauft, eine Hebamme zur Unterstützung gesucht, ein wenig gelesen und ansonsten die Dinge positiv auf uns zukommen lassen. Auch nach den ersten Problemchen war ich überzeugt, dass sich das gibt und eben dazugehört. Ich hatte nicht nur wunde Brustwarzen, sondern es war immer blutig, es tat von Mal zu Mal mehr weh. Ich habe mich beraten lassen. Doch es wurde immer schlimmer. Aber für meine kleine Maus habe ich gekämpft, sollte sie doch das einzig Richtige bekommen: Muttermilch. Ich habe geweint, wenn ich wieder stillen musste. Konnte sie nicht auf den Arm nehmen, nicht wickeln (sie hätte ja gegen meine Brüste kommen können), aber ich habe gekämpft. Nach vier Wochen ließ ich mich darauf ein, erst mal abzupumpen. Eine Woche, dann würde ich weiterstillen können. Aus der Woche wurden vier, und es tat immer noch höllisch weh. Es blutete weiter, ich bekam mehrere Brustentzündungen. Aber ich wollte meiner kleinen Maus doch alles geben. Ich war so verzweifelt. Dann musste mein Mann wieder arbeiten und nun war ich gezwungen, für mein Kind zu entscheiden mit dem Stillen aufzuhören. Andernfalls konnte ich nicht für sie da sein, unsere Bindung litt, und in mir rang alles, was denn wichtiger sei, die Mutter oder die Muttermilch …

Auch wenn ich meiner Tochter dieses eine nicht geben konnte, so haben wir doch versucht, alle anderen Bedürfnisse zu erfüllen. Ich (und auch ihr Papa) habe sie in Stillposition mit nackter Brust gefüttert, mit Blickkontakt, Nähe, Geruch, Hautkontakt. Alles das haben wir ihr dennoch gegeben, nach Bedarf, auch wenn ich ihr das eine nicht geben konnte. Ja, Stillen ist das Beste, aber manchmal machen die Umstände etwas mit einem, sodass das Beste nicht geht, und auch dann kann man seinem Kind alles geben, wozu man in der Lage ist. Ich habe lange gebraucht, um dieses Trauma zu überwinden (hab ich das?), und es war mir lange unangenehm, meinem Kind in der Öffentlichkeit die Flasche zu geben, sah doch jeder mein Versagen. Gerade daher ist es mir

so wichtig zu zeigen, dass es auch dann noch einen bedürfniso-
rientierten Weg gibt, wenn der perfekte Weg versperrt ist.«

Flasche heißt nicht unbedingt Distanz

Die beiden Beispiele zeigen, dass es auch beim Füttern mit der
Flasche möglich ist, innige Nähe aufzubauen. Hautkontakt, Blickkontakt – sogar die Stillposition lässt sich nachahmen, wie Sina
gezeigt hat. Vielleicht müssen Sie sich bewusster dafür entscheiden, als wenn Sie einfach auf der Welle Ihrer Hormone mitreiten
könnten. Aber gerade dieses bewusste Entscheiden für Nähe
kann eine gute Übung für andere Zeiten sein, in denen in der
Familie nicht alles ganz reibungslos läuft. Auf diese Weise hält
die Situation möglicherweise sogar ein Geschenk für Sie bereit.

Frühe Hungerzeichen beachten

Eine Flasche zuzubereiten dauert gerade am Anfang, wenn noch
nicht jeder Handgriff sitzt, länger als die Brust zu geben. Umso
wichtiger ist es, dass Sie die frühen Hungerzeichen erkennen und
aufmerksam beachten: Wenn Ihr Baby anfängt, das Köpfchen
suchend hin und her zu drehen, unruhig wird oder den Mund
weit öffnet, sind das die ersten Zeichen von Hunger. Schmatzen
bedeutet ebenfalls »Ich habe Hunger«. Wenn Ihr Baby auf den
Fingerchen herumkaut, knurrt ihm schon mächtig der Magen.

Welche Milch?

Als ich in den 1970er Jahren Flaschennahrung bekam, war sie
längst noch nicht so ausgereift, wie es die moderne Milch ist. Das
verfolgt mich gesundheitlich an vielen Stellen bis heute.

Viele Geschenke der Muttermilch versuchen die Pulvermilch-
hersteller inzwischen so gut wie möglich nachzuahmen: Es werden Pre- und Probiotika zugesetzt, um eine möglichst natürliche
Darmflora zu schaffen, langkettige ungesättigte Fettsäuren sorgen
für gute Gehirn- und Augenentwicklung, Taurin hilft bei Ner-
ven- und Muskelaufbau.

Es würde den Rahmen sprengen, hier die Vor- und Nachteile der verschiedenen Milchsorten aufzulisten. Im Internet finden Sie dazu mehr Informationen, z. B. auf der Seite www.gewuenschtestes-wunschkind.de.

Stillberaterinnen raten dazu, möglichst lange Pre-Milch zu geben, da sie der Muttermilch am ähnlichsten ist.

. . . .

Babys Sprache verstehen

Die Amerikanerin Priscilla Dunstan hat das absolute Gehör. Sie fand heraus, dass Babys auf der ganzen Welt fünf Grundlaute für verschiedene Bedürfnisäußerungen haben: »Ich bin hungrig«, »Ich bin müde, »Mir geht's nicht gut«, »Mein Bauch grummelt«, »Mir sitzt ein Bäuerchen quer«. Dunstan nennt das »Lautreflexe«.

Kritiker dieses Ansatzes bemängeln, er sei nicht wissenschaftlich erprobt, andere glauben, dass es besser sei, wenn Eltern wieder lernen, auf sich selbst zu hören. Ich stimme dem zu, aber ich denke, dass die Babysprache auch dabei helfen kann. Einige Eltern, mit denen ich arbeite, schwören jedenfalls darauf.

Wenn Sie bei Youtube nach »Dunstan Baby Language« suchen, bekommen Sie einen ersten Eindruck davon. Es gibt auch eine App, mit deren Hilfe sich das Erkennen der fünf Grundlaute trainieren lässt: »Baby Ears by DBL« heißt sie.

. . . .

Nach dem Vollstillen

»Welche Mahlzeit soll ich zuerst ersetzen?«

Die Antwort auf diese Frage ist einfach: Gar keine. Es heißt aus gutem Grund Beikost und nicht Anstattkost. Ihr Baby trinkt einfach weiterhin so viel Milch, wie es möchte, und kann zusätzlich dazu allmählich andere Lebensmittel erforschen – anfangs kleine Mengen, nach und nach dann immer mehr.

Der richtige Zeitpunkt für Beikost

Keine Eile. Ich weiß, wir alle sind stolz drauf, wenn unsere Babys groß werden. Trotzdem: Genießen Sie das Jetzt. Gehen Sie es langsam an.

Das kann schwierig sein. Ich konnte es auch kaum abwarten. Auf jeden Entwicklungsschritt meines kleinen Jungen war ich so stolz, als wäre ich höchstpersönlich den Hamburg-Marathon gelaufen. Dabei tat mein Baby bloß, was alle Babys tun: Es wuchs. In der Krabbelgruppe hatte ich wenig zu erzählen. Von Babygläschen hatte ich keine Ahnung und maß keine vertilgten Mengen. Mein Baby trank bloß Milch. Irgendwie wollte ich aber auch dazugehören.

Im Nachhinein würde ich mir gern sagen: »Julia, sei nicht so ungeduldig. Genieße jeden einzelnen Tag mit deinem wundervollen winzigen Baby. Es wird nicht lange so winzig bleiben.«

An dem Tag, an dem mein Sohn dann schließlich die erste Beikost bekam, war es bitterkalt. Wir waren auf dem Markt. Das Baby saß im Tragetuch vor meinem Bauch, ich schob den Wagen. Das Baby hatte Hunger, und ich war kein bisschen willens, mich bei der Kälte irgendwo zum Stillen hinzusetzen. Außerdem musste ich aufs Klo und wollte dringend nach Hause. Also drückte ich ihm ein Stück Banane in die Hand und machte mich so schnell es ging auf den Heimweg. Er zermatschte die Banane größtenteils, aber er fand sie gut.

Ein Baby sollte erst dann Beikost bekommen, wenn bestimmte körperliche Fähigkeiten vorhanden sind. In der Regel ist das um sechs Monate herum der Fall. (Es kann aber dennoch sein, dass das Baby noch viele Monate lang Essen ausschließlich als nette kleine Bereicherung seiner Geschmackserlebnisse sieht und nicht wirklich zur Kalorienaufnahme betreibt. Das ist sehr schlau von dem Baby. Dazu gleich mehr.)

Diese körperlichen Fähigkeiten sind: Das Baby sollte, wenn es im unteren Rückenbereich abgestützt ist, selbstständig sitzen können, und es sollte in der Lage sein, seine Nahrung selbst in die Hand zu nehmen und zum Mund zu führen. Wenn Ihr Kind

im Tragetuch sitzt und Ihnen die Banane wegschnappt, die sie gerade genüsslich zum Mund führen wollten, um sie aufzuessen – dann können Sie davon ausgehen, dass Sie ihm ruhig Beikost anbieten können.

Ein sehr wichtiges Zeichen, dass das Baby wirklich körperlich bereit ist für Beikost, ist das deutliche Nachlassen des Zungenstreckreflexes. Kennen Sie Bilder von Kindern, die den Möhrenbrei im ganzen Gesichtchen verteilt haben? Manche haben einfach damit gespielt. Andere haben geduldig wieder und wieder den Löffel aus dem Mund geschoben, um ihrer Mutter oder ihrem Vater mitzuteilen, dass sie biologisch noch nicht bereit sind für Beikost. »Es ist nicht soooo niedlich«, habe ich in *Geborgene Babys* geschrieben, »wenn Kinder durch diesen Reflex den Inhalt des Möhrengläschens auf ihrem Gesicht verteilen.«

Als weiteres Zeichen für Beikostreife wird in der Regel ein gesteigertes Stillbedürfnis genannt, das weder auf Zahnen oder Krankheit noch auf Stress zurückzuführen ist. Ich fand dieses Zeichen immer schwierig. Wer kann schon all das mit Sicherheit ausschließen? »Gesteigertes Stillbedürfnis« klingt mir verdächtig nach »die Milch reicht nicht mehr« – was in der Regel ein Ammenmärchen ist (und sich deswegen auch unter *Ja, aber …* in diesem Kapitel wiederfindet).

• •

Beikostzeichen

- Das Baby kann allein sitzen (mit leichter Stützung im unteren Rücken).
- Der Zungenstreckreflex ist nicht mehr vorhanden (oder nur noch sehr schwach ausgeprägt).
- Das Baby kann selbstständig Nahrung in die Hand nehmen und in den Mund stecken.
- Das Stillbedürfnis ist gesteigert (und lässt sich nicht auf Zahnen, Krankheit oder Stress zurückführen).

• •

Welche Beikost?

»Von der Brust an den Familientisch« habe ich unseren breifreien Weg vor zehn Jahren genannt. Es war eine Zeit, in der mein Sohn sehr intensiv lernte, welche phantastischen Möglichkeiten Essen bietet, und ich eine kostenlose Weiterbildung in Sachen Fleckentfernung bekam.

Heute hat der Weg, den wir und viele andere damals wählten, einen offiziellen Namen: Baby-Led Weaning, was nichts anderes bedeutet, als dass der Übergang von der Milch zur festen Kost vom Kind selbst gesteuert wird. Das Baby entscheidet, wann und wie viel es essen will. Es bekommt keinen Brei, sondern sitzt mit am Tisch und bekommt vom (ungewürzten) Essen der Eltern handliche Stückchen Fingerfood, die es nach und nach zu essen lernt. Dieser Übergang kann sich über Monate hinziehen. Hauptnahrungsquelle bleibt bei den meisten Babys noch bis mindestens zum ersten Geburtstag die Milch – die amerikanische Vereinigung der Kinderärzte empfiehlt dies tatsächlich auch so.

Anfangs erforschen Babys das Essen nur. Sie entdecken, was kalt ist, was warm, was weich und was eher hart. Sie sind entzückt über die verschiedenen Geschmäcker und Konsistenzen, die Essen haben kann. Was für eine faszinierende Welt! Sie finden heraus, wie man mit der Zunge Essen gezielt im Mund hin und her bewegt, kaut und dann herunterschluckt. Oft gelingt ihnen das nicht sofort, denn Essen muss ein Baby erst lernen. Dafür gibt es keinen Reflex wie das für das Milchtrinken nötige Bewegungsmuster: saugen – schlucken – atmen.[32]

Tun Sie so, als würden Sie würzen

Die meisten Babys stellen irgendwann fest, dass ihre Eltern vor dem Essen noch diese höchst faszinierende kleine Dose nehmen und über dem Essen schütteln. Da das offensichtlich zum Ritual dazugehört, wollen sie es auch haben. Nur Sie als Eltern wollen Babys Essen nicht salzen. Sie können das Dilemma einfach lösen, indem Sie beim »Salzen« für Ihr Kind die Löcher zu- oder den Salzstreuer falsch herum halten.

Welche Vorteile hat Baby-Led Weaning?

- Es ist angenehm für das Baby, selbstbestimmt zu essen. So erfährt es sich als selbstwirksam und kompetent.
- Sie wissen ganz genau – oder so genau wie möglich –, was im Essen Ihres Kindes drin ist: In einer Bananenschale ist eine Banane, in einer Gurkenschale eine Gurke, in einer Kartoffelschale eine Kartoffel. Je nach Einkaufsgewohnheiten wissen Sie auch, wo das Essen herkommt, das Sie und Ihr Baby zu sich nehmen – mit wie viel Plastik, Pestiziden und anderen Unschönheiten es auf dem Weg zu Ihnen in Berührung gekommen ist. Sorgen Sie, so gut es geht, für echtes unverfälschtes Essen.
- Die Gefahr für Allergien ist geringer. Zum einen, weil Kinder in der Regel Nahrungsmittel instinktiv vermeiden, mit denen ihr Organismus nicht klarkommt. Zum anderen dadurch, dass das Baby zunächst nur winzige Mengen bestimmter Nahrungsmittel aufnimmt, während der Rest auf Tisch oder Fußboden landet.
- Sie sparen sich – zumindest bei rohem Obst und Gemüse – den Abwasch. Sie müssen nicht einkochen, keine Gläschen kaufen, nichts warm machen.
- Und letztlich ist Fingerfood einfach ein Fest für die Sinne! Mangos riechen aromatisch und sind wunderbar weich und

matschig. Ananas sind etwas faseriger. Bananen kann man herrlich auf dem Körper verreiben. Äpfel sind hart und knackig. Wenn sie auf dem Tisch gelegen haben, sind sie zimmerwarm, wenn sie im Kühlschrank waren, sind sie kalt. Wenn man in eine Gurkenscheibe beißt, tropft der Gurkensaft hinunter.

Aber verschluckt sich mein Baby nicht an festem Essen?

Als mein Sohn zwei war, haben wir ihm ein Stück Essen aus der Bronchie holen lassen müssen. Eine Freundin von mir war zu Besuch gewesen, und sie und das Kind hatten beim Essen herumgealbert, wobei der Kleine sich verschluckt hatte. So etwas kommt vor. Es war eins der schrecklichsten Erlebnisse meines Mutterlebens. In meiner Gegenwart durfte sich danach jahrelang niemand verschlucken, ohne dass ich anfing hektische Flecken zu bekommen. Entsprechend panisch reagierte ich, als der kleine Sohn meiner Freundin anfing beim Essen zu würgen. Birgit hatte aber glücklicherweise kein Verschluck-Trauma und blieb ganz ruhig. Sie wusste, ihr Sohn würde den Brocken in irgendeiner Form bewältigen. Es war nicht das erste und nicht das letzte Mal, dass er würgte.

Das Spannende ist: »Breifreie« Kinder laufen offenbar weniger Gefahr, sich zu verschlucken, als Babys, die mit Brei gefüttert werden. Der Grund ist einfach: Der Würgereflex wird weiter vorn im Mund ausgelöst als bei Erwachsenen und verliert sich dort erst nach und nach. Babys bewegen Essen erst dann im Mund so weit nach hinten, dass sie sich überhaupt daran verschlucken könnten, wenn sie das motorisch bewältigen können – so die Baby-Led-Weaning-Autorinnen Gill Rapley und Tracey Murkett.[33] Feste Nahrung, schreiben sie, bewegt sich langsamer als flüssige oder breiige, deswegen ist die Wahrscheinlichkeit groß, dass sie ausgespuckt wird, bevor sie sich der Luftröhre nähert.

Keine runden Lebensmittel

Das Einzige, das Sie Ihrem Baby keinesfalls geben sollten, sind runde Lebensmittel: Trauben, Erbsen, Blaubeeren, Johannisbeeren, Nüsse sind wirklich gefährlich für Kinder, die sie noch nicht bewältigen können.

Ja, aber ...

... führt Stillen öfter als alle vier Stunden nicht zu allerlei Schwierigkeiten, weil sich vorverdaute und frische Milch mischen?

Falls Ihnen irgendjemand – sei es Ihre Schwiegermutter, Ihre Nachbarin oder sogar Ihr Kinderarzt oder Ihre Hebamme – weismachen will, dass Sie zwischen den Stillmahlzeiten bestimmte Pausen einzuhalten hätten, dann glauben Sie dieser Person nicht. Unter Umständen kann es beim Stillen durch falsches Anlegen dazu kommen, dass das Baby beim Trinken Luft schluckt und dadurch Blähungen und Bauchschmerzen bekommt. Das hat aber nichts mit den Stillabständen zu tun.

Im Gegenteil: Es ist wichtig, dass Sie gerade am Anfang oft stillen. Die Nachfrage regelt beim Stillen das Angebot. Wenn Sie Ihr sehr kleines Baby nur alle vier Stunden anlegen, wird Ihre Brust davon ausgehen, dass es nicht besonders viel Milch braucht, und nur entsprechend zögerlich Milch produzieren. Gedeihstörungen und Stillprobleme sind dadurch beinahe vorprogrammiert.

Vertrauen Sie Ihrem Baby! Wenn es den ganzen Tag trinken möchte, versuchen Sie das irgendwie einzurichten. Setzen Sie sich in Ihren Lieblingssessel und schauen Sie Ihr Baby an. Oder Sie legen sich mit dem kleinen Dauersauger ins Bett und lesen Diana Gabaldon. Wenn das nicht geht, weil größere Kinder zu versorgen sind, haben Sie vielleicht die Möglichkeit, dass Ihr Baby im Tragetuch stillt. Suchen Sie sich dafür eine fachkundige Trageberaterin, die am besten auch Stillberaterin ist. Wenn Sie Glück haben, geht das Stillen im Tuch ganz einfach.

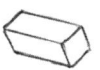

... »ich will überhaupt gar nicht stillen«,

sagen Sie jetzt vielleicht. »Mit Flasche schläft mein Kind bestimmt schneller durch. Und mein Mann kann auch mal füttern. So bin ich weniger angebunden.«

Gut. Sie wollen nicht stillen. Das heißt nicht, dass Sie mit Ihrem Baby nicht nach Herzenslust kuscheln und beim Füttern Hautkontakt genießen können. Allerdings:

Abstillen ist meistens eine Einbahnstraße

Sie müssen sich nicht am ersten Lebenstag Ihres Babys entscheiden, ob Sie stillen wollen. Sie können sich jeden Tag wieder aufs Neue für das Stillen entscheiden. Und Sie können jeden Tag aufhören. Aber wieder anzufangen, nachdem Sie einmal abgestillt haben, ist in der Regel mit viel mehr Durchhaltewillen gekoppelt als andersherum.

Flaschenbabys schlafen nicht unbedingt durch

Die meisten Flaschenbabys schlafen in der Tat tiefer. Aber das ist nicht unbedingt gut (siehe das folgende Kapitel »Schlafen«). Und die Flasche ist bei Weitem keine Garantie für ruhige Nächte! Warten Sie mal auf den Wachstumsschub mit sechs Monaten. Viele Kinder schlafen dann auf einmal nicht mehr durch. Und wenn Sie abgestillt haben, haben Sie nicht mehr die Möglichkeit, mal eben die Brust zu geben.

... ich habe gehört, nach dem vierten Monat kommt nur noch Luft

Stimmt so nicht ganz. Oder haben Sie in letzter Zeit ein Baby gesehen, das länger als vier Monate gestillt wurde und wie ein Luftballon durch die Gegend schwebt? Ich auch nicht. Was in Wirklichkeit aus Ihren Brüsten kommen wird, ist hervorragend auf die Bedürfnisse Ihres Babys abgestimmte Mamamilch. Die Kalorienanzahl der Milch bleibt über die gesamte Stillzeit erhalten (Ausnahme: Kolostrum). Aber wenn das Baby mobil wird, erhöht sich der Anteil der Abwehrstoffe in der Milch nochmals – also echte Kraftnahrung.

... ich habe gehört, dass Stillen über 6 Monate dazu führt, dass das Immunsystem des Kindes sich nicht entwickeln kann, weil in der Muttermilch so viele Abwehrstoffe sind, dass es nicht selbst arbeiten muss

Es ist wissenschaftlich vielfach belegt, dass Stillen Allergien vorbeugt, Asthma vorbeugt, Mittelohrentzündung vorbeugt – und was wir sonst noch an Krankheiten als gottgegeben hinnehmen. Das ändert sich nicht, wenn das Baby älter wird. Im Gegenteil: Stillkinder nehmen über die Muttermilch ständig Stoffe auf, die ihre Darmflora stabilisieren. Und gerade wenn das Kind mobil wird und mehr und mehr mit der Welt außerhalb von Mamas und Papas Arm in Kontakt kommt, tut ihm die erhöhte Abwehrkraft durch die Muttermilch gut.

Wir wissen, dass das Immunsystem gerade bei lange gestillten Kindern in der Regel sehr gut entwickelt ist.

... ein Kind zu stillen, das schon Zähne hat, ist ja mal voll eklig

Stellen wir uns kurz vor, wir wären Außerirdische, die diesen Planeten auf Forschungsmission besuchen. Wir würden eine ganze Reihe von Säugetieren sehen, deren Junge die Milch ihrer Mütter trinken. »Wenn sie erwachsen werden, trinken sie keine Milch mehr, sondern fressen feste Nahrung«, melden wir unserem Raumschiff zurück. Und dann entdecken wir etwas!

Wir entdecken, dass Menschen, diese seltsame Spezies, bis ins Erwachsenenalter Milch trinken. Und nicht einmal die ihrer eigenen Art!

Wir entdecken, dass Menschen Kühe in dunkle, stinkende Ställe sperren, ihnen die Kinder wegnehmen und dann die Milch abfüllen, die eigentlich für die Kälbchen bestimmt gewesen wäre. Den Kühen geben die Menschen Medikamente, damit sie in den dunklen, stinkenden Ställen nicht krank werden. Diese Milch füllen sie dann in praktische Tetrapaks und trinken sie.

»Irgendwas läuft hier falsch!«, melden wir dem Schiff. »Die finden das nicht eklig, die Milch einer anderen Spezies zu klauen und noch als Erwachsene zu trinken, aber vor der eigenen Muttermilch gruseln sie sich!«

... führt Stillen über 6 Monate hinaus nicht zu einer ungesunden Abhängigkeit zwischen Mutter und Kind?

Babys *sind* existenziell abhängig von ihren Müttern (oder Vätern oder anderen liebevollen Erwachsenen). Sie würden noch eine ganze Weile nicht ohne Erwachsene überleben. Das hat nichts damit zu tun, ob sie Muttermilch trinken oder nicht. Gras wächst bekanntlich nicht schneller, wenn man daran zieht, und Babys werden nicht schneller groß, weil man ihnen die Milch versagt.

Dadurch, dass Stillen die Gehirnentwicklung fördert, ist sogar davon auszugehen, dass gestillte Kinder auf lange Sicht besonders selbstständig werden. Wenn das körperliche und seelische Bedürfnis nach Muttermilch im wahrsten Sinne des Wortes gestillt ist, wird das Kind in der Regel aus eigenem Antrieb den sicheren Hafen Mama verlassen – und es wird dies hüpfenden Schrittes tun, weil es die Entscheidung aus eigenem Antrieb getroffen hat.

... ich will nicht stillen. Ich will mir doch nicht meinen Busen ruinieren.

Dafür ist es leider schon zu spät. Das Brustdrüsengewebe verändert sich bereits in der Schwangerschaft. Direkt nach der Geburt wächst die Brust noch einmal durch den Milcheinschuss. Wenn dann rapide abgestillt wird, ruiniert dies den Busen eher als längeres Stillen, bei dem die Brust allmählich wieder ihre gewohnte Größe annimmt. »Hängebusen« haben weniger mit Stillen als mit schwachem Bindegewebe zu tun – und dafür gibt es noch viele andere Ursachen als das Stillen.

... ich habe gelesen, dass der Schadstoffgehalt der Muttermilch nach 6 Monaten so sehr ansteigt, dass man besser abstillen sollte

Ich bin ein großer Fan der Zoologin Dr. Theo Colborn, die seit Jahren die Effekte von Pestiziden, Phthalaten, BPA und anderem auf das Fortpflanzungssystem und die Nervenentwicklung untersucht. Ich vermute, dass es unter anderem ihre Funde waren, die Ende der 1990er Jahre dazu führten, dass die Diskussion um die Schadstoffe in der Muttermilch aufkam. »Stillende Babys«, schrieb sie 1997, »nehmen die höchsten Dosen an Schadstoffen zu sich, denen sie in ihrem ganzen Leben ausgesetzt sein werden – die Werte sind zehn bis vierzig Mal höher als das, was ein Erwachsener am Tag zu sich nimmt.«[34]

Unmittelbar vorher schreibt sie ausführlich über die vielen Vorteile der Muttermilch. Deswegen wollte ich es ganz genau wissen und habe weitergeforscht.

Die neueste Information, die ich finden konnte, stammt von 2011:[35] »Nach heutiger Erkenntnis ist aufgrund der in der Muttermilch im üblichen Umfang enthaltenen persistenten Organochlorverbindungen kein Risiko für bleibende Entwicklungsschäden erkennbar. Wenn man annimmt, dass die Toxizität der Organochlorverbindungen mit ihrer Konzentration im Plasma des Kindes bzw. Feten korreliert, wäre das Risiko pränatal am höchsten, d.h. vor dem ersten Stillen. Vieles deutet darauf hin, dass Stillen selbst bei der früher deutlich stärkeren Kontamination der Muttermilch einen positiven, kompensatorischen Effekt auf die psychomotorische und kognitive Entwicklung des Kindes hat.«

Der Schaden wurde also bereits während der Schwangerschaft angerichtet. Trotz Kontamination sind die positiven Auswirkungen der Muttermilch so groß, dass es sich lohnt, weiterzustillen.

Das Einzige, was Sie tun können, ist, sich möglichst schon vor der Schwangerschaft so gesund wie möglich zu ernähren. Und sich keinen Stress zu machen, denn der macht definitiv krank.

Stillen lernen braucht manchmal Zeit

Stillen Sie so viel und so lange Sie wollen

Vertrauen Sie dem Wunderelixier Muttermilch

Beikost geht ganz entspannt – nebenbei

5 Schlafen

»Und? Schläft er schon durch?«

Mir ist diese Frage das erste Mal begegnet, als mein Sohn keine zwei Wochen alt war. Ich war ein bisschen irritiert. Wieso war Durchschlafen wichtig? Ich hatte ein winziges zerbrechliches Baby, das gerade erst geboren war, das gerade erst lernte, mit dieser sonderbaren Welt der Schwerkraft, des Lärms und der Tag-und-Nacht-Rhythmen klarzukommen. Wieso fragte mich niemand danach, wie es ihm auf dieser Welt gefiel?

In dieser Frage klang immer auch ein bisschen die Bewertung meines Könnens als Mutter an – als wäre Durchschlafen ein Qualitätsmerkmal. Als würde es anzeigen, wie gut wir als Eltern unseren Job machten. Dabei waren meine ersten Schritte im Land der Elternschaft noch ziemlich unsicher. Alles, was ich tat, konnte falsch sein. Alles, was ich entschied, empfand ich deswegen als anfechtbar. Ich wollte nicht in Frage gestellt werden.

Vielleicht meinten die fragenden älteren Damen auch einfach nur:»Ich fühle mit dir. Ich weiß noch, wie schwierig die erste Zeit mit Baby für mich war. Der Schlafentzug war nicht schön.«

Schlafentzug wird nicht ohne Grund als Foltermethode angewandt. Ohne Schlaf funktionieren wir nicht gut. Ohne Schlaf werden wir maulig und unglücklich. Leider lässt sich aber auch nicht weglügen, dass Babys das Potenzial haben, ihren Eltern eine ganze Menge Schlaf zu rauben. Das passt nicht zum Verwöhnprogramm. Ich will nicht, dass Sie maulig und unglücklich werden.

Glücklicherweise hat die Natur vorgesorgt. Sie hat uns eine Möglichkeit mitgegeben, die sicherstellt, dass Ihr Baby sich sicher und geborgen fühlt und jederzeit genügend Wärme und Nahrung bekommt und dass Sie gleichzeitig so ausgeruht wie möglich aufwachen. Im Idealfall müssen Sie nicht aufstehen und werden nicht einmal richtig wach, während Sie Ihr Baby versorgen.

Mit etwas Glück haben Sie dann tatsächlich nur wenig Schlafentzug und können die Frage nach dem Durchschlafen beantworten, wie ich es damals nach einiger Übung tat: »Ich weiß nicht, ob er durchschläft.« Oder: »Ob sie durchschläft? Keine Ahnung.«

Ich wusste es wirklich nicht. Mein Sohn und ich stillten nachts im Halbschlaf, keiner von uns wurde dabei richtig wach. Wir bewegten uns gemeinsam durch Leicht- und Tiefschlafphasen. Der Kleine musste nachts nicht schreien, und ich musste das Bett nicht verlassen. Er gab einen leisen Grunzlaut von sich und begann, ein wenig im Bett herumzuwühlen, ich legte ihn an, und wir schliefen weiter. Deswegen wachte ich morgens nicht gerädert auf. Unser nächtliches Stillen war so schnell und so leise, dass mein Mann fast nie etwas davon mitbekam. Er schlief.

Entsprechend erfreut waren wir, als ihn einer seiner Arbeitskollegen nach ein paar Wochen wissend fragte: »Und? Schläfst du schon durch?«

Unser Baby schläft bei uns

Überhaupt, Fragen. Leute fragen ja viel. Meine Freundin Kristin auch. »Habt ihr schon ein Babybett gekauft?«, wollte sie eines Tages wissen, als ich noch in der Meinungsfindungsphase und entsprechend unsicher war.

Ich druckste herum. In meinem alten Stubenwagen hatte ich als Baby schon gelegen. Meine geliebte Oma, die Schneiderin war, hatte das knallrote Verdeck genäht. Für mein Baby war es mir allerdings zu knallig und zu dicht. Ich wollte es lichter und ätherischer für mein Baby, deswegen kaufte ich rosa und blaue Seidentücher und nähte daraus ein leichtes, fast schwebendes Verdeck, lichtdurchlässig und so gefärbt, wie das Baby die Welt aus meinem Bauch heraus vermutlich wahrgenommen hatte. Das Weidengeflecht des Wagens war noch so gut wie vollkommen intakt, nur die Holzräder quietschten etwas. Die würden wir ölen müssen, damit das Baby nicht aufwachte, wenn wir es darin hin und her schoben. Die Matratze von damals gab es nicht mehr. Ich kaufte eine besonders schöne, aus Kokos und Kapok. Ohne Schadstoffe, ohne Plastik. Malerisch und niedlich würde unser Baby darin aussehen.

Mit dem Babybauch wuchsen auch meine Vorstellungen darüber, wie das Leben mit Baby bei uns sein würde. Die Website *Rund ums Baby* wurde zu einer meiner Lieblingsinformationsquellen. Dort, im Stillforum, fand ich eine Menge Mütter, denen meine Gedanken und Ängste vertraut waren und die nur darauf warteten, andere zu informieren. Ich stellte fest, dass nicht wenige ihre Babys bei sich im Bett schlafen ließen. Das hörte sich gemütlich und schön und irgendwie richtig für mich an, aber so ganz geheuer war es mir nicht. So ein winziges Baby und so große dicke Eltern daneben! Würden wir das Baby nicht platt rollen?

»Das passiert nicht«, meinten die informationswilligen Frauen im Stillforum. »Das merkst du, dass dein Baby da ist.«

Machte ja irgendwie Sinn, sonst hätten Mütter ja in der gesamten Menschheitsgeschichte ständig ihre Babys überrollt. Ich sagte meinem Mann, dass wir den Stubenwagen leider umsonst aufgehübscht hatten, weil das Baby bei uns schlafen würde.

»Das ist mir unheimlich«, sagte er. »Ist das nicht gefährlich für das Kind?«

»Keine Sorge«, sagte ich wissend. »Das merken wir, dass unser Baby da ist.«

Ich verstand, dass es das Stillen vermutlich erleichtert würde, wenn das Baby bei mir war. Das fand ich gut. Trotzdem trieben mich noch Fragen um. Würden wir uns nicht ständig gegenseitig aufwecken, alle in einem Bett? Würde mein Baby sich nicht daran gewöhnen, dass ich da war, und niemals mehr woanders schlafen wollen? Und würde ich mit meiner großen Lunge ihm nicht den Sauerstoff aus der Luft wegatmen?

Ich fand das alles mächtig aufregend. Schade nur um den dekorativen Stubenwagen. Wenigstens tagsüber würden wir ihn benutzen können.

»Puh, das würde ich ja nicht machen!«

Meine Freundin Kristin wiegte bedenklich den Kopf. Ihre 500 km entfernt wohnende Schwester hatte immerhin schon zwei Kinder, sie kannte sich also aus. »Bekannte von meiner Schwester haben das auch gemacht. Die haben das Kind acht Jahre lang nicht aus dem Bett gekriegt!«

Ich ahnte vage, dass ich das gar nicht so schrecklich schlimm fand und dass ich das Baby ja, wenn ich ganz ehrlich war, im Moment nicht mal aus mir raushaben wollte, geschweige denn irgendwann mal aus dem Bett. Ich streichelte meinen dicken Bauch und sagte nichts mehr dazu.

Dabei hätte ich einiges zu sagen gehabt. Ich war nicht ohne Grund zu der Entscheidung gelangt, dass unser Baby bei uns im Bett schlafen würde – mal abgesehen davon, dass es sich gut und richtig anfühlte. Ich hätte davon sprechen können, was ich von den Forumsfrauen gelernt und angefangen hatte zu verstehen: dass wir Säugetiere sind und dass die anderen Säugetiere ihre Babys auch nicht mal eben nach nebenan packen. Oder davon, dass ich ziemlich gerne schlief. Oder von all den anderen Vorteilen, die es bieten würde, mein Baby nahe bei mir zu haben.

Vorteil 1: Synchronisierte Schlafrhythmen

Ich kannte mich ja schon einige Jahre und wusste, dass ich nicht gern nachts aufstehen würde. Umso attraktiver fand ich die verlockende Aussicht, nicht einmal zum Stillen wirklich aufzuwachen. Mir war glaubhaft versichert worden, dass das wahrscheinlich so sein würde.

Schlafforscher James McKenna hat nachgewiesen, was ich dann erlebt habe: Stets kam ich einige Sekunden vor meinem Sohn aus dem Tiefschlaf in den Leichtschlaf, sodass ich präsent genug war, um zu reagieren, wenn er sich zu regen begann. McKenna hat dazu beeindruckende EEGs von Müttern und Kindern aufgezeichnet, an denen man die parallelen Schlafmuster beider Beteiligten gut sehen kann.

Dieses Eingestimmtsein auf das Baby sorgt auch für Sicherheit. Ich bin mir heute noch sehr sicher, dass ich es auf einer bestimmten Ebene merken würde, falls meinem Sohn irgendetwas zustieße. Als er ein Baby war und unsere Gehirne im selben Rhythmus durch die Schlafphasen gingen, hätte ich alle Schätze der Welt darauf verwettet, dass ich der zuverlässigste Babymonitor der Welt war. Besser als alle Überwachungsmatten der Welt, und außerdem elektrosmogfrei, vollkommen biologisch, liebevoll und wärmend. MamaCare.

Vorteil 2: Kuschelig und seit Jahrtausenden bewährt

Wenn die Sonne über dem afrikanischen Regenwald untergeht, bauen sich die Schimpansen hoch oben in den Bäumen ein Schlafnest. Jeder für sich. Nur die Mütter bauen Nester für sich und ihre Kinder. Das ist sicherer.

Auch wir Menschen hätten im Dschungel oder in der Savanne unsere Babys nicht allein irgendwo abgelegt. Die Idee, dass Mütter und Babys getrennt voneinander schlafen, ist verhältnismäßig neu. Noch lange nachdem wir sesshaft wurden, schliefen Familien gemeinsam. Im Wikingermuseum, in alten Bauernhäusern, in Burgen: überall gibt es eine Halle, in der alle Familienmitglieder schlafen, Schlafzimmer für alle oder große Betten. In alten Bauernhäusern schließt sich meistens direkt der Stall an.

Natürlich hatte das ganz praktische Gründe. Man muss nur einen Raum heizen, es ist sicherer und wärmer für alle. Doch wir Westeuropäer sind da auch recht pragmatisch. Andere Völker kennen noch andere Dimensionen des gemeinsamen Schlafens. So berichtet die Autorin Birgit Baader über den neuseeländischen Stamm der Waitaha:»Das gemeinsame Träumen war früher üblich, wenn sich Stammesälteste und Schamanen getroffen haben, weniger bei ›Normalsterblichen‹ … Heute trifft man sich häufig vor wichtigen Ritualen/Zeremonien, die die ganze Community betreffen, im Gemeinschaftshaus, verbringt die Nacht dort auf dem Matratzenlager und wird dann vor Sonnenaufgang zur Morgenzeremonie geweckt … Das ist sehr kraftvoll und verbindend.«[1]

Durch alle Zeiten und auf allen Kontinenten haben Familien gemeinsam geschlafen. Mama und Papa schlafen in der Regel auch in einem Bett. Menschen mögen es, nicht allein zu schlafen. Ganz besonders, wenn sie noch sehr klein sind und die Welt sehr groß.

Vorteil 3: Bindung für Papa

Gemeinsames Schlafen ist verbindend. Dieser Aspekt ist besonders für den Elternteil wichtig, der tagsüber jagen geht (ich sage jetzt der Einfachheit halber mal Papa), während der andere Elternteil (der Einfachheit halber Mama) den Tag mit dem Baby verbringt. Wann soll er sonst eine enge Bindung zu seinem Baby aufbauen? Manche finden zum Glück andere Wege, aber vielen geht es so, wie es uns ging. Mein Mann verließ morgens früh das Haus und kam abends recht spät wieder. Babysohn und er hätten also nur eine oder zwei Stunden am Tag überhaupt Kontakt miteinander gehabt, hätte mein Sohn in einem anderen Zimmer geschlafen. Dadurch, dass sie die Nächte gemeinsam verbrachten, konnte eine ganz andere Art von Bindung wachsen. Das ging nicht nur uns so, sondern ist auch wissenschaftlich erforscht.

Der Anthropologe Ashley Montagu wollte schon als Kind wissen, warum Menschen sich auf eine bestimmte Weise verhalten. Über viele Jahre erforschte er verschiedenste Bereiche des menschlichen Seins und lernte von Wissenschaftlern vieler Disziplinen. In seinem Buch *Körperkontakt* zeigt Montagu auf, dass nicht nur die Beziehung von im selben Bett schlafenden Eltern in der Regel tiefer ist als bei getrennten Schläfern, sondern dass dies auch für das gemeinsame Schlafen mit den Kindern gilt. »Das ›Kontaktbehalten‹ im selben Bett ist ein Erlebnis, das sich sehr vom kontaktlosen Schlafen in Einzelbetten unterscheidet«, schreibt er.[2]

Vorteil 4: Gut fürs Hirn

Als er anfing mobil zu werden, hatte mein Sohn keine Zeit mehr zum Essen. Was gab es alles zu entdecken in der Welt! Wie viel zu sehen und zu tun! Bücher und CDs mussten aus Regalen gezogen, Treppen erklommen und Kochlöffel erforscht werden. Jeder wird einsehen, dass dabei keine Zeit zum Essen bleibt. Das änderte nichts daran, dass sein wachsender Körper und sein sich vernetzendes Gehirn dringend Kalorien brauchten. Viele Kalorien. Auch und vor allem nachts. Gerade nachts brauchte er die wertvollen Zucker und Fette aus der Muttermilch. Auch Wärme und Geborgenheit brauchte er, damit sein Verdauungsapparat diese guten Stoffe entspannt verarbeiten und nutzbar machen konnte. Wie gut, dass wir nebeneinander schliefen. So konnte er sich an der Milchbar bedienen, wann immer er wollte, und ich wurde davon nicht einmal wach.

. . . .

»Die Idee vom ›Durchschlafen‹ ist ein soziales Konstrukt.«
Interview mit dem Schlafforscher James McKenna

Wo ist Ihrer Meinung nach der beste Schlafplatz für ein Neugeborenes?
Der sicherste Schlafplatz für einen Säugling ist nah bei seiner stillenden Mutter, und auf jeden Fall immer so, dass ein hingebungsvoller Erwachsener ihn beaufsichtigt: sei es, dass er neben den Eltern in Armeslänge entfernt in einem Beistellbett schläft oder im Bett mit der Mutter, wenn die Mutter stillt und alle Sicherheitsvorkehrungen getroffen sind.

Ob das gemeinsame Schlafen in getrennten Betten oder im großen Bett am besten für die Familie ist, hängt davon ab, ob und wie gestillt wird und wie die Erziehungsziele der Eltern bezüglich der Bindung sind. Es hängt auch davon ab, ob sie Zugang zu Informationen haben, die das Schlafen im großen Bett so sicher wie möglich machen.[3]

Können Sie mir etwas über die Schlafmuster von Babys sagen?
Stillende Babys wachen normalerweise alle zwei bis drei Stunden auf, manchmal auch alle eineinhalb Stunden. Deswegen schlafen letztlich so viele Mütter mit ihren Kindern im selben Bett, wenn auch nur ab und zu. Seien Sie darauf vorbereitet, dass die Schlafentwicklung eines Stillkindes nicht linear verläuft und dass sie anders ist als die mit der Flasche gefütterter Babys, weil Kuhmilch bzw. Pulvermilch kalorienreicher ist und vorzeitig

ununterbrochenen (tieferen) Schlaf begünstigt. Das ist wahrscheinlich nicht besonders sicher für Menschenbabys, darauf lassen meine Forschungen schließen.

Wir sollten daran denken, dass die Idee vom »Durchschlafen« ein soziales Konstrukt ist. Es hat nichts damit zu tun, wie Babys in Wirklichkeit schlafen, und ist eine neue kulturelle Erfindung, die den stillenden menschlichen Säugling bis zum Alter von mindestens einem Jahr nicht betrifft. Trotzdem ist diese Erwartung des Durchschlafens ständig die Grundlage für große Probleme von Eltern, die bitterlich enttäuscht sind und fast wütend auf ihr Baby werden, wenn es mindestens während des ersten Lebensjahres nicht durchschläft.

Ist Durchschlafen denn kein gutes Ziel?

Aus meiner wissenschaftlichen Perspektive sage ich: Natürlich ist es bequemer und einfacher, wenn ein Baby allein, ohne Aufsicht, die Nacht durch schläft. Es steht aber in direktem Gegensatz zu dem, wovon Babys (und Mütter) am meisten profitieren: ausschließliches langes Stillen im ersten Lebensjahr, bei dem der Säugling ungehinderten Zugang zu seiner Mutter (emotional, sozial, intellektuell) und ihrer Milch hat. Diese Investition mütterlicher Zeit und Energie und Liebe ist ein Geschenk, das die Mutter ihrem Säugling nur einmal im Leben machen kann. Es ist auch das Geschenk, das über viele Jahre Mutter (Schutz vor Eierstock- und Brustkrebs, um nur zwei zu nennen) und Kind dient, durch das großartige Gehirn, dessen Wachstum durch die Milch unterstützt wird, und den Schutz vor Krankheiten aller Art. (Und man muss auch wissen, dass das Alleinschlafen in einem eigenen Zimmer für sich schon einen Risikofaktor für den Plötzlichen Kindstod darstellt.)

Sicheres Familienbett

Um das Familienbett nicht nur kuschelig, sondern möglichst sicher für alle zu gestalten, gilt es ein paar Regeln zu beachten:[4]

- Eltern sollten nicht rauchen und keine Drogen oder Medikamente nehmen, wenn sie mit ihrem Kind gemeinsam schlafen. Die Umgebung muss rauchfrei sein.
- Wenn sie stark übergewichtig sind, sollte das Baby ebenfalls nicht im selben Bett schlafen, sondern in einem eigenen Bettchen neben dem der Mutter. Das gilt auch, wenn das Baby nicht gestillt wird.
- Babys sollten auf dem Rücken auf festem sauberen Untergrund im passenden Babyschlafsack schlafen.
- Bitte keine Schaffelle, Kissen, Sitzsäcke oder ähnliche weiche und/oder fusselige Dinge nutzen, um den Säugling darauf zu betten.
- Kein Baby im Wasserbett!
- Babys sollten nie auf das Sofa zum Schlafen gelegt werden. Dort könnten sie in eine Lücke rutschen, aus der sie sich nicht befreien können. Bei Betten muss darauf geachtet werden, dass zwischen Rahmen und Matratze kein Abstand ist, in den das Baby rutschen könnte.
- Am besten ist ein Matratzenlager auf dem Boden.

Schläft's denn nun eigentlich irgendwann mal durch?

Jein. Ein ganz kleines Baby kennt den Unterschied zwischen Tag und Nacht noch nicht und kann entsprechend noch nicht die ganze Nacht schlafen. (Als »Durchschlafen« bezeichnen Experten übrigens lediglich fünf Stunden ununterbrochenen Nachtschlafs.) Je älter ein Baby wird, desto besser lernt es, Tag und Nacht zu unterscheiden. Tags ist Action, nachts ist es dunkel und die Eltern sind wirklich sehr langweilig und gar keine attraktiven Spielpartner. Niemand macht das Licht an, niemand tobt mit ihm durch die Wohnung – ganz schön öde.

Manchmal schlafen Babys schon im Alter von wenigen Wochen durch, nur um dann mit einem halben Jahr wieder unruhiger zu werden. Andere – wie mein Sohn – finden ihr Leben lang, dass Schlafen Zeitverschwendung ist. Wieder andere sind von Natur aus Gerneschläfer.

So individuell Babys sind: Es dauert bei allen eine ganze Weile, bis sie »erwachsenere« Schlafmuster entwickeln. Bei den meisten Kindern ist das erst zwischen zweieinhalb und drei Jahren so weit. Und das ist gut so! Der leichtere Babyschlaf stellt sicher, dass das Baby wach wird, wenn es ihm körperlich nicht gut geht (Hunger, Schmerzen, volle Windel), und er sorgt dafür, dass es nicht in zu tiefe Schlafphasen abrutscht, welche die Wahrscheinlichkeit für den Plötzlichen Kindstod erhöhen würden.

> *»Es dient weder dem Überleben noch der*
> *Entwicklung eines Babys, wenn man es dazu*
> *bringt, zu früh zu tief zu schlafen.«*
>
> Dr. William Sears

Auch Erwachsene schlafen übrigens nicht durch. Innerhalb einer Nacht wechseln wir mehrmals vom Tiefschlaf in den Leichtschlaf und wieder zurück. Ab und zu wachen wir auch ganz auf, gehen vielleicht kurz ins Bad und schlafen danach weiter. Das können unsere Babys und kleinen Kinder noch nicht. Viele brauchen nachts noch eine Weile die Rückversicherung, dass sie sicher und behütet sind, wenn sie wieder einschlafen.

Je positiver und geborgener ein Kind bisher den Schlaf erlebt hat, desto unkomplizierter wird es in der Regel auch irgendwann von allein wieder zur Ruhe finden.

Ja, aber …

… das ist doch gefährlich, wenn das Baby mit im großen Bett schläft: Es könnte erstickt oder erdrückt werden.

Falls Sie sich auch mit solchen Gedanken quälen: Sie können ganz ruhig sein. Wenn man ein paar Regeln beachtet, ist das Familienbett nicht nur der Ort mit der größten Geborgenheit, sondern auch ein überaus sicherer Ort für ein Baby (vorausgesetzt, die Eltern trinken nicht, rauchen nicht und nehmen keine bewusstseinsverändernden Medikamente oder Drogen – siehe Abschnitt »Sicheres Familienbett«).

Professor McKenna hat eine seiner Arbeiten sogar mit »Why Babies Should Never Sleep Alone« (»Warum Babys niemals allein schlafen sollten«) betitelt.[5] Darin zeigt er beeindruckend auf, warum das Baby beim gemeinsamen Schlafen sicherer ist, als wenn es allein im Zimmer schläft. Unter anderem wird es durch die Bewegungen und die Atmung der Eltern quasi daran erinnert, weiter zu atmen. Es spürt menschliche Nähe und fühlt sich sicher und geborgen.

McKenna ist an dieser Stelle sehr klar: »Würden anthropologische Beweise über Babyschlaf und Entwicklung in die Forschung einfließen – oder sogar als Ausgangspunkt für Säuglings-Schlaf-Forschungen genommen –, bestünde kein Zweifel daran, dass wir gar nicht mehr die Frage stellen würden, ob es für ein Baby sicher ist, neben seiner stillenden Mutter zu schlafen, sondern eher, ob es sicher ist, das nicht zu tun.«[6]

Weiterer Pluspunkt: Beim gemeinsamen Schlafen ist die Wahrscheinlichkeit größer, dass die Mutter bedrohliche Situationen schnell bemerken und beheben kann.[7]

Eine Freundin von mir meinte – noch bevor eine von uns je von irgendwelchen Studien zum Thema Schlafen gehört hatte: »Weißt du, ich glaube, die größte Gefahr für ein Baby ist schlicht das Alleinsein.«

Im Dschungel hätten wir unsere Babys nicht eine Sekunde aus den Augen gelassen. Aber auch heute noch kann die elterliche Nähe lebensrettend sein. Lea zum Beispiel, ein kleines Mädchen aus meinem Bekanntenkreis, erbrach sich als Baby beim Husten. Gewöhnlich schlief sie vorschriftsmäßig auf dem Rücken – wie leicht hätte da das Erbrechen zum Ersticken führen können. Ihre Mutter nahm sie sofort hoch und richtete sie auf. »Aber«, erzählte sie weiter, »was wäre gewesen, hätte die Kleine im Kinderbett in einem anderen Zimmer gelegen und ich hätte sie nicht sofort gehört?«

... muss es denn unbedingt gleich ganz mit im Bett sein? Reicht es denn nicht, wenn mein Baby in meiner Nähe ist?

Das Baby mit im großen Bett zu haben, ist nicht jedermanns Sache. Wenn es Ihnen nicht behagt, gibt es viele Abstufungen. Sie können zum Beispiel ein Beistellbett neben das große Bett stellen. Das kann ein einfaches Gitterbettchen sein, aus dem Sie eine Seitenwand entfernen. Eine andere Möglichkeit ist das »Babybay«, eine Art halbes Gitterbett, das direkt zum Anbau an das Elternbett entworfen wurde.

... was ist denn, wenn wir das Kind dann wirklich nie wieder aus dem Bett kriegen?

Ich verspreche Ihnen: Wenn Ihr Kind 15 ist, wird es nicht mehr zwischen Ihnen liegen und Ihnen das niedliche Füßchen ins Ohr stecken.

Kinder wollen selbstständig werden, so sind sie verkabelt. Erfahrung und Wissenschaft haben gezeigt, dass dies umso eher der Fall ist, je besser die ursprünglichen Bedürfnisse nach Sicherheit und Versorgtsein in der frühen Kindheit befriedigt werden. Dann kann das Gehirn in Ruhe ausreifen und es entsteht eine echte, starke Selbstständigkeit. Müssen sich Kinder hingegen aus der Not heraus zu früh selbst regulieren, kann es sein, dass sie Schutzmechanismen entwickeln, die sie ein Leben lang verfolgen.

Wo wir gerade von Selbstständigkeit sprechen: Wussten Sie, dass Kinder, die nah bei ihren Eltern schlafen, später tendenziell glücklicher, mutiger und unabhängiger sind? Das haben Studien gezeigt. Und noch mehr: Gemeinsame Schläfer zeigten auch ein »signifikant besseres« Selbstwertgefühl, mochten Körperkontakt lieber und konnten besser Zuneigung zeigen. Vor allem aber gingen sie mit einem grundlegenden Gefühl der Zufriedenheit durchs Leben.[8]

... das ist alles schön und gut. Aber ICH. KANN. NICHT. MEHR.

Schlafentzug ist Horror, da müssen wir nicht drüber reden. Wenn Sie Ihr Baby in Ihrer Nähe haben, hoffe ich, dass er sich in Grenzen hält. Nachts aufstehen und ins Nebenzimmer gehen zu müssen, stelle ich mir furchtbar vor! Vielleicht gibt es dennoch Augenblicke, in denen Sie einfach das Gefühl haben, nicht mehr zu können.

Gerade wenn durch zu wenig Schlaf auch zu wenig vom Stimmungsaufheller Serotonin durch unsere Adern kreist, neigen wir dazu, uns selbst zu bemitleiden. Das kann man bewusst abstellen. Das Baby ist nur ein einziges Mal klein. Es hat nur diese eine einzige Kindheit. In einem Jahr schon wird das Zusammenleben ein ganz anderes sein. Genießen Sie es, solange es währt. Es ist echt schrecklich schnell vorbei.

Bei genauerem Hinsehen stellen einige Eltern auch fest, dass das, was sie so anstrengt, gar nicht der mangelnde Schlaf ist, sondern vielmehr die mangelnde Kontrolle darüber. Mit mangelndem Schlaf haben die meisten in jungen Jahren umzugehen gelernt. Damals in Partyzeiten war es sogar ganz cool, am nächsten Tag möglichst gerädert durch die Gegend zu klappern, oder? Zumindest bei mir war das so. Gegen die mangelnde Kontrolle hilft nur: Loslassen. Nicht mehr kontrollieren wollen.

Schlafen Sie, wann immer es geht – auch tagsüber, wenn das Baby schläft. Lassen Sie den Haushalt Haushalt sein. Holen Sie sich gegebenenfalls Hilfe, damit Sie tagsüber eine Stunde schlafen können. Bestimmt freut sich die nette alte Dame von nebenan, wenn sie ab und zu babysitten darf.

Ach so, und stillen Sie, was das Zeug hält. Prolaktin macht duldungsfähig, gelassen und ausgeruht. Und essen Sie Serotonin. Es ist in Bananen, Schokolade, Getreideprodukten, Obst und Gemüse. Wissenschaftler sind unterschiedlicher Ansicht, ob Serotonin aus der Nahrung die Blut-Hirn-Schranke passieren kann, aber schaden können Ihnen die Bananen auf keinen Fall.

. . . .

Atmen Sie Ihr Kind in den Schlaf!

Ihr Baby ist erst dabei zu lernen, was »nachts« auf diesem Planeten bedeutet. Ein Neugeborenes braucht einfach rund um die Uhr Milch und Zuwendung. Aber einem etwas älteren Baby können Sie helfen, nach kurzen Wachphasen wieder einzuschlafen, wenn Sie neben ihm langsam und entspannt atmen. Je mehr Sie denken »Nun schlaf endlich«, desto mehr Unruhe strahlen Sie aus – und desto wacher und alarmierter wird Ihr Baby. Besser ist es, wenn Sie selbst sich gezielt entspannen. Einatmen. Ausatmen. Langweilig sein. Einatmen. Ausatmen.

. . . .

... atmen die Eltern dem Kind nicht den Sauerstoff aus der Luft weg?

Lachen Sie nicht! Ich habe das wirklich geglaubt! Anfangs habe ich sogar versucht, meinen Kopf beim Atmen bewusst wegzudrehen, damit ich nichts wegatme, was mein Kind brauchen könnte. Allerdings habe ich das ziemlich bald aufgegeben und mich entspannt.

Tatsächlich ist es so, dass Baby und Mutter durchschnittlich den größeren Teil der Nacht einander zugewandt schlafen und sich entsprechend »anatmen«. Dadurch steigt in der Tat der CO_2-Gehalt in der Luft, die das Baby einatmet. Und zwar – die Natur ist so unglaublich genial! – genau bis zu jenem Punkt, wo er nicht gefährlich ist, sondern sogar auf die Atmung des Babys anregend wirkt.[9]

... stören wir denn das Baby nicht im Schlaf?

Klare Antwort: Nein! Das Baby fühlt sich dort wohl, wo es sich sicher fühlt, und kann sich entsprechend gut entspannen. Und das ist in der Regel da, wo es Mama riecht, hört und fühlt.

Gerade dass man beim Schlafen ab und zu aneinanderstößt, macht eine wesentliche Qualität des gemeinsamen Schlafens aus. Baby merkt auf diese Weise ständig: Mama ist da. Alles ist in Ordnung. (Und Mama merkt: Baby ist da. Alles ist in Ordnung.)

Einige Wissenschaftler sind der Meinung, dass dadurch möglicherweise auch das Schlafen in Bauchlage minimiert wird, was wiederum dazu führt, dass das Risiko für den Plötzlichen Kindstod stark sinkt.

... das Baby ist so unruhig, da krieg ich ja nachts kein Auge zu.

Wir brauchen es nicht schönzureden. Mütter und Babys schlafen gemeinsam vergleichsweise unruhig. Und das ist gut so. Es fördert die Sicherheit des Kindes. Allerdings, werden Sie vielleicht einwenden, ist eine übernächtigte Mutter das größte Sicherheitsrisiko für ein Baby.

Das stimmt auch. Die gute Nachricht ist: Stillende Mütter bekommen – und jetzt kommt's! –mehr Schlaf, wenn sie mit ihren Babys gemeinsam schlafen. Wissenschaftlich nachgewiesen.[10]

»Unruhiger« bedeutet nämlich nicht automatisch »schlechter« zu schlafen. Die gesellschaftliche Norm mag sein, das Baby ins Babybettchen zu legen. Die biologische Norm hingegen ist das gemeinsame Schlafen. Was bedeutet, dass eigentlich Mütter und Babys unnatürlich ruhig schlafen, wenn sie dies getrennt tun.

... schlafen denn Kinder, die allein schlafen, nicht viel besser und früher durch?

Hier kommt noch mehr zur biologischen Norm: »Durchschlafen« bedeutet nicht gleichzeitig »gut schlafen«.

Unsere Vorstellungen vom Säuglingsschlaf basieren auf Daten, die bei allein schlafenden, mit der Flasche gefütterten Babys erhoben wurden. Diese Daten haben lange bestimmt, was auch unter Kinderärzten als normal gilt.

Allein zu schlafen und (für Menschenbabys modifizierte) Kuhmilch zu trinken ist aber nicht das, was unsere Babys von ihrer Biologie her erwarten. Es ist anstrengend für ihren kleinen Organismus.

Natürlich ist, dass unsere kleinen Säugetierbabys in der Nähe von uns großen Säugetiermamas schlafen und die Milch trinken, die zu unserer Art gehört. Diese ist leicht verdaulich, sodass Babys in Wachstumsschüben noch bis zum ersten Geburtstag oder länger nachts zum optimalen Gedeihen eine oder mehrere Stillmahlzeiten brauchen können.

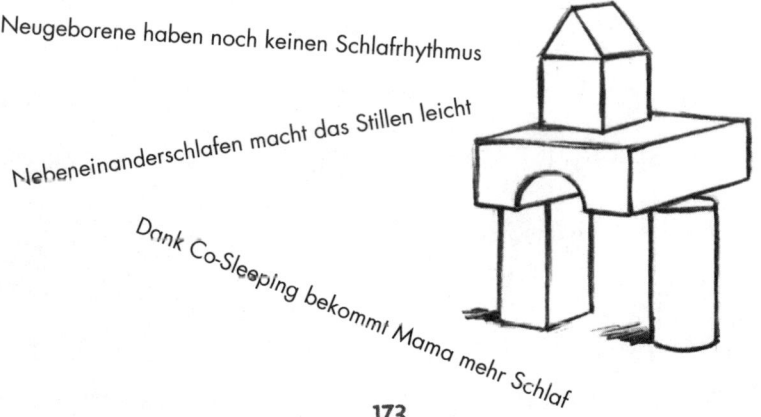

Beim gemeinsamen Schlafen wächst Bindung über Nacht

Neugeborene haben noch keinen Schlafrhythmus

Nebeneinanderschlafen macht das Stillen leicht

Dank Co-Sleeping bekommt Mama mehr Schlaf

 **Baby in Bewegung**

Affenmutter

Einmal beobachtete ich in der Stadt einen Mann, der einen Kinderwagen schob. Selten habe ich einen so liebevollen Gesichtsausdruck gesehen wie den, mit dem er sein Baby im Wagen ansah. Ich sah förmlich die Herzchen durch die Luft fliegen. So ähnlich hatte ich mir das auch vorgestellt, bevor mein Baby kam. Ich mit einem sehr schicken Kinderwagen aus einem Öko-Versandhaus. Bezug aus Biobaumwolle, Füllung aus Wolle von glücklichen Schafen. Einen von denen wollte ich. Er war hellblau und wenigstens halbwegs schlicht und genügte gerade so meinem Architektenanspruch an eine hübsch gestaltete Babyumgebung. Er kostete so viel wie ich im Studium in einem Monat nicht verdient hatte, aber das war mir egal. Ich wollte das Beste für mein Kind, und Plastikkinderwagen kosteten auch nicht weniger. Wir hatten zwei gute Gehälter. Wir kauften den Katalog-Kinderwagen.

Was war es für ein großer Moment, als das riesige Paket geliefert wurde!

Wir packten aus und freuten uns.

Man konnte den Kinderwagen vorwärts schieben und rückwärts, mit Tragetasche oder ohne, mit offenem, geschlossenem oder ganz abgeknöpftem Verdeck. Auch zur Karre umbauen ließ er sich. Vorwärts und rückwärts. Ganz großes Kino.

Nur meine Cousine blieb cool und meinte: »Wir haben super gute Erfahrungen mit dem Tragetuch gemacht. Ich kann dir das gern mal zeigen, es ist ganz einfach.«

Danke, aber nein danke.

Mir war das nicht nur zu kompliziert und zu wurschtelig, es passte auch nicht zu meinem Design-Ansatz. Ich wollte nicht in sechs Meter Stoff gerollt durch die Gegend laufen, und wollte diese sechs Meter Stoff auch nicht bei jedem Rausgehen um mich wickeln müssen. Nee, nee.

Dann kam mein Sohn. Und der meinte, als wir das erste Mal unsere gemütliche Bruthöhle verlassen wollten: »Mama. In dieses schicke Gefährt, das du da gekauft hast, möchte ich nicht hineingelegt werden.« Er formulierte es nicht ganz so eloquent, aber seine Botschaft war unmissverständlich: Kinderwagen ist doof. Ich versuchte vergeblich, ihn vom Gegenteil zu überzeugen – er blieb bei seiner Meinung.

Widerstrebend kaufte ich das Buch, das meine Cousine mir empfohlen hatte: *Ein Baby will getragen sein* von Evelin Kirkilionis. Ein Tragetuch bestellte ich gleich mit. Erst mal ein kurzes. Noch hatte ich Hoffnung.

Unsere Ausflüge gestalteten sich nach wie vor schwierig. Ich fing an, mich latent eingesperrt zu fühlen mit diesem Baby, das den schönsten Kinderwagen der Welt verschmähte, diesem Tragetuch, an das ich mich nicht herantraute, und dem Buch, das ich eigentlich nicht lesen wollte. Ich bekam Angst davor, rauszugehen.

Mein erster Baby-Kurs näherte sich: Rückbildungsgymnastik. Ich hatte also jede Woche einen festen Termin, zu dem ich zu einer bestimmten Zeit aus dem Haus gehen musste, ohne einen halben Tag mit mir selbst darüber zu diskutieren. Es war nicht weit, bloß einmal durch den Park. Trotzdem war ich das erste Mal leicht derangiert, als ich dort ankam, den Kinderwagen mit einer Hand schiebend, das Baby auf dem anderen Arm.

Es musste was passieren. Ich las das Buch. Ich übte Tragetuchbinden. Ich setzte mein Baby hinein. Wir gingen raus.

Am nächsten Tag war ich im Babyladen und guckte Tragetücher an. Hellblau mit dunkelblauen Kringeln? Oder quietschgrün gestreift? Ich rief meinen Mann an. »Gelb«, meinte er. »Das gelbe mit den roten Kringeln«, sagte ich zur Verkäuferin.

Was liebte ich bald mein Tragetuch, das mir die Freiheit wiedergegeben hatte!

Meine Mama freute sich mit uns. Sie erzählte mir von der Kritik, die sie erfahren hatte, als sie meinen Bruder beständig mit sich herumtrug:»Du bist doch keine Affenmutter!« Empört klang das, selbst aus zweiter Hand, als meine Mama mir davon berichtete. Verwandte und Freunde fanden nicht gut, wie sie meinen Bruder behandelte. Er war auch eines der Babys, die sich nicht ablegen lassen. Und Mama hörte auf ihn. Sie trug ihn, Tag und Nacht, so viel sie konnte.

Auch ich bekam Gegenwind.»Man soll die gar nicht so lange tragen, das ist nicht gut für den Rücken«, sagte mein Nachbar. Das stand in der Zeitung. Die Zeitung weiß Bescheid. Ich trug meinen Sohn trotzdem. Ich hatte gelernt, ihm auch an dieser Stelle zuzuhören und zu vertrauen. Und ich mochte das Tragen immer lieber und fand das Tragetuchbinden immer weniger schlimm. Auf diese Weise hatte ich mein Kind ganz nah bei mir und konnte ständig meiner Lieblingsbeschäftigung nachgehen: Babyschnüffeln.

Tragen, richtig gemacht, ist Verwöhnen pur fürs Baby. Wir sind nicht so viel anders als unsere Primatenverwandten. Ein Menschenbaby, wie die anderen Primaten weder Nesthocker noch Nestflüchter, ist biologisch perfekt dafür ausgestattet, getragen zu werden. Der Entdecker dieser Tatsache, der Biologe Bernd Hassenstein, prägte deswegen für Menschenbabys den Begriff »Traglinge«. Doch im Vergleich zu Schimpansen- und Gorillakindern werden unsere Babys unreif geboren. Wir sind physiologische Frühgeburten, von der Natur so angelegt, ein bisschen zu früh geboren zu werden.[1] Blieben Babys noch zwei oder drei Monate länger im Bauch, würden sie zwar den Reifegrad anderer Primatenbabys erreichen, aber nicht mehr durch das enge Aufrechtgeherbecken der Mutter passen.

Für unsere Neugeborenen bedeutet das, dass sie weitere Monate im Schutzraum benötigen – eng bei der Mutter, am liebsten sogar Haut an Haut, und in vielen Fällen bis zu einem halben Jahr lang oder länger. Das machen kleine Kinderwagenverweigerer wie mein Bruder und mein Sohn sehr deutlich. Ihnen und allen anderen, die es nicht so laut kundtun, tut es gut, viel Zeit mit liebevollen Erwachsenen zu verbringen, die sie bei ihrem Tagesablauf begleiten dürfen. Auf dem Arm, im Tragetuch, in der Babytrage – wie immer es für die Familie passt. Oft sind Eltern verblüfft, wie ruhig und ausgeglichen ihre Babys durch das Tragen werden. Spannungen werden viel leichter im Zusammenspiel mit der Mutter und ihren Bewegungen abgebaut. Und manche Babys leiden unter vielen Spannungen. Sie finden es hier in der lauten Welt mit ihrer Schwerkraft und ihren zahlreichen Reizen gar nicht schön und tun ihren Protest lauthals kund. Solchen Babys hat schon oft die Nähe beim Tragen geholfen.

So geht's entspannt

Selbst wenn Menschenbabys so reif geboren würden wie Schimpansenkinder, wären sie ihnen gegenüber in Bezug auf das Tragen ein bisschen im Nachteil. Denn anders als die anderen Primaten haben wir kein Fell, in dem sich unsere Neugeborenen mit ihrem Greifreflex festhalten könnten. Dafür besitzen wir die Fähigkeit, uns Stoffe herzustellen und aus ihnen Tragetücher und Tragehilfen zu bauen. So können wir unsere kleinen Traglinge bei uns haben, ohne mühsam einhändig durch den Tag zu manövrieren.

Als mein Sohn klein war, gab es keine Trageberaterinnen, die mir hätten zeigen können, wie das mit dem Tragetuch funktioniert. Es gab auch keine Youtube-Tutorials. Es gab nicht mal Youtube. Und so übte ich mit einem Teddybären als Baby, mein Tragetuch nach der Anleitung aus *Ein Baby will getragen sein* zu binden.[2] Als ich das halbwegs sicher konnte, durfte auch mein kleiner Sohn mitmachen. Und endlich, endlich konnten wir die Wohnung verlassen.

Spannend wurde es dann später noch mal, als wir über Matratzen und Kissen gebeugt die Rückentrage übten. Wie gut, dass keine Kamera dabei war und dass es heute Menschen gibt, die Eltern live und in Farbe zeigen können, wie das geht!

So können Sie Ihr Baby entspannt an Ihrem Körper von einem Ort zum anderen transportieren:

- Klar, auf dem Arm. Das geht von der Küche ins Bad und ins Wohnzimmer, und vielleicht gerade noch zum Briefkasten. Alles andere wird schnell unbequem und unpraktisch.
- Im Tragetuch. Es gibt inzwischen Tragetücher für jeden Geschmack: bunte, graue, schwarze, gemusterte, schlichte, gewebte, elastische ... Mein Vorschlag ist, dass Sie sich eine Trageberaterin in Ihrer Nähe suchen und die verschiedenen Möglichkeiten mit ihr gemeinsam anschauen und ausprobieren. Dort können Sie auch Vor- und Nachteile erörtern und genau überlegen, was für Sie das Richtige ist.
- Eine weitere Möglichkeit sind Komforttragen. Es gibt unendlich viele Modelle, von sehr gut bis sehr schlecht, von individuell bis industriell gefertigt. Viele Eltern mögen Komforttragen gern. Sie sind praktisch, schnell umgeschnallt und man vermeidet das Binden mit fünf oder sechs Metern Stoffbahn. Am besten ist es, wenn Sie auch hier gemeinsam mit der Trageberaterin Ihres Vertrauens genau gucken, was für Sie passt.
- Wenn Sie nicht gemütlich den Fundus Ihrer Trageberaterin durchforsten wollen, sondern lieber allein losziehen, sollten Sie zwei Dinge auf jeden Fall beachten:
  - Die Tragehilfe muss das Baby gut stützen und anpassbar sein. Bei Tragetüchern und Ringslings ist das gegeben. Bei anderen Tragehilfen müssen Sie genau darauf achten. Lassen Sie sich nicht die nächstbeste Tragehilfe aufschwatzen, sondern werden Sie hellhörig, wenn die Verkäuferin sagt: »Die wird auch sehr gern gekauft.« Eine solche Aussage lässt nicht unbedingt auf die Qualität des Produkts schließen, sondern eher auf das Werbebudget des Herstellers.
  - Das Baby sollte in der Trage mit dem Bauch zum Bauch des Trägers gewandt sein und nicht nach außen schauen. Der

Steg unter dem Babypopo muss breit genug sein, dass die Beinchen nicht gestreckt herunterhängen, sondern angehockt sind. Bei einigen Tragen ist dieses Kriterium nicht gegeben. Achten Sie genau darauf!

Verwöhnprogramm de luxe: Haut an Haut

Die Kleidung, die ich meinem Sohn gekauft hatte, erfreute mich jeden Tag. Diese niedlichen Flügelhemdchen! Diese entzückenden kleinen Jäckchen! Ich mochte es auch, sie meinem unendlich schönen kleinen Jungen anzuziehen. Er war in den ersten Wochen nicht oft ohne Kleidung. Nur zum Wickeln, zum Baden und zur Babymassage zog ich ihn aus.

Eines Tages, als er – wieder einmal – weinte, kam meine Mutter zu Besuch. »Der braucht Hautkontakt«, sagte sie. »Zieh ihn aus!« Mama hatte ja Erfahrung mit den positiven Auswirkungen von Hautkontakt. Schließlich hatte sie mich auf diese Weise großgeliebt. Ich wusste, dass sie Recht hatte.

Ich wusste auch, dass mich das ein bisschen überforderte. Ich wollte bloß alles richtig machen. Nicht, dass es meinem kleinen Wunderjungen zu kalt würde! Wir machten immer einen mächtigen Aufstand um die Hautkontaktzeit. Alle paar Tage heizten wir das Schlafzimmer und zogen das Baby nackt aus und legten es auf einen unserer Bäuche. Meistens war das nicht besonders toll, weil der Kleine trotzdem weinte und der magische Knopf »Hautkontakt« so gar nicht magisch wirken wollte. Meistens versuchte der Kleine zu stillen, tat es dann aber doch nicht, weil er keinen Hunger hatte. Dann schrie er weiter, und ich wurde noch unsicherer.

Es dauerte eine Weile, bis wir das alles raushatten mit dem Hautkontakt. Aber schließlich wurden wir ruhiger und geübter mit dem Gekuschel und genossen es fortan in vollen Zügen, noch bis weit in die Kleinkindzeit hinein. Hautkontakt diente uns auch lange als Allheilmittel. Wenn das Kindchen ein bisschen blass um die Nase war, zog ich es aus und trug es auf dem Rücken unter Pullover und Jacke durchs Dorf. Ich kann das sehr zur Nachahmung empfehlen.

Wie wichtig Berührung ist, zeigen auch die berühmten Affenexperimente des Forschers Harry Harlow aus der Mitte des zwanzigsten Jahrhunderts. (Suchen Sie mal im Internet nach Videos dazu – es ist herzzerreißend!) Berührung, taktile Stimulierung scheint für kleine Primaten wichtiger zu sein als Nahrung. Harlow erforschte das und allerhand anderes, indem er kleine Rhesusaffen von ihren Müttern trennte. Den kleinen, isoliert gehaltenen Rhesusäffchen stellte er zwei »Ersatzmütter« zur Verfügung: eine »Drahtmutter« mit einem Milchflaschenaufsatz und ein mit Fell bespanntes Drahtgestell.[3] Die kleinen Äffchen verbrachten den größten Teil ihrer Zeit mit den »Fellmüttern« und suchten diesen Ort auch auf, um dort Sicherheit zu finden. Zu dem Drahtgestell gingen sie nur, wenn sie Hunger hatten. Ohne Berührung, und sei es durch die stillen Fellgestalten, an die sie sich kuschelten, wollten sie nicht sein.

Wie lange?

Wie lange und wie oft sollten Sie Ihr Baby tragen? So lange und so oft Sie und Ihr Kind es wollen und Sie es beide genießen. Nach oben gibt es keine Grenze. Sie können mit Tragen keinen Schaden anrichten. Ganz im Gegenteil.

Schauen wir noch einmal zu unseren Dschungelverwandten. Schimpansenbabys werden in einem Zustand geboren, den Menschenbabys erst einige Monate nach der Geburt erreichen. Danach reiten sie noch einmal bis zu vier Jahre auf dem Rücken ihrer Mutter.

Entwicklungspsychologe James Prescott sieht einen klaren Zusammenhang zwischen Liebesfähigkeit und der Erfüllung früher biologischer Bedürfnisse. Er hat über viele Jahre untersucht, wo der Unterschied zwischen friedlichen und eher gewaltbereiten

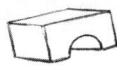

Gesellschaften liegt. Sein Schluss ist interessant: »Meine aller-wichtigste Empfehlung, um Gewalt zu reduzieren, wäre, dass jedes Neugeborene so viel und so lange wie möglich am Körper seiner Mutter getragen werden sollte. Diese Bewegung stimuliert durchgehend den Gleichgewichtssinn, wie es auch im Mutterleib geschieht. Diese Bewegung im Zusammenspiel und enger Körper-kontakt mit der Mutter erzeugen ein Gefühl des Urvertrauens.«[4]

Ja, aber ...

... schadet das denn nicht dem Rücken des Babys?

In einem richtig gebundenen Tragetuch können schon Neugeborene – und sogar Frühgeborene – getragen werden. Im Mutterleib war die kleine Wirbelsäule wie ein C gebogen, und es dauert bis ins Kleinkindalter, dass sie sich streckt.

Das Tragen im Tragetuch stützt den kleinen Rücken in der gewohnten zusammengekrümmten Haltung (Kyphose). Es passt also genau zur Anatomie des Babys.

In einer Studie wurde gezeigt, dass Wirbelsäulenverkrümmungen bei Babys – auch bei Babys, die bereits in den ersten Lebenstagen viele Stunden aufrecht sitzend im richtig gebundenen Tuch getragen wurden – keinesfalls häufiger vorkommen als bei liegenden Babys. Mittlerweile gibt es sogar Stimmen, die davon sprechen, dass die plötzliche »unnatürliche Streckung« der Wirbelsäule nach der langen Zeit der Krümmung im Mutterleib sich ungünstig auswirken kann. Wie dem auch sei: Das Getragenwerden kommt den anatomischen Voraussetzungen des Babys sehr entgegen.

Haben Sie schon einmal beobachtet, dass Ihr Baby automatisch die Beinchen anhockt, wenn es hochgehoben wird? Dieser Anhockreflex wie auch der Greifreflex deuten darauf hin, was unsere Kinder biologisch erwarten: getragen zu werden.

Und mit einem richtig gebundenen Tragetuch wird der kleine Rücken keinesfalls geschädigt, sondern sogar noch trainiert.

... der kriegt doch da gar keine Luft!

»Guck mal, Heinz, das Kleine kriegt doch gar keine Luft! Also, nee ...«

Kurz darauf fasste die alte Dame sich ein Herz und fragte meine Freundin Katrin direkt:»Entschuldigen Sie ... Ihr Baby ... das kriegt doch da so eingebunden auf dem Rücken gar keine Luft, oder?«

Immer wieder hören tragende Eltern diese Frage. Sie wird nicht aus Boshaftigkeit gestellt, sondern in der Regel aus echtem Interesse und echter Sorge. Vielleicht denken Sie sogar selbst manchmal darüber nach, wenn Sie Ihr Baby ins Tragetuch hüllen und die Jacke wärmend herumlegen? Sie wären damit nicht allein. Auch die Wissenschaftlerinnen Waltraud Stening und Patrizia Nitsch von der Universitäts-Kinderklinik in Köln wollten das wissen. Über drei Monate hinweg untersuchten sie 24 »Frühchen« und 12 reife Neugeborene in Tragetuch und Kinderwagen hinsichtlich Sauerstoffgehalt im Blut, Herzfrequenz, Luftfluss durch die Nase, Bauchatmung und Bewegungen. Sie stellten fest, dass sich der Sauerstoff im Blut bei Babys im Tragetuch nur in vernachlässigbarem Ausmaß nach oben oder unten änderte – sie maßen lediglich Abweichungen von zwei Prozent.[5]

Mit diesem Wissen können Sie beim nächsten Mal, wenn jemand Sie besorgt anspricht, einfach freundlich lachen, wie Katrin es getan hat:»Klar kriegt es genug Luft! Sonst würde ich das ja nicht machen.«

... ist das nicht viel zu heiß/zu kalt?

Wenn es im Sommer warm ist oder im Winter eisig, scheint sich diese Frage förmlich aufzudrängen. Aber die Natur ist so unglaublich klug! Sie hat vorgesorgt.

Schon lange ist bekannt, dass Hautkontakt, das sogenannte »Känguruhen«, Frühchen und Neugeborenen besonders guttut.

Professorin Susan Ludington erforscht unermüdlich alles, was auch nur entfernt damit zu tun hat. Im Jahr 2000 veröffentlichte sie eine Studie, die zeigt, dass der mütterliche Körper dem Baby hilft, seine optimale Körpertemperatur zu halten.[6] Schon nach fünf Minuten Hautkontakt verändert sich die Temperatur der mütterlichen Brust nach oben oder unten, um das Baby zu wärmen oder zu kühlen.[7] Ist das nicht genial ausgeklügelt?

Nun ist das Tragen im Tragetuch nicht notwendigerweise mit Hautkontakt am ganzen Babykörper verbunden. Es ist aber davon auszugehen, dass diese Anpassungen dennoch stattfinden.

Ziehen Sie Ihr Baby vor allem passend an: nicht zu warm im Winter, an Ihrem Körper, unter Ihrer Jacke, aber auch nicht zu kalt. Die Füßchen müssen bedeckt sein. Ein wärmend-flauschiger Overall isoliert vor allem durch die zwischen den Fasern eingeschlossene Luft – und die wird im Tragetuch zusammengedrückt und wärmt nicht mehr. Besser ist ein Overall aus Wollvlies.

Sehr viel Wärmeaustausch findet über das kleine Köpfchen statt. Im Sommer ist es also schlau, einem Baby kein Mützchen aufzusetzen (falls es nicht als Sonnenschutz notwendig ist), im Winter genau andersherum. So kann das Kleine seine Temperatur besser selbst regulieren.

... wie ist denn das nun mit dem Laufenlernen, wenn das Kind so viel herumgetragen wird? Wie soll es sich da motorisch entwickeln?

Eine logische Frage, sollte man zunächst einmal meinen. Hat ein Kind, das die meiste Zeit aus dem Kinderwagen oder von der Krabbeldecke aus die Welt betrachtet, nicht viel mehr Gelegenheit und Motivation, sich einfach hochzustemmen und sich eigenständig zu all den spannenden Dingen hin zu bewegen? Wie soll ein kleiner Mensch, der im Tragetuch eingeengt ist, das machen?

Die gute Nachricht: Durch die Bewegung des Trägers trainiert das Baby ständig seine Muskeln und seinen Gleichgewichtssinn.

In dem kleinen Gehirn feuern ständig Neuronen, die mit Muskeln, Gleichgewicht und Bewegungsmustern zu tun haben. Selbst wenn das Kind schläft, lernt es auf diese Weise etwas über das Laufen. Ein richtig gebundenes Tragetuch oder eine gute Babytrage unterstützen zudem die Entwicklung der noch weichen Hüftknochen. So unterstützt, können die Gelenke optimal verknöchern[8] – die beste Voraussetzung für gutes Laufen.

... mein Kind will was sehen von der Welt! Ich finde es viel praktischer, es nach vorn schauend zu tragen (hey, und viel hipper obendrein).

Auch wenn Vorzeige-Kuschelmamas Pink und Alanis Morisette ihre Babys mit dem Gesicht nach außen tragen, heißt das nicht, dass das deswegen die beste Erfindung aller Zeiten wäre. Die haben sich nur nicht schlaugemacht. Wenn Sie darauf achten, werden Sie sehen, dass ein nach vorn schauendes Baby keinen Halt für Händchen und Füßchen hat.

Oft sind die Füßchen hochgezogen und die Beine gestreckt. Sie können in dieser Position nicht gut angehockt werden, und die gestreckte Haltung wiederum ist schlecht für die Hüftentwicklung. Außerdem ist das Gewicht beim Vorwärtstragen ungünstig verteilt: Das Hauptgewicht liegt auf Hoden bzw. Schambein, und der Steg zwischen den Beinen kann so in die Oberschenkel drücken, dass möglicherweise Blutgefäße gestaut werden. Langer Rede kurzer Sinn: Anatomisch und physiologisch ist es keine besonders gute Idee, ein Baby mit dem Gesicht nach vorne zu tragen.[9]

Aber auch emotional ist dabei etwas zu bedenken. »Stell dir mal vor, du wärst mit dem Rücken einem Riesen vor den Bauch gebunden und würdest mit dem Gesicht nach vorn in die Menge geschoben werden, ohne dass du deine Füße irgendwo abstellen kannst und ohne dass du dich den Außeneinflüssen entziehen

kannst. Du würdest einfach immer weiter vor dich hinbaumelnd durch die Menge geschoben.«»Das erklärte mir meine Freundin Cordula damals, nachdem ich gesagt hatte:»Ja, aber mein Kind will was sehen von der Welt! ...«
Ich verstand, was sie meinte. Nach vorn gewandt ist es für ein Baby schwierig, Sicherheitsempfinden aufzubauen und Geborgenheit zu empfinden. So hat es auch kaum eine Möglichkeit, sich dem umgebenden Trubel zu entziehen. Ein Baby, das Mama oder Papa zugewandt ist, kann dagegen, wenn ihm die Eindrücke zu viel werden, einfach den Kopf zur Seite drehen und sich anschmiegen.

... ist die ständige Bewegung denn nicht zu viel des Guten für ein Baby, wenn es immerzu herumgetragen wird? Wird es nicht überreizt?

Dazu würde ich Ihnen gern die traurige Geschichte von Harry Harlows Affenkindern noch ein bisschen weitererzählen. Zunächst sah es so aus, als würden sie zu den fellbespannten Drahtgestellen eine ähnliche Bindung aufbauen wie zu echten Müttern. Doch als sie älter wurden, zeigten sich die zerstörerischen Auswirkungen ihrer Einsamkeit: Oft schaukelten sie stereotyp hin und her, die Arme um sich geschlungen, und waren sozial inkompetent.[10]
Klar, sagen wir. Das ist ja kein Wunder. Babys, auch Affenbabys, bekommen von ihren echten Müttern schließlich weit mehr als nur ein bisschen Fellkuscheln. Sie lernen so viel über die Welt! Sie werden geliebt. Sie werden berührt. Zwei junge Forscher, Mason und Berkson, die mit Harlow arbeiteten, überlegten: Vor allem in den ersten Wochen werden kleine Äffchen ständig herumgetragen und werden so beständig durch die Bewegung angeregt. War das der Schlüssel?[11] Die beiden Forscher wiederholten Harlows Versuch, mit dem Unterschied, dass die Hälfte der Affenkinder nun eine Fellmutterattrappe zur Seite gestellt

bekam, die sich zwischen fünf Uhr morgens und Mitternacht die Hälfte der Zeit bewegte. 90 % der Äffchen mit den reglosen Fellgestellen entwickelten das stereotype Hinundherschaukeln. Keiner der »bewegten« Affen tat es. Mason und Berkson hatten ihre Antwort gefunden.

Die anderen Primaten sind uns ähnlich genug, um sagen zu können: Auch für Menschenbabys ist die Bewegung eher wohltuend als schädlich. Neben der Bewegung tun Babys auch all die anderen Sinneseindrücke gut, die sie aus sicherer Warte vom Arm oder aus dem Tuch heraus erfahren: Gerüche, Geräusche, Gefühle.

Wenn ihnen die Welt zu viel wird, können sie das Köpfchen wegdrehen oder sich im Tuch verkriechen. Unsere Babys haben darüber hinaus noch das große Glück, mit echten Eltern aufzuwachsen, die feinfühlig auf ihre Signale reagieren können.

... mein Baby mag nicht getragen werden

Gut, dass Sie auf Ihr Baby hören und nicht auf ein Buch – nicht mal auf dieses Buch. Es gibt Babys, die Tragetücher oder -hilfen nicht mögen. Das kann allerlei, auch medizinische, Gründe haben, die hier den Rahmen sprengen würden. Zwei »Klassiker« kann ich Ihnen an dieser Stelle nennen:

Klassiker eins:[12] Ihr kleines Baby ist gerade aufgewacht. Es reckt sich, es streckt sich. Sie freuen sich, denn Sie wollen dringend die Große aus der Kita abholen. Sie geben dem Baby ein Schlückchen Milch und wollen es in die Trage setzen, um das Haus zu verlassen. Das Baby streckt sich empört durch und weigert sich nach Kräften, sich in die Trage setzen zu lassen. Sehr wahrscheinlich ist, dass das Baby mal muss und deswegen nicht in die Trage will.

Klassiker zwei: Sie haben Ihr etwas größeres Baby bisher im Kinderwagen geschoben und jetzt davon erfahren, wie schön Tragen sein kann. Sie sind voll motiviert und wollen das ausprobieren. Hach, was wird das fein werden! Sie und Ihr Baby ganz nah beieinander.

Und dann passiert das: Ihr Baby will nicht. Weiß es nicht zu schätzen, was Sie Feines mit ihm vorhaben? Die Lösung ist einfach: Wat de bur ne kennt, dat frett he ni, wie man in Hamburg sagt. Kleine Menschen sind Gewohnheitstierchen, und wenn sie die ersten sechs Monate nicht getragen wurden, werden sie es später höchstwahrscheinlich nicht einfordern,[13] denn es ist ihnen erst einmal unvertraut.

Überprüfen Sie bei sich, ob Sie wirklich tragen wollen. Seien Sie schonungslos ehrlich mit sich. Und haben Sie Geduld. Das wird schon.

Tragen kann nervösen Babys helfen

Auf Augenhöhe am Erwachsenenleben teilnehmen ist was Feines

Getragensein tut kleinen Menschen gut

Babys mögen Bewegung

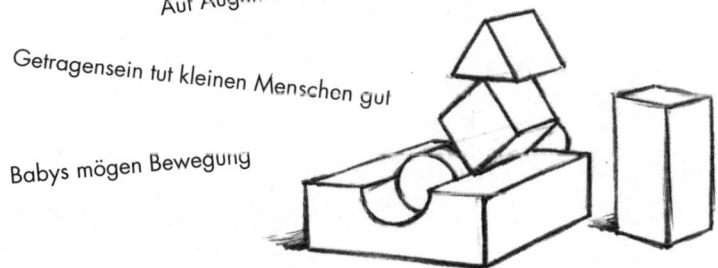

7 Luft am Po

Wohlige Wickelzeit

Na, komm, ich glaube, wir sollten dich mal sauber machen«, sprach mein Liebster zu unserem Babysohn und machte sich auf den Weg ins Schlafzimmer, wo die Kommode mit den Babysachen stand, die auch als Wickeltisch diente. Das Baby im Arm meines Mannes kiekste vergnügt, und die beiden zogen von dannen.

Ich hörte zu, wie sie sich unterhielten, und freute mich, dass mein Mann genauso in den höchsten Tönen mit dem Kleinen herumzwitscherte, wie ich das gern tat.

»So, dann mache ich dir die Windel mal ab«, hörte ich – und kurz danach ein gespielt empörtes: »Hey! Der hat mich angepinkelt!«

Das passierte nicht nur einmal.

Was oben rein geht, muss unten raus. Oben ging in unser Baby eine Menge Milch rein. Mit dem Rauslassen wartete der Kleine immer gern, bis die Windel ab war, und versah dann die Umgebung in hohem Bogen mit Flüssigkeit. Besonders schön, wenn Besuch dabei war. Wir lernten, schnell ein Handtuch an die entsprechende Stelle zu platzieren, wenn wir die Windel öffneten. Zum Glück mussten wir das nicht lange tun, denn wir fanden einen anderen Weg. Doch dazu später mehr.

Wenn das erledigt war, konnten wir zum zweiten Teil des Wickeltisch-Rituals übergehen: zur Babymassage. Unsere sonstigen Hautkontaktversuche waren wie erwähnt am Anfang etwas schwierig gewesen, aber dort klappte es gut.

Wärme unter dem Heizstrahler, weiche Hände, ein bisschen Mandelöl – unser kleiner Junge genoss die Massageeinheiten auf dem Wickeltisch ebenso wie mein Mann und ich. Wir konnten nach Herzenslust das Bäuchlein küssen, die Füßchen liebkosen und die Händchen streicheln. Oh Gott, und schnüffeln! Nach wie vor kenne ich keinen besseren Geruch auf der Welt als den meines Babys damals.

Wir waren beileibe keine Babymassageprofis und stellten uns nicht immer besonders geschickt an, doch irgendwie mochte unser Söhnchen diese Zeiten trotzdem. Wir hatten einfach aus einem Babymassagebuch einige Handgriffe gelernt, zum Beispiel wie man sanft an den Ärmchen herunterstreicht oder den kleinen Brustkorb von der Mitte her nach außen massiert. Ich hatte immer ein bisschen Angst, dass ich das Kind kaputt mache, wenn ich zu doll massiere, machte also nur ganz vorsichtig, ganz zart die drei Handgriffe, die uns das Buch gezeigt hatte. Mehr brauchten wir nicht. Es ging ja nur darum, miteinander in dieser ganz alten Sprache ohne Worte zu kommunizieren. »Wir haben dich lieb«, sagten unsere Hände. »Du bist hier sicher und warm.«

Dieselbe Wärme und Liebe habe ich aus der Zeit in Erinnerung, als mein kleiner Bruder ein Baby war: Der Wickeltisch als Ort der Verbindung, liebevoll und warm.

Die Kommunikation verschob sich, als mein Brüderchen älter wurde. Nun gab er deutlich zu verstehen: »Kuscheln hin oder her – ich will hier nicht doof rumliegen, ich habe anderes zu tun! WICKELN IST DOOF! Lass mich hier runter, und zwar sofort!«

Das war nicht besonders schön. Ein Zweijähriger ist stark, und ich glaube, meine Mama war immer ganz froh, wenn wir Großen das Windelwechseln zwischendurch übernahmen. Große Geschwister sind für einen Zweijährigen ziemlich cool, deswegen wehrte er sich bei uns weniger. Und wir machten das auch gern – auch um vor meiner besten Freundin mit dem Baby anzugeben. Aber ganz ehrlich: So wirklich angenehm ist Kleinkindkacke nicht, auch als über beide Ohren verliebte stolze große Schwester.

An diese Szenen hatte ich mich erinnert, bevor mein Sohn geboren wurde. Einerseits wusste ich: Das Wickeln kann eine feine Zeit sein. Andererseits hatte ich erlebt: Wenn Kinder älter werden, ist der Spaß bald vorbei. Was tun?

Welche Windeln?

Als ich selbst noch weit weg war von jeglicher Schwangerschaft, erwartete meine Freundin Alex Zwillinge. Und so fand ich mich eines Tages vor meinem guten alten Windows-95-Rechner wieder, um Babythemen zu recherchieren. Das Internet steckte in den Kinderschuhen. Mein Zugang lief über das Modem. Es knisterte, knackte und dauerte ungefähr fünf Minuten, bis ich mich eingewählt hatte. Aber wenn ich erst einmal drin war, eröffnete sich eine ganze Welt voller Informationen.

Ich hatte einen Auftrag. Alex hatte mich gebeten herauszufinden, was besser wäre: Stoffwindeln oder Wegwerfwindeln. Also recherchierte ich. Und ich fand Erstaunliches! Nicht nur fand ich seitenweise widersprüchliche Informationen, sondern ich fand noch etwas: Offenbar gab es Eltern, die weder Stoff- noch Papierwindeln nutzten, sondern ganz auf Windeln verzichteten! Eine Mutter beschrieb genau, wie das funktionierte.[1] Es hörte sich eigentlich nicht besonders kompliziert an, aber ich konnte mir nicht vorstellen, dass es für Alex das Richtige sein würde. Vermutlich waren zwei Babys auf einmal fürs Erste genug.

Und ich war ja schließlich losgezogen, die Vor- und Nachteile verschiedener Wickelmöglichkeiten zu untersuchen. Vom Weglassen von Windeln war keine Rede gewesen. Also konzentrierte ich mich auf meine Aufgabe.

Was denn nun? Stoff- oder Papierwindeln?

Als Erstes stellte ich fest, dass eine eindeutige Antwort offenbar schwierig ist. Beides hat Vor- und Nachteile. Entscheiden können am Ende nur die Eltern. Oder das Baby, denn viele Babys sind extrem gut darin, ihren Eltern mitzuteilen, was für sie richtig ist.

Außerdem stellte ich fest, dass beide Seiten gern mit Ängsten arbeiten. Zu Einmalwindeln wie zu Stoffwindeln werden Sie viele

Fürs und Wider finden: von der Diskussion um Hitzeentwicklung in Wegwerfwindeln und dadurch – eventuell – verstärkte Unfruchtbarkeit bei jungen Männern über zunehmendes Bettnässen bei Kindern – eventuell – durch Superabsorberwindeln bis hin zu – eventuell – eingeschränkter Bewegungsfähigkeit durch den Stoffwindelklumpen zwischen den Beinen. Es ist gut, all diese Dinge zu wissen, um informierte Entscheidungen treffen zu können. Angst machen lassen sollten Sie sich davon aber nicht. Konzentrieren wir uns auf die Vorteile.

Papierwindelfreunde nennen meist als großen Vorteil, Pampers & Co. seien so unglaublich praktisch. Und das sind sie. Keine Frage. Sie sind genauso praktisch wie der Starbucks-Papierbecher, den ich mir gönne, wenn ich mit meinem Sohn in die Innenstadt fahre. In der Regel sind sie auch genauso unnötig.

Für gestresste Eltern kann das Ausprobieren von Stoffwindeln eine zusätzliche Belastung sein. Dabei ist das Wickeln an sich genauso wenig die Ursache von Überlastung wie das Stillen. Zu Überlastung führen Unsicherheit und Alleinsein. Trotzdem kann es in solchen Fällen sinnvoll sein, Wegwerfwindeln zu nutzen, bis sich die Lage entspannt hat.

Auch auf Reisen empfinden es viele Eltern als angenehmer, nasse oder schmutzige Windeln einfach wegwerfen zu können und keine Tüte mit stinkender oder nasser Windelwäsche im Gepäck zu haben. Wenn ich mir vorstelle, wir hätten damals auf unseren Fahrten nach Wangerooge neben dem halben Hausstand und der Ausstattung für alle Eventualitäten, die man so in der Wildnis braucht, auch noch einen nassen Stoffwindelsack mit uns herumgetragen – ich wäre mächtig unentspannt gewesen. Ich gebe zu, dass etwa die Hälfte des ganzen Zeugs, das ich mitschleppte, unnötig war. Aber das geht ja nicht nur mir so, sondern vielen anderen eifrigen Erstlingsmüttern auch.

Der dritte Punkt, der für Wegwerfwindeln spricht: Sie sind inzwischen im Vergleich zu den meisten Stoffwindeln extrem dünn. Sehr flott.

Das sind die einzigen drei Vorteile, die ich bei Wegwerfwindeln erkennen kann: Sie sind praktisch, sie sind wirklich praktisch und sie sind dünn.

Bei Stoffwindeln merkt man gleich, wenn sie nass sind. Was von Wegwerfwindelherstellern beworben wird – »Die Windeln sind super saugfähig und fühlen sich stundenlang trocken an« –, ist für die Entwicklung des Babys nicht unbedingt gut. Bei Stoffwindeln bekommt der Säugling sofort die Rückmeldung, wenn er sich erleichtert: »Oh, ich habe dieses Gefühl im Unterleib, da passiert was und kurz danach wird es nass.« Das Bewusstsein über solche wesentlichen Körperfunktionen kann beim Trockenwerden helfen, auch und vor allem nachts.

Stoffwindeln sind hautfreundlicher als Papierwindeln. (Ja, sie werden nass, aber im frischen Zustand tut Urin der Haut nichts Böses. Haben Sie schon einmal auf Hautcreme das Wort »Urea« gelesen? – Harnstoff wird Hautcremes und Salben als Feuchtigkeitsspender zugesetzt und sogar zur Ekzemtherapie benutzt. Unser Körper produziert faszinierende Dinge.) Viele Eltern berichten, dass sie ihr Baby wegen seiner empfindlichen Haut überhaupt nur mit Stoffwindeln wickeln können, damit es nicht wund wird.

Stoffwindeln sind umweltfreundlicher als Wegwerfwindeln. Wegwerfwindeln sind, wie Laurie Boucke schreibt,[2] eben nicht »weg«, nachdem wir sie in die Tonne geworfen haben, sondern bleiben unserem Planeten unter Umständen bis zu 500 Jahre erhalten – mitsamt den Chemikalien, die zu ihrer Herstellung nötig sind. Pro Tag fallen allein in Deutschland über acht Millionen Windeln an. Jeden Tag. Acht Millionen. In einem Jahr sind das fast drei Milliarden. Es dauert bummelige 15 Generationen, bis jede einzelne dieser drei Milliarden Windeln verrottet ist. Und unseren Kindern erklären wir, sie sollen die Spielecke aufräumen, damit der nächste sie nutzen kann.

Die größten Vorteile von Stoffwindeln zusammengefasst: Das Baby merkt, dass sie nass werden, sie sind hautfreundlicher und umweltfreundlicher als ihre Papierkollegen.

Die Filmemacherin Jackie Farmer stellte sich die gleichen Fragen wie ich, als ihr Sohn klein war. Sie wollte nicht zum Windelmüllberg beitragen, kannte aber auch kaum Alternativen zur Wegwerfwindel. Deswegen machte sie sich auf die Reise und besuchte Experten in aller Welt. Aus all ihren Gesprächen und Eindrücken stellte sie die höchst informative Dokumentation »Wickeln Windeln Wegwerfen« zusammen, die bei Vimeo oder Youtube zu finden ist.

Für welche Windelsorte Sie sich auch entscheiden, eines tut Babys immer gut: Luft am Po. Nackt strampeln ist toll! Es wird allgemein empfohlen, wenn das Baby wund ist, aber wir brauchen gar nicht so weit zu gehen. Nackt sein tut Babys einfach gut. Wenn es sein Geschäft erledigt hat, können Sie erst mal davon ausgehen, dass es nicht so schnell wieder muss. Deswegen können Sie nach dem Wickeln Ihr Baby entspannt eine Weile »unten ohne« lassen. Die meisten Babys fühlen sich dabei sehr wohl – und zusätzlich beugt es Wundsein vor.

Die zarte Babyhaut ist noch sehr empfindlich, umso mehr profitiert sie von liebevoller Pflege. Diese kann einfach darin bestehen, dass Sie den kleinen Hintern mit einem weichen Waschlappen und warmem Wasser säubern und dann abtupfen. (Kein Fön! Das kann zu Stromschlägen und üblen Verbrennungen führen.) Bei Rötungen hilft aufgetupfte Mamamilch, das Wunderelixir.

Oder vielleicht ... eine dritte Möglichkeit?

Stoff- oder Wegwerfwindeln hin oder her: Wie wäre es denn nun tatsächlich, es einmal ohne Windeln auszuprobieren? Wie geht das? Und warum sollte das jemand tun?

Während meiner Schwangerschaft erinnerte ich mich wieder an diesen schrägen Artikel von der Frau, deren Sohn angeblich keine Windeln getragen hatte. Im noch überschaubaren Internet machte ich mich auf die Suche danach, wurde fündig und begann fasziniert zu lesen.

Ich las, dass es ein Buch gab, in dem diese Methode in einigen Sätzen beschrieben war: *Ihr Baby kann's* von Rita Messmer, die schreibt, dass sich Babys von Geburt an ihrer Ausscheidungen bewusst seien. Man müsse ein bestimmtes Geräusch (»Sssss«) machen, wenn man merke, dass das Baby unruhig wird, und es zu diesem Geräusch über ein Gefäß halten, wo es sich dann erleichtern könne. Ganz einfach eigentlich, und in vielen Ländern der Erde ganz normal. Außerdem lernte ich, dass unsere Urgroßmütter schon von dieser Möglichkeit gewusst hatten. »Abhalten« hatte es damals geheißen, und die beste Zeit, um damit anzufangen, waren die ersten drei bis vier Monate nach der Geburt.

Wie großartig war das denn? Kein oder kaum Windelmüll! Keinen Zweijährigen auf dem Wickeltisch festhalten müssen! So und nicht anders wollte ich das Ausscheidungsproblem lösen, sobald unser Sohn auf der Welt wäre. Mein Mann ist bei neuen Dingen zurückhaltender als ich und bremste: »Du kannst das ja ausprobieren. Aber sei nicht zu enttäuscht, wenn es nicht klappt.« Warum sollte es nicht klappen? Ich war motiviert und meiner Sache absolut sicher. Das Ziel: Keine schmutzigen Windeln für mich!

Es ist schwierig zu beschreiben, was in dieser Zeit bei mir passierte. Meine Welt begann sich subtil zu verschieben. Wenn Babys keine Windeln brauchten – was alles, das ich sonst noch als selbstverständlich betrachtete, würde sich als überraschend anders herausstellen?

Als mein Baby da war, stellte ich fest, dass Wunsch und Realität doch nicht ganz so gut zusammenpassten. Es stellte sich als schwierig heraus, dieses kleine weiche bewegliche Wesen mit einem »Ssssss« über eine Schüssel zu halten, wenn es musste (das überhaupt erst mal herauszufinden, fand ich allein herausfordernd genug). Mein Leben war sowieso so anders, mein Körper war so anders, alles war so neu. Jetzt auch noch mein Baby zum Pieseln über die Schüssel halten?

Aber der Gedanke ließ mich nicht los, und als das Baby drei Wochen alt war, begann ich, es bei jedem Wickeln über eine Schüssel zu halten und mit »Raus damit!« anzufeuern. Der Mann meines Herzens machte irgendwann auch mit und war bald vollkommen angetan von dieser Art der Zusammenarbeit zwischen Eltern und Kind.

So geht es vielen Eltern. Erst ist das Abhalten absolut neu und unvorstellbar und freakig. Dann sind sie neugierig und ein bisschen skeptisch. Wenn sie aber erst einmal damit angefangen haben, berichten Eltern von einer langen Reihe von Geschenken, die sie durch »Windelfrei« bekommen.

Windelfrei als Glücklichmacher

Vor allem erzählen sie, wie unsagbar glücklich es sie macht, wenn sie richtig erkannt haben, dass ihr windelfreies Baby muss. Ich hörte einmal, wie ein Vater zu einer Bekannten darüber sagte: »Man kann sich das nicht vorstellen, aber es macht einfach irre Laune.« Und das tut es.

Es ist ein echtes Hochgefühl, wenn man feststellt: »Ich verstehe mein Baby, wenn mein Baby mir sagt, dass es muss. Und mein Baby versteht mich, wenn ich ihm zeige, wo es sich erleichtern kann.«

Dadurch, dass das Baby auch auf dieser Ebene Erfolg hat, wenn es sich seinen Eltern mitteilt, kommuniziert es nach und nach immer mehr und immer deutlicher. Viele Mütter haben mir von einem lustigen Phänomen erzählt: Sie sehen schon bei ihren winzig kleinen Babys eine Zunahme an Selbstsicherheit und Kommunikationsfreude in dem Moment, in dem sie darauf eingehen, wenn ihr Baby signalisiert: Ich muss mal.

Windelfrei für die Gesundheit

Der wunde Babypopo ist selbst in der Kinderunterhaltung gegenwärtig. Erinnern Sie sich an die Bibi-Blocksberg-Folge, wo Bibi nach Amerika reist und dort die Werbung hört? »Hat Ihr Baby auch immer einen wunden Po? Geben Sie ihm Dr. Millers Super-Trocken-Windel, und Ihr Baby wird sich wie im siebenten Himmel fühlen.«

In unserer Kultur gehen wir davon aus, dass Babys eben immer mal wieder einen wunden Po haben. Auch der Kinderarzt sagt: »Das ist normal.« Wie grauenhaft ein wunder Po wehtun muss, können sich wahrscheinlich die wenigsten Erwachsenen wirklich vorstellen. Ich weiß, dass ich schon anfange zu jammern, wenn mir eins meiner Kaninchen den Arm aufkratzt. Wie viel schlimmer ist es wohl, wenn die gesamte Genitalregion wund und offen ist? Kein Wunder, wenn ein Baby dann in den höchsten Tönen schreit. Hier geht es ja darum, Babys so hemmungslos zu verwöhnen wie nur irgend möglich. Ein wunder Hintern ist aber so ziemlich am weitesten weg von ordentlichem Verwöhntsein. Und ein in höchsten Tönen schreiendes Baby ist auch nicht besonders wohltuend für Elternohren.

Mir sind keine Studien dazu bekannt, aber ich kann mir einfach nicht vorstellen, dass unsere Babys derart unperfekt auf die Welt kommen, dass diese scheußlichen Schmerzen zum Standardprogramm gehören. Und Eltern windelfreier Babys machen tatsächlich die Erfahrung, dass sich Wundsein fast vollständig vermeiden lässt, auch ohne Dr. Millers Super-Trocken-Windel.

Das passt zu dem, was Kinderärzte in der Regel raten, wenn ein Baby wund ist. Normalerweise soll man das Baby möglichst viel ohne Windel strampeln lassen und sauber halten. Beides ist fast automatisch gegeben, wenn ein Baby keine (vollen) Windeln trägt.

Wunder Hintern, Windeldermatitis — warum diese Krankheiten sich durch das Weglassen der Windeln reduzieren lassen, ist offensichtlich. Doch auch bei anderen Krankheiten haben Eltern zum Teil beeindruckende Besserungen erlebt.

Luft am Po

Unserer Beobachtung nach haben Babys ohne Windeln weniger Blähungen, Bauchschmerzen und Verdauungsprobleme, als wenn sie ihr Geschäft in die Windel machen. Meine Vermutung dazu ist, dass viele Babys ihre Ausscheidungen instinktiv nicht an der Haut haben wollen und deswegen anhalten, wenn sie Windeln tragen. Ich bin darauf gekommen, als ich meinen kleinen Sohn beobachtete. Im Alter von wenigen Wochen hatte er einen Nabelbruch, der partout nicht verheilen wollte. Das war, bevor wir mit dem Abhalten ernst machten. Ein Nabelbruch ist letztlich bloß eine Schwachstelle in der Muskelplatte um den Bauchnabel herum. Durch ständigen Druck aus dem Bauchraum »können tragende Bauchwandschichten so weit auseinanderweichen, dass eine beutelartige Vorwölbung der restlichen Bauchwandschichten als Bruchsack resultiert«.[3] Es sieht aus wie eine kleine Kirsche, die aus dem Babybauch rausblubbt.

»Müssen wir operieren«, sagte der Kinderarzt.

»Müssen wir nicht«, sagte ich – und machte endlich ernst mit dem Abhalten. Ich wollte, dass der Druck aus dem kleinen Bauchraum verschwand, damit die Bauchdecke zuwachsen konnte. Innerhalb weniger Tage war der Nabelbruch verschwunden. Mit ihm verschwanden die Dreimonatskoliken, und die tägliche Schreistunde wurde wesentlich erträglicher. Ich fand das ziemlich beeindruckend.

Windelfrei als Wohlfühlmesser

Nicht nur zur Linderung von Krankheiten, sondern auch zum allgemeinen Wohlbefinden kann Windelfrei beitragen.

Ganz besonders bei sehr kleinen Babys stellen Mütter und Väter oft fest, dass sie am Windelfrei-Erfolg erkennen können, wie gut sie gerade auf ihre Babys eingestellt sind und wie gut es den Babys geht. Ein Baby, das mit einem Wachstumsschub, einem Virus oder einschießenden Zähnchen zu tun hat, zeigt in der Regel sein Ausscheidungsbedürfnis weniger deutlich, als wenn es fit ist. Andersherum klappt die Kommunikation meist auch nicht so gut, wenn die Eltern mit sich zu tun haben. Wenn ich übellaunig und grantig war, konnte ich davon ausgehen, dass auch das Abhalten litt.

Windelfrei für die Umwelt

Ihr Kind, ihr wunderbares einzigartiges Söhnchen oder Töchterchen, ist eins von etwa 7,7 Millionen wunderbaren einzigartigen Kindern, die jedes Jahr in der Europäischen Union geboren werden. In den USA sind es 4,8 Millionen, in Japan und Australien zusammen 1,3 Millionen. Von den weltweit fast 133 Millionen Neugeborenen kann man also über den Daumen bei mindestens vierzehn Millionen Babypopos mit Wegwerfwindelnutzung rechnen. Nicht eingeschlossen sind in dieser Überlegung Afrika und Südamerika, die mehr und mehr unsere industrialisierte Lebensweise annehmen. Auch den riesigen chinesischen Markt habe ich ausgespart. Die angenommenen 14 Millionen sind also eher wesentlich mehr als weniger.

Wir können davon ausgehen, dass für jedes dieser Babys, bis es sauber wird, mindestens fünf- bis sechstausend Windeln verbraucht werden. Das bedeutet, dass zu dem globalen Müllberg, den wir den kleinen Windelfüllern einmal vererben werden, jedes Jahr über achtzig Milliarden Wegwerfwindeln dazukommen. Achtzig Milliarden.

Wenn Sie versuchen würden, diese achtzig Milliarden Windeln zu zählen und das jeden Tag zwölf Stunden lang täten, wären Sie etwa 25 000 Jahre damit beschäftigt.

Besser vorstellbar ist es vielleicht im privaten Rahmen. Ich habe vor einiger Zeit (als mein Sohn in der Feuerwehrphase war) ausgerechnet, dass ein Baby in seinem Leben ungefähr so viel Wegwerfwindelmüll produziert, wie in den Tank eines Tanklöschfahrzeugs hineinpasst. Darin eingerechnet ist weder Müll noch Energieverbrauch, der bei der Herstellung und für den Transport der Windeln anfällt. Stellen wir uns vor, diese Windeln würden nicht Stück für Stück in die Mülltonne geworfen und auf die Deponie oder zur Müllverbrennungsanlage gebracht. Stellen wir uns vor, diese Windeln würden alle direkt in unserem Garten oder Vorgarten bleiben. Sie würden nicht verschwinden, denn sie verrotten ja nicht. Verbrennen sollten Sie sie auch nicht einfach so, dazu sind zu viele Trockenzauberchemikalien enthalten.

Apropos Verbrennung: Wären wir in Papua-Neuguinea, dann wären wahrscheinlich weniger Väter skeptisch, was Stoffwindeln oder Windelfrei angeht. Dort gibt es keine Müllabfuhr, deshalb müssen die Väter den Müll vergraben. Sie sind also nicht begeistert davon, wenn die mühevoll gebuddelten Löcher schneller als notwendig mit Plastikwindeln voll sind.

In Deutschland haben wir das große Glück, dass es seit Juni 2005 verboten ist, unbehandelten Müll zu deponieren. Unser Hausmüll wird in technisch meist ausgeklügelten Verbrennungsanlagen zu Heizenergie umgewandelt. Doch das geschieht a) nicht überall auf der Welt und b) auch bei uns nicht restlos. Die bei der Verbrennung entstehenden Reste werden »fachgerecht und sicher unter Tage verwahrt«.[4] (Mich erinnert das ein bisschen daran, wie mein Bruder, als er klein war, immer sein Zimmer aufräumte. Er schob alles unter das Regal, und irgendwann – so habe ich es zumindest in Erinnerung – wunderte meine Mutter sich, warum sich das unterste Brett hob.)

Es gibt in Meckenbeuren in Süddeutschland sogar eine Spezial-Windel-Verbrennungsanlage. Der »Windel-Willi« ist das weltweit erste Windel-Kraftwerk. In ihm werden jährlich 4200 Tonnen Windeln in Energie umgewandelt.

Solange nicht in jeder größeren Stadt ein solches Kraftwerk steht, bin ich sehr dankbar, dass es die Möglichkeit gibt, Babys ohne viele volle Windeln großzuziehen und zumindest einen kleinen Teil dazu beizutragen, dass der Müll, verbrannt oder nicht, nicht ins Unendliche wächst.

Jede einzelne gesparte Windel zählt.

Windelfrei fürs Portemonnaie

Auch für die Haushaltskasse ist Windelfrei attraktiv, denn Windeln sind teuer.

Ausgehend von 20 Cent pro Windel und 6000 Windeln pro Kind, kosten Wegwerfwindeln für ein Baby 1200 Euro.

Ausgehend von 24 Euro pro Windel und 20 bunten Biobaumwoll-Höschenwindeln, kosten Stoffwindeln 480 Euro pro Erstkind, mit der Möglichkeit, die Sachen weiterzuvererben.

Ausgehend von der Luxusausstattung aus fünf Stoffwindeln, fünf teuren Trainerhöschen, zwei Töpfchen und acht Schlitzhosen, kostet das windelfreie Babyleben 400 Euro pro Erstkind, mit der Möglichkeit, die Sachen weiterzuvererben.

Wie finden Sie die Idee, jede Woche die gesparten fünf Euro in ein Sparschwein zu tun? Sie könnten sich zum Beispiel, und wenn Ihr Baby sauber und trocken ist, mit Ihren Liebsten ein Wochenende im Verwöhnhotel gönnen.

Windelfrei in der Praxis

Sind Sie inspiriert, das Abhalten auszuprobieren? Los geht's. Aber wie?

Bevor mein Baby da war, fand ich diese Frage sehr einfach zu beantworten. Natürlich sagt mein Baby mir immer Bescheid, wenn es muss. Weil wir perfekt aufeinander eingestimmt sind, verstehe ich es zu hundert Prozent, und mit sechs Monaten spätestens ist es trocken und sauber. Ganz einfach.

Das war meine Theorie.

In der Praxis sah es dann ein klein bisschen anders aus. Wie ich oben beschrieben habe, trauten wir uns zunächst nicht wirklich an das Thema heran. Beim Wickeln hielt ich meinen Sohn ab, und wenn er beim Stillen musste, auch. Davor, ihm wirklich die Windeln auszuziehen, hatte ich Angst. Tag für Tag, Woche für Woche, schob ich es vor mir her. Bis ich genug hatte von meinem eigenen Zaudern und der Nabelbruch uns keine Wahl mehr ließ.

Schritt 1: Vertraut werden

Zunächst einmal tat ich das, was Laurie Boucke in »Infant Potty Training« empfiehlt:[5] Ich beobachtete. Ich machte mir nach Lauries Vorbild eine Tabelle, in der ich Still- und Schlafzeiten, Ausscheidungszeiten und Bemerkungen auflistete. Dann heizte ich die Wohnung, zog meinem Babysohn die Windeln aus und verbrachte die nächsten zwei Tage mit ihm auf der Krabbeldecke.

Schlafen	Stillen	Kleines Geschäft	Großes Geschäft	Bemerkungen
15:05 – 15:25		15:30		

Danach hatte ich zwar seine Ausscheidungsmuster noch nicht wirklich verstanden, aber ich näherte mich ihnen. Und vor allem hatte ich keine Angst mehr.

Schritt 2: Zu erfolgversprechenden Zeiten abhalten

In meinen zwei Beobachtungstagen hatte ich immerhin gelernt, dass es stimmte, was Laurie schrieb: Die Ausscheidungen meines Babys standen in einem bestimmten Verhältnis zu seinen Still- und Schlafenszeiten. Nach dem Schlafen musste er, und beim Stillen musste er. Ich lernte, dass das sehr typische Situationen sind, die für einen Großteil der Babys genau so zutreffen:

- Nach dem Schlafen: Wissen Sie, warum Sie nachts nicht aufwachen, um all die vielen Getränke vom Tag wegzubringen? Dafür zuständig ist das Antidiuretische Hormon, kurz ADH. Es dient dem Körper dazu, den Wasserhaushalt in Balance zu halten. Dazu entzieht es dem Harn Wasser, sodass der Urin konzentrierter und weniger wird – und sich die Blase entsprechend nicht so schnell füllt. Kurz bevor Sie morgens aufwachen, hört der Hypothalamus auf, ADH zu produzieren, sodass Sie sich dann erleichtern müssen. Genauso geht es Ihrem Baby. Deswegen gehört die Zeit nach dem Aufwachen zu den wahrscheinlichsten Ausscheidungszeiten.

- Beim Stillen bzw. Füttern: Auch beim Stillen musste mein Baby sich in der Regel erleichtern – wie die meisten anderen Babys auch. Sie tun das meist recht deutlich dadurch kund, dass sie anfangen, beim Stillen hektisch an- und abzudocken (mit der Flasche gibt es wahrscheinlich einen ähnlichen Effekt). Viele Mütter können tatsächlich mit Backschüssel oder diesen entzückenden kleinen Asiatöpfchen, die es heute gibt, unter dem Babypo stillen. Ich konnte das nie. Als mein Baby klein war, legte ich deswegen beim Stillen ein Handtuch um ihn, und wenn es nass wurde, kommentierte ich das Ganze mit »Hey, klasse, du machst pieschi«. Bald lernte der Kleine, kurz zu warten, bis ich ihn über die Schüssel hielt. Man kann darüber auch mit seinem Baby sprechen: »Ich merke, dass du musst. Warte ganz kurz, ich halte dich über die Schüssel.«

Schritt 3: Signallaut einführen

Um noch besser zu verstehen, wann mein Babysohn musste, habe ich es lange so gehalten, dass er eine Stoffwindel ohne Überhose trug. So verhinderten wir große Seen in der Wohnung, falls ich nicht so schnell mitbekam, was los war. Wir sahen andererseits sofort, was passierte, und konnten das kommentieren mit »Du machst Pieschi« oder »Sssss«. So lernte er, dass das einen Namen hatte und es seiner Aufmerksamkeit würdig war, was da geschah. Laurie Boucke spricht von einem Signallaut oder Schlüssellaut.

Dieser Schlüssellaut kann alles Mögliche sein. In vielen Völkern wird »Sssss« benutzt, eine Art Imitation des Geräuschs von fließendem Wasser. Einige Babys kommentieren ihre Ausscheidungen selbst mit einem verschwommenen »Pfffff«. Es gibt auch

Familien, die einfach darüber reden: »Musst du mal?« Probieren Sie einfach aus, was für Sie am besten passt.

Dieses Geräusch machen Sie dann auch, wenn Sie Ihr Baby über dem Töpfchen oder der Schüssel abhalten. Auf diese Weise lernt das Baby, wo der richtige Ort ist, sich zu erleichtern.

Schritt 4: Babysignale kennenlernen

Als wir anfingen mit dem Abhalten, wanderte Lauries Buch, aus dem ich es lernte,[6] mit mir von Raum zu Raum. Es enthielt seitenweise mögliche Signale von Babys. Ich studierte sie vorwärts und rückwärts – wollte ich doch bloß keins verpassen. Natürlich verpasste ich trotzdem welche und stellte irgendwann fest, dass das gar nicht schlimm war. Wir entwickelten dennoch nach und nach ein gutes Zusammenspiel.

Grundsätzlich lassen sich die Signale des Babys in zwei Gruppen einteilen: bewusste und unbewusste Signale.

Am Anfang sind es vor allem Dinge, die der kleine Körper einfach automatisch tut, wenn er mit Verdauungsarbeit zu tun hat:
- charakteristische Beinbewegungen
- Zusammenziehen der Bauchmuskulatur
- hektisches Ab- und Andocken beim Stillen
- Wechsel der Atemfrequenz
- besonderer Gesichtsausdruck
- charakteristisches Weinen oder Quieken

Diese Lautäußerung beschreibt auch Dr. Remo Largo in seinem Klassiker *Babyjahre*:[7] »Einige Sekunden, bevor der Säugling Urin oder Stuhl ausscheidet, stößt er einen kurzen, charakteristischen Schrei aus und macht mit Körper und Beinchen ruckartige Bewegungen. (...) Weil wir aber darauf nicht reagieren, verliert sich das Verhalten nach einigen Wochen.«

Ganz besonders interessant sind auch telepathische Signale, von denen viele Eltern berichten.

Sie »wissen« einfach irgendwann, dass ihr Baby muss. Oder sie haben selbst das Gefühl zu müssen, obwohl das eher unwahrscheinlich ist. Oder sie tragen ihr Baby und haben plötzlich ein Gefühl sich ausbreitender Nässe, als würden sie angepinkelt. Wenn sie dann nachschauen, ist (noch) alles trocken.

Wenn das Baby älter wird, kommen bewusste Mitteilungen hinzu:
- Baby äußert sich gezielt verbal
- zeigt aufs Töpfchen oder auf die Badezimmertür
- lehnt sich in Richtung des Töpfchens
- versucht, von Bett oder Decke auf den Fußboden zu gelangen
- will nicht ins Tragetuch oder aus dem Tuch heraus

Wie alle Babys wuchs auch meins. Immer wenn ich gerade dachte, ich hätte seine Signale nun wirklich verstanden, änderte sich die Kommunikation. So brachte mir mein Sohn früh bei, flexibel zu sein.

Schritt 5: Sicherer werden, Geduld haben und dranbleiben

Nachdem wir unseren Trott gefunden hatten, zog immer mehr der sich ständig wandelnde Alltag ein. Handgriffe wurden zu Routinen, wir spielten uns immer besser aufeinander ein. Natürlich gab es gute Phasen und weniger gute. Eins der wichtigsten Dinge, die ich schnell lernte, war: Wenn was danebengeht – entspannt bleiben. Oder, wie meine Freundin Nicola sagt: »Lächeln, wischen, waschen.« Es geht bei Windelfrei nicht darum, perfekt alle Ausscheidungen aufzufangen oder sonst irgendwelche Höchstleistungen zu vollbringen. Sondern um Bindung und Kommunikation. Alles andere sind Nebenprodukte.

Deswegen nennen viele das Abhalten auch gern EC – Elimination Communcation: Ausscheidungskommunikation.

Entspannt bleiben
Von Laurie Boucke, Windelfrei-Pionierin

Was sind die drei wichtigsten Punkte, die man deiner Meinung nach bei der Ausscheidungskommunikation beachten muss?

1. Bei der Ausscheidungskommunikation (EC – Elimination Communcation) geht es um Kommunikation und darum, dich auf dein Baby einzustellen

EC ist ein gemeinsames Unternehmen. Das Baby führt an, und du liest seine Signale und sein natürliches Timing und reagierst darauf. In vielen Familien helfen alle mit, Baby aufs Töpfchen zu begleiten: Mama, Papa und Geschwister. Auch Großeltern und vertraute Betreuungspersonen können sehr hilfreich sein. Wann musst du dein Baby abhalten? Du weißt es durch die Körpersprache deine Babys, durch das natürliche Timing, Muster in Bezug auf Essen und Schlafen und durch Lautäußerungen. Zusätzlich wissen viele Eltern intuitiv, wann ihr Baby muss. Babyzeichensprache ist auch eine gute Kommunikationsmöglichkeit.

2. Behalte eine positive und konstruktive Grundstimmung

Entspannt zu bleiben ist der Schlüssel. Kinder können Spannung spüren, und das kann die Kommunikation behindern und das Lernen verlangsamen. Strafen und Beschämen sind absolut verboten. Bei EC geht es nicht darum, ein bestimmtes Ziel zu erreichen, das Sauberkeitstraining voranzutreiben oder mit anderen Eltern und Kindern zu wetteifern. Es ist wichtig, nicht zu schnell zu viel zu erwarten. Jedes Kind entwickelt sich in seiner eigenen Geschwindigkeit, mit deiner liebevollen Hilfe und Geduld. Genau wie beim Lernen anderer Fähigkeiten kann es Stolpersteine geben. Behalte im Kopf, dass manche Babys schneller und leichter lernen als andere, egal, wie hingebungsvoll die Eltern sind. Es ist auch nicht ungewöhnlich, dass Babys Rückschritte machen, normalerweise wenn es ihnen nicht gut geht, wenn sie viel lernen, abgelenkt, aufgeregt oder unter Druck sind.

Manchen kann es gut tun, eine Töpfchenpause zu machen, wenn sie mit anderen Entwicklungsmeilensteinen zu tun haben (z. B. krabbeln, laufen oder sprechen lernen), Zähne bekommen, krank oder emotional angestrengt sind. Wenn sich in der Familie etwas ändert, kann das EC ein bisschen durcheinandergeraten. Das Gute ist, dass man nach der Pause einfach weitermachen kann.

3. EC funktioniert auch in Teilzeit

Eltern, die außer Haus arbeiten, und andere beschäftigte Familien können Möglichkeiten finden, EC mit ihrem engen Zeitplan zu verbinden. Wenn du deine Zeit gut einteilst, muss das Töpfchen nicht zu viel Zeit in Anspruch nehmen oder andere Familienaktionen einschränken. Selbst wenn du dein Baby nur wenige Male am Tag abhalten kannst – tu es einfach jeden Tag etwa um dieselbe Zeit und bleib dabei. Wenn dein Kind in die Krippe geht, finde möglichst eine, die dem Baby zumindest ab und zu das Töpfchen anbietet. Brüder und Schwestern können auch eine große Hilfe sein. Kluges Zeitmanagement ist wichtig – der Schlüssel zum Erfolg ist, die Balance zu finden.

• •

Wie ist es denn nachts?

Nachts erleben viele Eltern Windelfrei tatsächlich als am einfachsten. Ich konnte mir das nicht vorstellen. Ich fand es am Anfang ziemlich beängstigend.

Mein Baby schlief im Schlafsack. Darunter trug es einen Schlafanzug, und darunter eine Stoffwindel. Und zwar keine von den modernen All-in-ones, sondern eine von diesen italienischen Bindewindeln mit den langen Schnüren plus Wollüberhose.

Wenn der Kleine zeigte, dass er musste, brachte ich es oft nicht über mich, ihn zu ignorieren. Und so zog ich ihm eine Zeitlang drei bis vier Mal nachts Schlafsack, Schlafanzug, Überhose und Windel aus, setzte ihn aufs Töpfchen und zog ihm danach alles wieder an. Im Dunkeln. Ohne Kontaktlinsen. Ich empfehle das nicht weiter.

Es dauerte eine Weile, bis ich wagte, meinem Baby nachts die Windeln auszuziehen. Nachdem ich es endlich getan hatte, stellte ich fest, dass es so viel einfacher war.

Die Nachtlösungen für Windelfrei sind so vielfältig, wie Familien vielfältig sind. Manche Babys tragen nachts Wegwerfwindeln, andere Stoffwindeln, wieder andere gar nichts. Manche Eltern halten nachts ab, andere kriegen mit Mühe und Not die Augen halb auf und murmeln dem Baby zu, es möge bitte die Windel benutzen. Andere halten das Kind routinemäßig ab, wenn sie selbst ins Bett gehen. All diese Lösungen sind gut, solange sie für die Beteiligten funktionieren.

Und wann ist mein Kind dann sauber?

Bei Windelfrei geht es nicht darum, dass das Baby möglichst früh sauber und trocken ist. Das ist bloß ein netter Nebeneffekt. Natürlich wollen trotzdem die meisten Eltern, dass ihr Baby möglichst früh sauber und trocken ist. Allein schon, um der skeptischen Verwandtschaft eine lange Nase drehen zu können.

Als mein Babysohn winzig klein war, fand ich es verhältnismäßig einfach, ihn zu lesen und entsprechend abzuhalten. Wir hatten fast keine Unfälle, und ich ging allen Ernstes davon aus, dass mein Superbaby das erste sein würde, das in der westlichen Welt mit neun Monaten zuverlässig sauber und trocken sein würde.

Ich hatte Windelfrei nie mit dem Ziel des frühen Erfolgs angefangen. Es war mir nur darum gegangen, auf eine Weise mehr mit meinem Baby verbunden zu sein und zu kommunizieren. Als dann aber alles so gut anfing, packte mich doch der Ehrgeiz. Wie wäre es, wenn wir zu all unserer Liebe und Verbundenheit auch noch was zum Angeben hätten? Wenn wir allen beweisen könnten, dass bei uns genauso funktioniert, was in vielen anderen Ländern normal ist?

Glücklicherweise war mein Sohn immer schon sehr gut darin, dass er nur um seiner selbst willen gesehen und geliebt werden wollte, nicht wegen irgendwelcher abstrakten Ziele, die ich im Kopf hatte, auch nicht wegen irgendwelcher Leistungen, die er erbrachte. Er wollte das Tempo bestimmen und zeigte sehr deutlich, wann er bereit für welchen Entwicklungsschritt war.

Wir waren natürlich nicht mit neun Monaten fertig. Auch nicht mit zehn, und auch nicht mit elf.

Ganz im Gegenteil. Mit knapp über einem Jahr traten wir in die – wie ich inzwischen weiß – typische Nichts-geht-mehr-Phase ein, die sich über viele Monate hinzog. Er hatte so viel anderes zu tun!

Dann, von jetzt auf gleich, war es, als würde ein Schalter umgelegt. Plötzlich klappte alles. Er ging zuverlässig ins Bad und erledigte, was zu erledigen war: zog sich die Hose aus, ging aufs Töpfchen und zog sich die Hose wieder an. Wenn er ein großes Geschäft gemacht hatte, rief er mich zum Abwischen. Er war zwanzig Monate alt.

Das ist auch so ungefähr das Alter, in dem die meisten Windelfrei-Babys sauber und trocken sind: zwischen 18 und 24 Monaten. Es kann aber auch länger dauern, genau wie manche Babys früher laufen und andere später. Genau wie manche früher sprechen und andere später. Gehen Sie deswegen am besten vollkommen ohne Erwartungen an die Sache heran und genießen Sie Ihre ganz eigene Reise mit Ihrem einzigartigen Kind.

Ja, aber ...

... Babys können doch erst mit zwei Jahren ihren Schließmuskel kontrollieren, oder nicht?

Unsere Hündin wurde Teil unserer Familie, als sie neun Wochen alt war. Sie spürte, wenn sie musste, und teilte uns das deutlich mit. Dann ging ich mit ihr vor die Tür, und sie erleichterte sich – je weiter weg vom Haus, desto besser. Nicht immer schaffte sie es so weit wie nötig, aber es war offensichtlich, dass sie es versuchte. Klar, sie konnte nicht so lange anhalten wie ein erwachsener Hund, aber das war auch nicht nötig. Denn ich war ja da, um sie vor die Tür zu bringen, ebenso, wie ich Jahre vorher für meinen Babysohn da gewesen war, wenn er mir in seiner Sprache ohne Worte sagte, dass er musste.

Wenn das der Fall war, hatte ich ihn über ein Gefäß gehalten, und er hatte einfach nur losgelassen. Niemand hat ihn zum Anhalten genötigt. Ich wusste, dass es funktionierte; ich wusste, dass die Sache mit der Schließmuskelkontrolle ein medizinisches Märchen war. Mehr brauchte ich zum damaligen Zeitpunkt nicht zu wissen.

Dr. Gunilla Gladh vom Universitätskrankenhaus Linköping in Schweden hingegen schaute sich die Sache genauer an.8 Im Jahr 2000 untersuchten sie und ihr Team 52 gesunde Neugeborene, 26 kleine Mädchen und 26 kleine Jungen, im Alter zwischen drei und vierzehn Tagen. Diese Babys beobachteten sie hinsichtlich ihrer Ausscheidungsmuster jeweils vier Stunden lang, während derer sie – platt gesagt – auf den kleinen Bäuchen herumdrückten, um die Blase manuell zu entleeren. Geht nicht, stellten die Forscher fest. Die Babys pinkelten etwa jede Stunde und im Durchschnitt 23 Milliliter. Aber künstlich herbeiführen ließ sich das nicht. Gesunde Neugeborene sind dicht. Sie haben von Anfang an einen aktiven Schließmuskel.

Beim Abhalten lernen sie nur, gezielt an einem bestimmten Ort (über der Schüssel oder auf dem Töpfchen) loszulassen und nicht irgendwo. Letztlich ist das nichts anderes als das, was meine kleine Hündin getan hat, als sie zur Wiese um die Ecke rannte, um sich dort zu erleichtern.

»Ist sie schon sauber?«, fragte mich eine Hundebekanntschaft auf dem Deich, während wir zusahen, wie die Hunde rauften. »Ja«, antwortete ich verblüfft. »Die war schon mit neun Wochen sauber, als wir sie bekommen haben.« Die andere Frau schüttelte wissend den Kopf. »Das kann nicht sein. Die können ja frühestens mit zwölf Wochen überhaupt den Schließmuskel kontrollieren.« Ich hab gelächelt.

... Babys können das doch noch gar nicht merken, wenn sie müssen, geschweige denn kommunizieren

Kennen Sie das? Sie machen die Windel auf, und Ihr Baby piescht Sie in hohem Bogen an? In Zeiten, als man gemeinhin noch annahm, Babys wären nicht viel empfindungsfähiger als ein Gänseblümchen, nahm man auch an, dieses Phänomen sei einem Reflex geschuldet: Windel auf – kalte Luft an den Genitalien – Pieschi kommt.

Windelfrei-Eltern glauben in der Regel nicht an diesen Reflex. Unsere Theorie ist vielmehr: Das Baby möchte seine Ausscheidungen nicht am Körper haben. Deswegen wartet es, bis die Windel abgemacht wird, und erleichtert sich dann – ohne Rücksicht auf Leute, die zufällig im Weg herumstehen. Die Hauptsache ist, der Urin ist nicht an der eigenen Haut.

Gestützt wird diese Theorie durch eine Entdeckung, die ein junger schwedischer Wissenschaftler 2012 machte. Tryggve Nevéus mag Katzen, arbeitet an der Universität Uppsala und beschäftigt sich dort unter anderem mit der Entwicklung des

Harnapparats. Zusammen mit Ulla Sillén von der Universität Göteborg fand er heraus, dass von Geburt an höhere Hirnzentren am Wasserlassen beteiligt sind.[9] Dieser kleine unschuldige Satz hat eine große Bedeutung. Von Geburt an sind höhere Hirnzentren am Wasserlassen beteiligt. Von Geburt an. Das heißt ganz klar, dass das Pieseln eben nicht nur ein Reflex ist. Als solcher würde er vom Stammhirn gesteuert. Wenn höhere Hirnregionen beteiligt sind, bedeutet das, dass sich Babys dessen von Geburt an bewusst sind.

Etwas, das Eltern schon lange vermutet haben, hat eine wissenschaftliche Bestätigung erfahren.

... ich finde das nicht in Ordnung. Man weiß doch, dass zu frühes Sauberkeitstraining Schäden hinterlässt und zu Bettnässen und psychischen Problemen führen kann.

Mit dem Klischee von aufgereihten, an Töpfchen festgebundenen Kindern in DDR-Krippen im Kopf ist es leicht ersichtlich, warum viele Menschen »früh« mit »wenig einfühlsam« gleichsetzen. Das wollen wir nicht wieder haben! Aber das muss auch nicht so sein. Frühe liebevolle Ausscheidungskommunikation ist genauso wenig schädlich wie spätes liebevolles Töpfchentraining. Spätes rigides Töpfchentraining ist andersherum genauso schädlich wie frühes.

Urologin Dr. Els Bakker von der Universität Antwerpen wollte es genau wissen. Sie schaute, auf welche Weise 73 Kinder mit Blasenfunktionsstörungen (nicht richtig) trocken geworden waren, und verglich sie mit 67 gesunden Kindern. Das Ergebnis ist wenig überraschend: In beiden Gruppen gab es verschiedene Methoden des Sauberwerdens. In der Symptomgruppe jedoch hatten Eltern eher später mit dem Sauberkeitstraining begonnen und tendierten eher zu Strafen und Ungeduld.[10] Spät kann auch schädlich sein. Liebevoll ist immer besser, egal ob früh oder spät.

... mal ehrlich: Das ist mir zu viel Aufwand.

Windelfrei ist aufwändig, das ist nicht wegzulügen. Die Sache ist die: Babys sind immer aufwändig. Die größte Hürde ist meiner Erfahrung nach, den Hebel im Kopf umzulegen. Danach ist es nicht sehr viel mehr Arbeit als Wickeln, sondern nur eine ganz andere Art von Arbeit. Man muss ein bisschen den Tagesablauf planen – genau wie man das Schlafen und Trinken des Babys einplant. Man muss ein bisschen überlegen, was man mitnimmt – Wechselkleidung statt Wickeltasche. Man muss einfach flexibel im Kopf sein, das ist der Hauptaufwand.

Die Wahrscheinlichkeit ist sehr groß, dass man den Aufwand an praktischer Arbeit mit Windeln einfach nur um ein paar Jahre nach hinten verschiebt. Manche Kleinkinder werden sang- und klanglos von einem auf den anderen Tag sauber. Die meisten werden es nicht. Erschreckend viele haben das auch bis weit in die Kinderzeit hinein noch nicht geschafft. Fünf- und Sechsjährige, die nachts noch Windeln brauchen, sind keine Seltenheit. Und wäre das die Obergrenze, gäbe es nicht in jedem Supermarkt, selbst in unserer idyllischen Kleinstadt, Windeln für Acht- bis Fünfzehnjährige.

Ich will beileibe keine Schreckensbilder an die Wand malen, sondern nur deutlich machen, dass das Thema nicht unbedingt schnell erledigt ist, wenn man es ins Kleinkindalter verlagert.

Es gibt sogar Studien, die genau das belegen. Dr. Carol Joinson von der Universität Bristol in England hat eine dieser Studien durchgeführt.[11] Sie beschäftigt sich mit Risikofaktoren in der frühkindlichen Entwicklung. Mit einigen Kollegen zusammen hat sie den Werdegang von 8000 englischen Kindern im Alter von viereinhalb bis neun Jahren betrachtet und festgestellt, dass es einen klaren Zusammenhang gibt zwischen dem Trockenwerden und dem Alter, in dem das Sauberkeitstraining begonnen wurde. Kinder, bei denen erst nach 24 Monaten damit begonnen wurde,

hatten mit wesentlich größerer Wahrscheinlichkeit Probleme mit der Blasenkontrolle.

Eine andere Studie stammt wiederum von Dr. Els Bakker aus Belgien.[12] Sie verteilte ausführliche Fragebögen an 4332 Eltern von Grundschulkindern, auf denen sie unter anderem die Zeit und die Methode abfragte, mit der die Kinder sauber geworden waren. Auch ihr Ergebnis zeigt: Je später der Anfang, desto größer später die Wahrscheinlichkeit für Probleme mit der Blasenkontrolle. Vor allem Kinder, die zur Ausscheidung gedrängt worden waren, entwickelten eher Probleme.

In einer weiteren Studie zeigte Dr. Bakker einen möglichen Zusammenhang zwischen vermehrten Harnwegsentzündungen und untrainierten Blasen bei Kindern heute auf.[13]

Betrachten wir die wissenschaftliche Datenlage, kann es also tatsächlich sein, dass wir uns viele Probleme mit dem Sauberwerden tatsächlich selbst erzeugen – *indem* wir warten.

Studien hin, Studien her: Persönlich fand ich es sehr angenehm, den Aufwand zu einem Zeitpunkt zu betreiben, an dem ich sowieso rund um die Uhr mit meinem Kind beschäftigt war. Später, als mein Sohn und ich begannen, unabhängiger voneinander zu existieren, wäre es mir schwerer gefallen. Es ist wie mit vielen anderen Dingen rund ums Baby: Entscheide ich jetzt, den Aufwand zu betreiben, oder verlagere ich ihn auf später?

... Babys sollten nicht damit belastet werden, sich auf ihre Ausscheidungen zu konzentrieren. Sie haben so viel anderes zu lernen.

Remo Largos »charakteristischer Schrei« verliert sich nach einigen Wochen, wenn nicht darauf reagiert wird, wie er schreibt. Laurie Boucke nennt diese Zeit das erste »Gelegenheitsfenster«. Auch Remo Largos schweizerische Landsmännin Rita Messmer hat beobachtet, dass Menschenbabys offenbar während der ersten drei bis vier Monate eine Art sensibler Phase für das Sauberwerden haben. Sie hat sogar eine wissenschaftliche Studie nach allen Regeln der Kunst dazu durchgeführt.[14] Ihr Ergebnis: Je früher Eltern mit ihren Kindern während dieser ersten sensiblen Phase mit der Ausscheidungskommunikation anfangen, desto einfacher ist es. Rita Messmer geht davon aus, dass Windelfrei nichts anderes ist als »einen natürlich angelegten Entwicklungsschritt zu stimulieren«.

Das passt gut zu meiner eigenen Beobachtung. Wenn Babys noch so klein sind, lernen sie sowieso gerade alles darüber, wie ihr Körper sich anfühlt und in der Schwerkraft funktioniert. Dann fällt es ihnen nicht schwer, dieses Grummeln im Bauch in Verbindung zu bringen mit einem Ort, wo sie es loswerden können. Wenn sie hingegen älter sind und vielleicht gerade ihre eigene Meinung entdecken, haben die wenigsten noch Lust, das spannende Spiel zu verlassen, bloß um gewickelt zu werden.

... ich finde das respektlos. Babys sollten Babys sein dürfen und nicht gezwungen werden, zu früh groß zu werden. Windeln gehören doch einfach zu Babys dazu.

Bedenkt man, dass Pampers erst in den 1970er Jahren seinen Einzug in Europa gehalten hat, finde ich es erstaunlich, wie sehr Windeln tatsächlich zu unserem Bild vom Baby gehören. Selbst die Teddybären meines Sohnes, der, als er klein war, überhaupt nur windelfreie Babys kannte, trugen eine Zeitlang Windeln.

Wenn wir uns aber ein bisschen aus unserer industrialisierten Denkblase herausbewegen, stellen wir schnell fest, dass Windeln gar nicht unbedingt zu Babys dazugehören. 80 % der Weltbevölkerung nutzt keine, was uns zeigt, dass viele unserer Vorstellungen davon, was ein Baby ausmacht, kulturell bestimmt sind. Und vieles in unserer Kultur ist durch Wirtschaftsinteressen beeinflusst. Das Beispiel China macht dies besonders deutlich: Dort ist es traditionell üblich, dass Babys keine Windeln tragen, sondern »Kaidangkus«: Schlitzhosen, die ihnen ermöglichen, sich unkompliziert zu erleichtern. In China werden jedes Jahr über 18,5 Millionen Kinder geboren. Was für ein Schlaraffenland für Pampers-Hersteller Procter & Gamble! Wenn die Chinesen doch nur die Notwendigkeit von Papierwindeln einsähen ... Um das zu erreichen, arbeiten Hunderte von Menschen an Konzepten, die nur ein Ziel haben: Pampers an chinesische Babypopos zu bringen.

Das gelingt allmählich. Inzwischen gelten Papierwindeln als modern und fortschrittlich – und das Abhalten von Babys als hinterwäldlerisch. Schade eigentlich, denn die chinesischen Säuglinge waren auch in Kaidangkus kein bisschen weniger Babys als unsere.

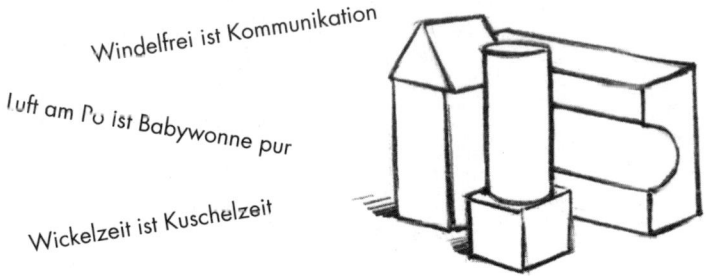

Windelfrei ist Kommunikation

Luft am Po ist Babywonne pur

Wickelzeit ist Kuschelzeit

8 Trösten und Zuhören

»Du magst denjenigen vergessen,
mit dem du gelacht hast,
aber nie denjenigen,
mit dem du geweint hast.«

Khalil Gibran

Wer weint, braucht Trost

Ich kann nicht mehr«, vertraute mir meine Cousine an, als ihr kleiner Sohn so wenig schlief und nicht aufhören konnte mit Weinen.

Ich, kinderlos und unbedarft, sagte:»Ja mei, dann lass ihn halt mal schreien. Das soll doch so gut funktionieren.«

Das könne sie nicht, sagte meine Cousine. Das Baby würde ja nicht weinen, um sie zu ärgern, sondern das Weinen wäre ein Notsignal. Dann zitierte sie einen Satz aus einem Buch, in dem das erklärt war:»Die Natur gibt kein eindeutiges Zeichen von sich, dass jemand gefoltert wird, wenn dies nicht wirklich der Fall ist. *Es ist genauso ernst, wie es sich anhört.*«[1]

Was das bedeutet, verstand ich erst, als ich selbst einen Säugling hatte, der sich seine Geburt von der Seele weinen musste. Wenn er weinte, war absolut klar, dass er in Not war. Jedes Mal liefen all meine Alarmsysteme mit hoch. Ich hielt ihn und wiegte ihn und gab ihm die Brust und tröstete ihn. Ich wollte, dass das Weinen aufhört.

»Mit zwölf Wochen ist das vorbei«

Das hörten wir nicht nur einmal. Wir glaubten es exakt so lange, bis unser Baby auch im Alter von dreizehn, vierzehn und fünfzehn Wochen noch abends gar nicht wieder aufhören konnte zu weinen. Wann haben Sie das letzte Mal richtig verzweifelt und unkontrollierbar geweint? Bei mir ist es eine Weile her, aber ich weiß noch genau, wie es sich angefühlt hat. Mein ganzer Körper wurde geschüttelt vom Weinen: Ich zitterte, ich konnte überhaupt nicht mehr aufhören. Ich jaulte so verzweifelt, dass mein Hund beunruhigt angelaufen kam. Irgendwann war es dann vorbei. Ich war leer geweint und unglaublich erschöpft.

Weinen ist anstrengend, sehr sehr anstrengend. Das zu verstehen ist besonders wichtig, wenn es um das Weinen von Babys geht. Nicht immer waren wir so wohlgenährt wie heute. Den größten Teil der Menschheitsgeschichte mussten wir dafür sorgen, mit unseren Energievorräten zu haushalten. Für unsere Steinzeitbabys heißt das ganz klar: Sie weinen nur dann, wenn es nicht anders geht. Kein Baby weint freiwillig. Weinen ist ein Notsignal, das nicht ohne Grund gesendet wird.

Der Neonatologe und Bindungsforscher Dr. Marshall Klaus vertritt sogar die Meinung, ein Kind, das in inniger Verbundenheit zu seiner Mutter steht, müsste kaum jemals weinen. Weinen, so schreibt er, sei außer im Notfall eine »unnatürliche, abnorme und unkommunikative« Ausdrucksform:[2] »Babys, die Haut an Haut bei ihrer Mutter sind, weinen weniger, atmen leichter und bleiben wärmer als Babys, die von ihren Müttern getrennt wurden.«[3]

Was soll ich tun, wenn mein Baby weint?

Je entspannter der Start Ihres Babys ins Lebens war, desto größer ist die Wahrscheinlichkeit, dass es nicht so viel weinen muss. Schwangerschafts- und Geburtskomplikationen machen exzessives Weinen in den ersten Monaten viel wahrscheinlicher.[4] Wenn ich versuchte, mein weinendes Söhnchen zu trösten, dachte ich oft an meine Freundin Beatrice, deren Sohn nach einer komplikationslosen Schwangerschaft zuhause geboren worden war und die mir schrieb:»Er hat gelächelt seit der Nacht, in der er geboren wurde, und jedes Lächeln ist wie ein kostbares Geschenk.«

Oft weinen Babys auch, weil ihre Grundbedürfnisse nach Berührung, Nähe oder Nahrung nicht erfüllt sind. Oder weil sie mal müssen. Deswegen gilt es, wenn irgend möglich an diesen Stellen rechtzeitig zu handeln, damit Weinen unnötig ist.

Auch wenn Marshall Klaus der Meinung ist, Weinen sei eine unnatürliche Kommunikationsform, gibt es in unserer Gesellschaft kaum ein Baby, das nicht hin und wieder weint: weil es Bauchschmerzen hat, weil es Zähne bekommt, weil ihm alles zu viel ist.

Weinen an sich ist nicht schlimm. Wichtig ist nur, dass Babys in ihrem Schmerz nicht alleingelassen werden.

Vielen Babys hilft, wenn sie im »Fliegergriff« (mit dem Bäuchlein auf den Unterarmen des Tragenden) herumgetragen werden, wenn sie Haut an Haut mit Mama oder Papa kuscheln können, oder wenn sie im Tragetuch getragen werden. Auch eine warme Badewanne mit Mama oder Papa kann helfen.

Was passiert, wenn ein Baby weint?

Wenn ein Baby Kummer hat, gerät sein ganzes Hormonsystem in Aufruhr. Es kann seinen Stress nicht selbst regulieren. Erinnern Sie sich, was ich eingangs über die Programmierung des Stressreaktionssystems schrieb? Wenn einem Baby nicht geholfen wird sich zu beruhigen, wird dieses System falsch programmiert. Das Gehirn reagiert dann später auf Stress unpassend. Entweder es sorgt dafür, dass zu viel Cortisol ausgeschüttet wird (das führt zu Ängsten und Depressionen) oder dass zu wenig Cortisol ausgeschüttet wird (so genannte »low responder«: emotionale Kälte und Aggressionen sind die Folgen).[5]

Was würde eine Affenmama tun, wenn ihr Baby Kummer hat? Von Zoologen werden Affenmütter, die ihre Babys schreien lassen, als verhaltensgestört bezeichnet. Klar, denken wir. Wäre ja auch mehr als schräg, wenn sie auf die Hilferufe ihres Winzlings nicht einginge. Warum finden wir es dann so normal, dass Menschenbabys unbeachtet weinen?

Versetzen wir uns kurz in den Dschungel, eine der Umgebungen, in der Menschen sich über Jahrtausende zu dem entwickelt haben, was wir heute sind. Nehmen wir ein Schimpansenbaby.

Oder ein !Kung-Baby aus dem Jahr 1920 (als die !Kung noch nicht verwestlicht waren). Oder ein europäisches Baby aus dem Jahr 2014. Suchen wir uns eine trockene, saubere Stelle, legen unser Baby – gleich welches der drei – dorthin und gehen weg.

Erstens: Weder die Schimpansenmutter noch die Jäger-und-Sammler-Mutter noch die moderne Mutter würde das tun. Wir hätten Angst um unser Baby. Es könnten Schlangen unterwegs sein oder Pumas. Oder giftige Insekten.

Angenommen, wir würden es irgendwie über uns bringen: Was tut das Baby? Es braucht nicht einmal Bauchschmerzen zu haben oder gerade Zähne zu bekommen – es würde dennoch weinen. Denn das Baby rechnet zuerst einmal mit nichts Bösem und ruft:»Hey, du hast da was vergessen! Ich will doch mit!«

Weiter angenommen, wir würden es über uns bringen, auf dieses Kontaktweinen nicht zu reagieren. In dem Fall würde unser Baby deutlicher werden, falls wir nur etwas schwerhörig sind. Es würde lauter und länger nach uns rufen.

Wenn wir dann immer noch nicht kämen, um es aufzuheben, würde es eine Weile weiterweinen und dann irgendwann aufhören. Mama ist nicht mehr da. Weinen ist zu anstrengend und zu gefährlich. Das Baby müsste seine Energie zusammenhalten, um seine Überlebenschance ohne Mama zu erhöhen. Und es müsste möglichst still und reglos sein, damit der Puma und die Schlange es nicht finden.

Manche Babys müssen weinen

»Adam ist unglaublich«, sagte ich und betrachtete erfreut, wie liebevoll der dreizehnjährige Sohn meiner Freundin Hannah sich um seine kleine Schwester und ein paar andere Sechsjährige kümmerte.»Er ist wirklich ein ganz besonderer Junge.«

»Danke«, sagte Hannah und betrachtete erfreut, wie liebevoll mein elfjähriger Sohn sich mit Adam um die Sechsjährigen kümmerte.»Fred aber auch.«

Ich lächelte mein Stolzemutterlächeln und dachte so bei mir: Ich finde auch, dass Fred ein toller Junge ist. »Ich finde auch, dass Adam ein toller Junge ist«, sagte sie. »Ich glaube, das liegt mit daran, dass wir ihm so viel zugehört haben, als er klein war. Er durfte weinen, und wir haben ihm zugehört.« Oh, dachte ich. Klar ist mein Sohn der allerallertollste Junge der Welt – genau wie jedes Kind für die Mutter das allerallertollste ist. Aber ich wäre vermutlich im Leben nicht auf die Idee gekommen, seine phänomenale Großartigkeit damit in Verbindung zu bringen, dass wir ihm als Baby zugehört hatten, wenn er uns von seinem Kummer erzählte. Doch wer weiß? Er hatte als Neugeborener definitiv viel rauszuweinen gehabt, und wir haben ihm definitiv sehr ausgiebig dabei zugehört.

Die ersten Wochen mit dem Baby waren zauberhaft und wunderschön – aber auch schwierig. Wir versuchten, unser Bestes zu geben, aber manchmal schien das nicht zu reichen. Unser Baby schrie. Manchmal tagsüber, aber immer abends. Jeden Abend. Mich irritierte das. Wir taten doch alles Menschenmögliche, um dem Kleinen ein gutes Leben zu bereiten. Wir kuschelten, wir stillten, wir sorgten dafür, dass er trocken und sauber war. Wir waren bei ihm und umsorgten ihn. Welches Bedürfnis könnte denn nicht erfüllt sein? Zu meiner Lieblingslektüre gehörte damals »Die Hebammensprechstunde«, und dort fand ich auch den ersten Hinweis zur Lösung unseres Problems: Ingeborg Stadelmann beschrieb, wie ihre älteren Söhne reagierten, als das jüngste Baby abends sehr unruhig war: »Mama, Babys weinen halt mal am Abend.«[6] Mein Baby weinte nicht *mal am Abend*. Mein Baby weinte *jeden Abend*. Und es war nicht nur ein bisschen unruhig, sondern es schrie. Und zwar nicht nur zehn Minuten. Ich blieb irgendwann erstaunlich gelassen. Ich wusste, dass ich tat, was in meiner Macht steht, um ihm ein möglichst gutes Erdenleben zu ermöglichen. Trotzdem war das Problem natürlich nicht gelöst. Eines Tages war ich wieder einmal bei meiner Freundin Cordula im Baby-Laden und erzählte ihr von unseren unerfreulichen Abenden. »Lies mal *Warum Babys weinen* von Aletha Solter«, riet sie mir. Wie gut, dass mein Lieblingsbuchladen nicht weit von Cordulas Laden entfernt war. So konnte ich gleich loslegen mit Lesen.

Ich stimme bei Weitem nicht allem zu, was Frau Solter schreibt, trotzdem gab mir dieses Buch einen wichtigen Schlüssel zum Verständnis meines kleinen Jungen in die Hand. An jenem Abend erkannte ich etwas eigentlich Offensichtliches: Wir können uns drehen und wenden, wie wir wollen, aber niemand wird es in unserer zivilisierten Welt schaffen, seinem Baby eine Umgebung zur Verfügung zu stellen, die ganz und gar seinen Menschenbabybedürfnissen entspricht. Das ist überhaupt nicht schlimm, Menschenbabys sind anpassungsfähig.

Aber es bedeutet, dass manche Babys ab und an einfach weinen müssen und dann auch nicht beruhigt werden wollen. Unser Sohn war eines dieser Babys. Er sagte uns sehr deutlich, was er brauchte. Er wollte nicht stillen. Er wollte nicht auf dem Petziball herumhopsen. Er wollte nicht im Fliegergriff durch die Gegend getragen werden. Er wollte nicht beruhigt werden. Er wollte *weinen*.

Wie gesund das ist, fiel mir erst nach und nach auf (jedenfalls gesünder, als wenn ich Schokolade esse, um Frust zu kompensieren). Auch Babytherapeut Franz Renggli weist darauf hin, wie wichtig es ist, dass Babys ihrem Schmerz Ausdruck verleihen können:[7]

»Ein letztes und grundlegendes Prinzip: Stellen Sie sich vor, in einer psychotherapeutischen Praxis beginnt ein Mensch zu weinen. Es wäre wohl als Kunstfehler zu bezeichnen, wenn ein Therapeut in einer solchen Situation vom Thema ablenken würde. Im Gegenteil, er begleitet den Patienten ganz sorgfältig durch seine Trauer, gibt diesen Tränen den Raum, den sie brauchen, dem Menschen die Geborgenheit, die er schon lange sucht. Genau das Gleiche gilt auch für ein Baby. Seine Tränen oder sein zorniges

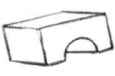

Schreien soll nicht (...) zum Schweigen gebracht werden. Seine Trauer oder sein Zorn sind Ausdruck eines Loslassen-Könnens einer alten Verletzung.«

Und so sorgten wir dafür, dass die Grundbedürfnisse unseres kleinen Sohnes so gut erfüllt waren, wie wir es vermochten. Wir sorgten dafür, dass er satt war und warm und trocken. Wir achteten darauf, genug im Grünen an der frischen Luft zu sein und tagsüber nicht zu viele Einflüsse zu haben. Wir trugen ihn und hatten ihn beim Schlafen bei uns. Und wenn er abends weinen musste, hörten wir ihm zu.

Immer abwechselnd. Ich war an dem einen Tag dran, mein Mann am nächsten. Wir hielten das Baby und schauten es an und gaben ab und an beruhigende Brummtöne oder ein »Ich weiß« oder ein »Ich verstehe dich« von uns.

Es war nicht nach den magischen drei Monaten vorbei, auf die wir gehofft hatten. Es war auch nicht nach sechs Monaten vorbei. Aber wir lernten, damit umzugehen.

Wenn sein Weinen begann, bot ich ihm die Brust an. Meistens wollte er sie nicht. Dann setzte sich einer von uns hin und nahm ihn in den Arm und liebkoste ihn und hielt ihn, war bei ihm und hörte ihm zu, während er schrie und schrie und schrie. Anfangs waren es ein bis zwei Stunden täglich, an für ihn stressigen Tagen auch mehr. Mit zehn Monaten weinte er abends nur manchmal noch kurz auf, bevor er im Arm seines Vaters einschlief.

Heute ist er ein überaus gelassenes Kind, voll von hintergründigem Witz. Ob es damit zu tun hat, dass er weinen durfte, wie meine Freundin Hannah bemerkte? Keine Ahnung. Ehrlich gesagt, ist es mir auch ziemlich egal.

. . . .

Schreibaby

Viele Babys weinen. Wenn sie es besonders oft und besonders häufig tun, bezeichnet man sie manchmal als »Schreibabys«. Das ist dann der Fall, wenn ein Baby

- mindestens an drei Tagen pro Woche schreit
- dies über drei Stunden täglich tut
- und das Schreien so oft und so lange drei Wochen oder länger anhält

Egal, ob auf Ihr Baby diese Definition zutrifft oder nicht: Es ist für Eltern anstrengend, wenn ein Baby so viel weint. Wenn Sie nicht mehr können, suchen Sie sich Hilfe bei einer Schreiambulanz.

. . . .

Warum manche Babys weinen müssen

Ein Baby weint aus allerlei Gründen, wie die Erfahrungen von Eltern gezeigt haben. Wenn man auf seine Steinzeitbabybedürfnisse eingeht, ist schon viel gewonnen. Aber manchmal hilft auch das nicht.

Häufiges Weinen kann körperliche oder seelische Ursachen haben. Lassen Sie mich mit den körperlichen anfangen, denn sie sind manchmal leichter zu beheben. Körperliche Ursachen können zum Beispiel sein:

Eingeklemmte Wirbel durch die Geburt:

- Finden Sie am besten einen auf Babys spezialisierten Osteopathen, der Ihnen von vertrauenswürdigen Mitmenschen empfohlen wurde

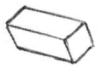

Infektionen oder Entzündungen der Atemwege, der Ohren, der Harnwege:
- Stillen beugt vor;
- bei ernsthaften Bedenken (z. B. wenn sich Ihr Baby vermehrt am Ohr reibt) sollten Sie auf jeden Fall zum Arzt gehen

Verdauungsstörungen, Verstopfung, Blähungen:
- Stillen beugt vor, Windelfrei kann Linderung bringen, Tragen im Tragetuch hilft oft
- Achten Sie, wenn Sie stillen, darauf, was Sie essen: Oft sind Kuhmilch oder Gluten die Übeltäter

Wunder Po, Windeldermatitis:
- hilfreich: Windelfrei
- lassen Sie viel Luft an den kleinen Hintern, tupfen Sie ggf. vorsichtig etwas Muttermilch darauf

Mögliche psychische Ursachen:
- Geburtstrauma
- hilfreich: Osteopathie oder Craniosacral-Therapie, Körpertherapie und gezielte Massage, Hautkontakt, gemeinsames Baden
- ansonsten: dem Baby zuhören

Konflikte oder Sorgen in der Familie:
- hilfreich: Konflikte lösen
- ansonsten: dem Baby zuhören

Postpartale Depression der Mutter (oder des Vaters – die können das auch bekommen):
- hilfreich: Hilfe für den betroffenen Erwachsenen finden, zuverlässige zweite Bindungsperson für das Kind finden
- ansonsten: dem Baby zuhören

Reizüberflutung:
- hilfreich: nicht samstags mittags mit dem Neugeborenen zu IKEA gehen, Fernseher und Radio ausschalten, mit Baby im Tragetuch gemächlich im Park herumwandern
- ansonsten: dem Baby zuhören

»Interaktions-Stress«
- Es wird sich nicht vermeiden lassen, dass Sie Ihr Baby ab und zu missverstehen. Manche sensible Babys belastet das. Daran können Sie nicht viel ändern, außer möglichst feinfühlig sein – und dem Baby zuhören

· ·

Der magische Knopf

Vielen Babys hilft zur Beruhigung das Geräusch eines Föns oder fahrenden Autos: Weißes Rauschen. Gibt es inzwischen als App.

· ·

Schnuller

An Schnullern kann man – wie am Stillen, am Tragen und allem anderen – Glaubenskriege entfesseln. Man kann es auch lassen, denn in der Regel lohnt es sich nicht.

Ich mag keine Schnuller. Ich finde, sie sehen doof aus. Ich mag die Vorstellung nicht, dass ein Baby die ganze Zeit auf Gummi herumnuckelt. Der Gaumenakupressurpunkt zum Entspannen wird lahmgelegt. Zahnfehlstellungen sind vorprogrammiert. Mittelohrentzündungen häufiger. Aber, mal ehrlich: In den allermeisten Fällen macht die Entscheidung für oder gegen einen Schnuller nicht die Qualität der Beziehung aus. Trotzdem halte ich Schnuller bei gestillten Kindern für überflüssig, denn:

1. Wenn ein Baby zu stillen lernt, muss es seine Mundmuskulatur auf eine bestimmte Weise bewegen. Die Bewegung beim Schnullern ist eine andere. Das heißt, ein Baby, das noch nicht »brustfest« ist, kann dadurch eine sogenannte Saugverwirrung bekommen, was das Stillen unter Umständen sehr schmerzhaft macht.

2. Plastik am und im Mund, in einer Zeit, in der wir sowieso jedes Mikrogramm Kunststoff feiern können, das wir nicht im Blut haben, finde ich keine gute Idee.

3. Schnuller verführen dazu, ein Baby zu beruhigen, wenn es eigentlich etwas zu sagen hätte. Gerade nach unschönen Geburten ist es wichtig, dass Babys weinen und nicht ihren Schmerz wegschnullern. Viele Babys spucken den Schnuller zunächst wieder aus und nehmen ihn erst, wenn er ihnen wieder und wieder ins Mündchen geschoben wird. Was lernen sie daraus? »Was ich zu sagen habe, ist nicht wert, gehört zu werten.«

Ja, aber ...

... ich will mein Kind trösten, wenn es weint! Ich will, dass es aufhört zu weinen.

Trösten ist immer die erste Wahl. Aber ob Ihr Baby aufhört zu weinen, liegt nicht allein in Ihrer Hand. Wenn kein Trösten möglich ist, ist Zuhören eine gute Idee. Auch später im Leben wird es viele Situationen geben, in denen Sie Ihrem Kind die Schwierigkeiten und den Schmerz nicht abnehmen können. Aber Sie können es halten, es begleiten und ihm sagen:»Ich bin für dich da. Ich sehe, dass es dir nicht gut geht. Ich bin bei dir.«

... diese Idee, dass Babys weinen müssen, finde ich grauenhaft. Wenn man auf sein Baby eingeht, klappt das schon alles ohne. Mein Baby ist der Beweis.

So ist das mit den Einzelfällen und den Regeln. Es gibt ruhige Babys, und es gibt laute Babys. Es gibt fröhliche Babys, und es gibt unzufriedene Babys. Eine ganze Menge Babys sind tagsüber fröhlich und werden abends unzufrieden.

Das Allerwichtigste ist immer, genau hinzuschauen und einfühlsam auf dieses eine besondere Baby einzugehen, mit dem man es gerade zu tun hat.

... wenn ich meinem Kind keinen Schnuller gebe, wird es den Daumen nehmen. Und das ist noch schlimmer, oder?

Babys sind unterschiedlich. Manche brauchen das Nuckeln, obwohl sie voll gestillt werden. In den meisten Fällen ist es aber so, dass bei genügend Hautkontakt Schnuller oder Daumennuckeln unnötig sind.

Ausnahme: Fläschchenbabys. Ihnen würde ich einen Schnuller anbieten, einfach weil der nichtnutritive Teil des Stillens durch die Flasche meist nicht in dem Maße abgedeckt werden kann. Oder aber das Baby darf an der Brust nuckeln, wie ich es bei einer ganz entzückenden Mama sehen durfte, die nicht stillen konnte.

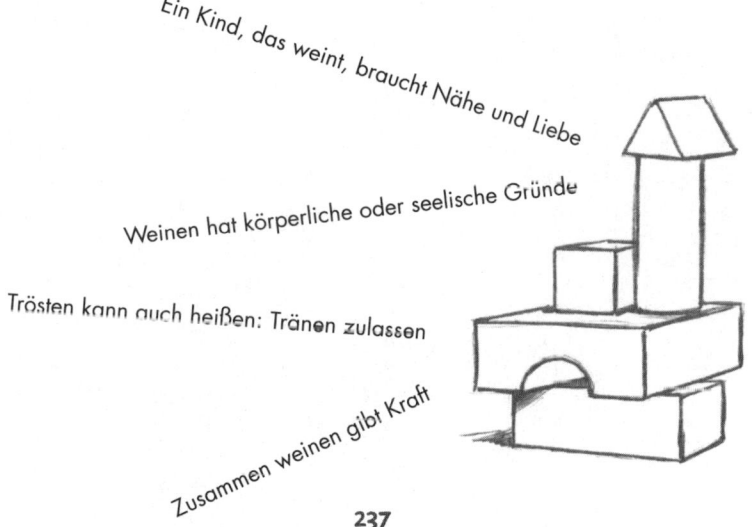

Ein Kind, das weint, braucht Nähe und Liebe

Weinen hat körperliche oder seelische Gründe

Trösten kann auch heißen: Tränen zulassen

Zusammen weinen gibt Kraft

9 Zusatzeltern

»Wirtschaftswissenschaftler sagen jetzt aufgrund der verfügbaren Beweislage, dass die Investition in die frühe Kindheit die wichtigste Investition ist, die ein Land machen kann, die sich im Laufe der Zeit um ein Vielfaches auszahlen wird.«

Weltgesundheitsorganisation

Es braucht ein Dorf

Unsere Wohnung in Kalifornien lag fast direkt am Meer. Es war das erste Mal, dass ich Pazifikwellen so bewusst erlebt habe. Anders als die Wellen der Nordsee, die kurz und knackig an den Strand gerollt kommen, haben die pazifischen Wellen Zeit, sich aufzubauen. Sie kommen in einer ganz langen Parallelbewegung an den Strand und brechen sich davor in einer sauberen Röhre. Direkt hinter dieser türkisblauen Welle wohnte eine Delphinfamilie. Sie waren nicht immer da. Wahrscheinlich sind sie ein bisschen schlauer als Menschen und fressen nicht ihre Jagdgründe leer. Eine Bucht weiter nördlich wohnten eine Menge Seelöwen. Und noch ein Stück nach Norden habe ich Grauwale gesehen, 50 Meter vom Strand entfernt. Grauwale sind faszinierende Tiere. Ihre Babys werden in Mexiko geboren. Mutter und Baby reisen allein nach Alaska, um sich dort im Sommer satt zu fressen. Dann kehren sie zurück nach Mexiko. Auf der ganzen langen Reise nach Norden säugt die Mutter ihr Kind und schwimmt stetig mit ihm durch die Weiten des Pazifiks. Sie frisst kaum, sie sieht kaum je einen anderen Wal. Und das ist für sie völlig in Ordnung.

Bei Menschen ist das anders. Mein Baby wurde zum Kleinkind, und ich genoss mein Leben mit ihm. Wir zockelten uns so gemütlich durch die Tage, gingen in den nahen Wald, pflückten Wildkirschen oder versteckten uns im Sonnenblumenfeld unseres Vermieters. Es war eine gute Zeit. Aber wir waren ziemlich allein. Wir hatten Freunde in Fahrradentfernung, mit denen wir uns trafen, doch das musste immer geplant werden. Wenn eine von uns die Einsamkeit packte, luden wir unseren Nachwuchs in den Fahrradanhänger und machten uns auf den Weg. Oder – das Highlight dieser Zeit – wir trafen uns im winzigen Bioladen im Nachbardorf auf einen Kaffee, während die Kinder auf dem Hof spielten. Zu meinen schönsten Erinnerungen gehören die Bilder in meinem Kopf von den Feldern, durch die wir wanderten und laufradrollerten, um zum Bioladen zu kommen – zu anderen Menschen.

Wenn meine Mama kam und viele Stunden oder Tage bei uns blieb, blühte ich auf. Wir waren nicht mehr allein. Und ich wollte auch so gern den kleinen Verlag, den ich gerade gegründet hatte, zum Laufen bringen, ich wollte schreiben, ich wollte was bewegen in der Welt – nicht nur Spielzeugautos im Sandkasten.

Oft war sie bei uns und spielte mit meinem Sohn. Sie baute mit ihm Kissenschiffe auf dem Sofa, kaufte stundenlang Holzäpfel und Salzteigbirnen im Kaufladen ein und badete im Sommer mit dem Kleinen im Planschbecken. Ich konnte arbeiten und war doch mit meinem geliebten Kind zusammen. Mein Sohn bekam mehr Input, als ich bieten konnte, und war doch mit mir zusammen. (Und weil ich stillte, war ich voll mit Prolaktin und konnte deswegen auch nachts gut schreiben. Kaffee schafft das nicht.) Außerdem engagierte ich ein Mädchen aus dem Dorf, das mindestens einmal in der Woche zum Babysitten zu uns kam.

Vor mageren zehn Jahren gab es weder die Diskussion um Krippenausbau und Krippenplätze in dem Maße wie heute, noch gab es das Elterngeld. Wir organisierten uns irgendwie. Es gab Menschen, mit denen ich mich treffen konnte, gemeinsam mit meinem Sohn. Es gab sogar Kinder auf der Straße. Und es gab nur sehr wenig Druck, sein Kind früh in eine institutionalisierte Betreuung zu geben. Mein Mann und ich überlegten uns einfach die Lösung, die für uns zu diesem Zeitpunkt passte. Das war zufällig in dem Fall die konservative, weil er einen gut bezahlten Job hatte, den er liebte, und ich einen nur fast gut bezahlten Job hatte, den ich nicht liebte. Ich fand es prima, mich um unser Kind und meine Bücher zu kümmern, und mein Mann fand es gut, rauszugehen und zu jagen.

Das erzähle ich nicht, um zu sagen »früher war alles besser«, sondern vielmehr um zu zeigen, wie unglaublich schnell sich

Vorstellungen davon wandeln können, was normal ist. Werte sind relativ: Geben wir unser Kind in Betreuung, weil wir uns einem (zumindest im Westen verhältnismäßig neuen) gesellschaftlichen Druck beugen, oder wollen wir es? Ist uns beiden das Studium oder die Arbeit gerade richtig wichtig? Haben wir kompromisslos gute Betreuungsmöglichkeiten? Können wir vielleicht beide unsere Stunden reduzieren? Kann und will einer von uns zeitweilig raus aus dem Job? Können und wollen wir es organisatorisch und finanziell wuppen, dass wir unser Kind selbst betreuen?

Für beides – Kind zuhause und Kind in Betreuung – gibt es gute Gründe, und auch hier gibt es nicht den einen einzigen richtigen Weg. Betreuung ist nicht gleich Betreuung, und fünf Stunden in der Woche sind (ganz offensichtlich) nicht dasselbe wie fünfundzwanzig.

Eins ist relativ sicher auch wissenschaftlich zu belegen: Menschenmütter sind nicht dafür gemacht, allein in einer Dreizimmerwohnung mit einem Baby zu sein. Wir sind keine Grauwale, bei denen Mama und Kind wochenlang zu zweit durch den weiten Pazifik ziehen und nur ab und zu ein bisschen Gesellschaft von einer Tante bekommen. Auch Menschenväter sind dafür nicht gemacht. Wir sind soziale Geschöpfe wie die anderen Primaten auch.

Wie machen es die anderen?

Wie ist das also bei unseren Primatenverwandten mit der Kleinkinderbetreuung geregelt?

Ein Schimpansenbaby wird geboren und von Stund an von seiner Mutter getragen. Es wird gesäugt und schläft mit ihr in einem Nest. Wenn es sich selbstständig bewegen kann, tut es das, kehrt aber immer wieder zu seiner Mutter zurück und lässt sich von ihr tragen. Niemand anders darf das tun, und nur in Ausnahmefällen erlauben Schimpansenmamas anderen Familienmitgliedern, ihre Kinder zu tragen.

Ich bin sicher, begeisterte Zuhausemamas wie ich reiben sich jetzt die Hände und sagen:»Siehste? Hab ich's doch gewusst! Mama, und nur Mama ist das Beste für mein kostbares Kind.« Lassen Sie sich von mir mitnehmen auf einen Ausflug zu den Languren.

Ein Langurenweibchen bleibt in der Gruppe, in die es hineingeboren wurde, zusammen mit ihren Tanten, ihrer Großmutter mütterlicherseits, ihren Schwestern, ihrer Mutter, ihren Cousinen. Schon am Tag seiner Geburt wird ein Langurenbaby unter all diesen Verwandten herumgereicht und verbringt nur etwa die Hälfte der Zeit bei seiner Mutter. Die primäre Bindungsperson bleibt die Mutter.[1]

»Tja«, sagen nun vielleicht die passionierten Außerhausarbeiter.»Doch nicht so eindeutig der Fall, oder?«

»Schimpansen sind uns viel ähnlicher als Languren«, argumentieren die Zuhausemamas.

Besuchen wir doch einfach jemanden, der uns nicht nur ähnlich, sondern der genauso ist wie wir und noch so lebt, wie wir es Zehntausende von Jahren lang getan haben. Besuchen wir jemanden, der das Leben lebt, für das Menschen perfekt angepasst sind. Gucken wir, wie verschiedene Jäger-und-Sammler-Völker die Sache mit der Betreuung handhaben.

Zum Beispiel das Volk der !Kung.

Die !Kung sind ein Volksstamm von Buschleuten in Namibia und haben bis in die Mitte des zwanzigsten Jahrhunderts hinein weitgehend so gelebt, wie sie es seit Jahrtausenden getan haben.

!Kung-Säuglinge schlafen bei ihren Müttern und werden die meiste Zeit des Tages von ihnen in einem Tuch getragen. Sie stillen oft. Und sie haben beim Aufwachsen das gesamte soziale Netz der Mutter zur Verfügung. Wenn die Mutter steht, ist das Baby auf Augenhöhe mit den babysittingbegeisterten elf- und zwölfjährigen Mädchen, die mit ihm schäkern, wenn die Mutter am Lagerfeuer sitzt, wird das Baby im Stamm herumgereicht, liebkost und bespaßt. Ungefähr ein Viertel der Zeit verbringt ein !Kung-Baby nicht mit seiner Mutter.

Oder das Volk der Efe, Jäger und Sammler aus dem Dschungel im Kongo.

Ein Efe-Baby wird mit mehreren Hebammen geboren, und schon direkt nach der Geburt kümmern sich auch andere Frauen außer der leiblichen Mutter um das Baby. Egal, ob die weibliche Bezugsperson Milch hat oder nicht, darf das Baby an der Brust saugen. Bis bei der Mutter die Milch einschießt, trinkt das Baby eben bei anderen Müttern. Nachts schläft es, wie jeder andere kleine Primat, bei seiner Mutter.

»Hm«, sagen die Außerhausarbeiter, und »hm«, sagen die Zuhausemamas.

Betrachten wir Leute in indigenen Völkern, wird schnell klar: Menschen sind enorm anpassungsfähig. Es gibt nicht nur ein Modell, das für uns passt. Sarah Blaffer Hrdy, emeritierte Anthropologieprofessorin, hat sich ihr Leben lang damit beschäftigt, warum wir ticken, wie wir ticken, und was für uns Menschen natürlich ist. Wenn sich eine auskennt, dann sie. Sie lebt heute mit ihrem Mann auf einer Farm in Nordkalifornien und züchtet Walnüsse. Trotzdem nahm sie sich die Zeit, mir meine Frage zu beantworten: »Was ist natürlich für Menschenmütter und Menschenbabys?« – »Das kann ich dir in einem Satz sagen«, antwortete Sarah, »Mütter brauchen eine Menge Unterstützung durch Zusatzeltern.«[2] Wir sind, wie sie in ihrem Buch *Mütter und andere* eindrücklich beschreibt, von Natur aus eine »kooperativ aufziehende Art«.[3]

Was heißt das für uns?

Menschenmütter und ihre Babys sind nicht dafür gemacht, allein in einer Dreizimmerwohnung zu sein. Sie sind aber auch nicht dafür gemacht, über viele Stunden am Tag so getrennt voneinander zu sein, dass kein Kontakt möglich ist. »Mütter arbeiten schon, seit es Menschen gibt, und schon immer waren sie auf die Hilfe anderer angewiesen, um ihre Nachkommen großzuziehen«, schreibt Hrdy.[4] Das heißt aber nicht, dass diese Hilfe darin bestand, dass ein Baby für viele Stunden am Tag zu Menschen kam, die ihm völlig fremd waren.

Natürlich ist: Das Kind ist in Betreuung bei vertrauten Menschen in vertrauter Umgebung (deswegen ist eine ausgiebige sanfte Eingewöhnung so wichtig). Oder: Das Kind ist zuhause mit Mama, Papa oder Oma. Oder jede beliebige Graustufe dazwischen. Menschenkinder sind sehr anpassungsfähige Geschöpfe. Sie können also entspannt nach einer Lösung suchen, die für Sie und Ihre Familie stimmt. In der Regel wird das bedeuten, dass Sie Ihre eigenen Mittelwege und Kompromisse finden. Vielleicht werden Sie im Nachhinein sagen: Hätte ich doch meinen Beruf nicht so lange hintenangestellt. Oder: Hätte ich mir doch mehr Zeit mit meinen Kindern gegönnt. Beides ist nicht schlimm. Ihr Leben ist Ihr Leben. Und kleine Menschenkinder gehen nicht kaputt an Kompromissen. Lösungen sind immer individuell.

Zum Beispiel kann Ihre Lösung so aussehen wie bei Nadine, die mit ihrem Mann und den beiden Kindern auf einem Hof in einem kleinen Dorf in Norddeutschland wohnt. Im Haus nebenan leben ihre Schwiegereltern. Eltern und Großeltern teilen sich die Betreuung der Kleinen.

Es kann auch so aussehen wie bei meiner Freundin Nora, die für ihre kleine Tochter eine Tagesmutter fand, die nach einer behutsamen Eingewöhnung eine wahre Zusatzmutter war, die Kleine im Tragetuch trug und auch sonst auf ihre Bedürfnisse achtete.

Oder es kann so sein wie bei meiner Nachbarin Tina, deren Sohn glücklich in die Krippe ging, seit er ein Jahr alt war.

Es kann auch so sein wie bei uns. Ich war damals schlicht und ergreifend so irrsinnig verliebt in meinen Sohn, dass ich einfach gern diejenige sein wollte, die seine ersten Dreiwortsätze hörte, seinen ersten Purzelbaum sah und all die anderen ersten Male erlebte, die im Kleinkindalter noch so zahlreich sind. Abgesehen davon, dass gar keine Krippe da war, in die er hätte gehen können, wollte ich ihn einfach bei mir haben. Sehenden Auges nahm ich in Kauf, dass mein berufliches Leben dadurch zu kurz kam. Ich bin heute noch sehr gern mit ihm zusammen und arbeite am besten am Küchentisch, wenn um mich herum Kinder spielen.

Es gibt viele Möglichkeiten, und nicht immer ist diejenige

die richtige für eine bestimmte Familie, die gerade politisch gewollt ist. Seit der Antike nimmt der Staat Einfluss darauf, was als richtige Kinderbetreuung angesehen wird, und das hat immer auch mit ideologischen, wirtschaftlichen, sozialen oder religiösen Zielen zu tun. Je nachdem, wie »mütterliche« Tätigkeiten in einer Gesellschaft gerade angesehen waren, änderte sich auch die Vorstellung von der »richtigen« Kinderbetreuung.

Damit sich alle wohl fühlen, müssen zwei Dinge erfüllt sein. Zuhause braucht das betreuende Elternteil – in der Regel die Mutter – genügend Austausch und Unterstützung. Und außerhäusig muss die Betreuung mehr sein als eine praktische Aufbewahrungsanstalt, in der das Kind untergebracht wird, sondern braucht den emotionalen Status von Zusatzeltern.

Wenn Sie wach und mit Ihrem Kind in Kommunikation bleiben, kann wenig schiefgehen.

»Da die Mutter in allen Fällen, wo die Niederkunften schnell aufeinander folgen, einer Gehülfinn bei der Wartung und der Pflege der Kinder bedarf, so ist die Wahl der Wärterin für das Wohl des Kindes sehr wichtig. Die s. g. alten Kinderfrauen verdienen nicht immer ihrer angeblichen Erfahrung wegen den Vorzug, denn meistens hängen sie mit Eigensinn und der hartnäckigen Beharrlichkeit an ihren Vorurtheilen, Gewohnheiten u.s.f.; und es ist nicht selten, daß sie, auf ihre Erfahrung trotzend, selbst die Mutter beherrschen und irreführen. Ein junges Mädchen von gutem Charakter, das die Kinder liebt, wird sich meistens leicht zur guten Kinderwartung anführen lassen. Am leichtesten und besten wird die körperliche Pflege des Kinder ohnstreitig in den Familien des Mittelstandes besorgt, wo erwachsene unverheirathete Frauenzimmer der Mutter zur Soite stehen, und das Geschäft mit ihr theilen.«

Adolf Menke: *Taschenbuch für Mütter* (1832)

Was Zusatzeltern auszeichnet

»Man braucht ein Dorf, um ein Kind großzuziehen.« Sarah Blaffer Hrdy hat gezeigt, dass dieser alte Spruch stimmt. Nur meist haben wir kein Dorf.

Oft habe ich schon gehört, dass wir dafür ja dankenswerterweise die institutionalisierte Kinderbetreuung hätten: Krippe oder Kita. Leider hinkt der Vergleich stark, denn die Wunschvorstellung der kleinkindgerechten Kita wird in der Realität nur selten erreicht.

Lassen Sie uns noch einmal zu den !Kung oder den Efe ans Lagerfeuer zurückkehren.

Jeder Mensch, der dort mit einem Kind spielt, der ihm vorsingt, der es liebkost, hat eine gewachsene Beziehung zu ihm. Jeden kennt es. Jeder ist Teil des Sozialsystems der Mutter.

Die führende deutsche Entwicklungspsychologin Dr. Karin Grossmann von der Universität Regensburg nennt drei Punkte, die diese Art von sozialem Netz kennzeichnen:[5]

1. Bestimmte Personen kümmern sich nur um dieses besondere kleine Kind; teilweise tun sie nebenher noch etwas anderes.

2. Verwandte und Nachbarn haben meist weitreichende soziale Beziehungen zur Familie, die nicht nur auf die Betreuung beschränkt sind.

3. Hilfsleistungen beruhen oft auf Gegenseitigkeit, und die Beziehung des Kindes zu der betreuenden Person existiert auch außerhalb der Betreuung – oft über viele Jahre.

Im Unterschied dazu, so Grossmann, weicht die Krippensituation »generell stark von so einem sozialen Netz ab. Hier werden fast gleichaltrige Kinder in größeren Gruppen von nur wenigen professionellen Erziehern betreut. Die Erzieher gehören meistens nicht zum sozialen Netz der Familie, und die Beziehung des Kindes zu der Erzieherin ist auf die Dauer der täglichen Betreuung sowie auf die Dauer der Beschäftigung der Erzieherin in der Einrichtung beschränkt.«[6]

Für das Kind bedeutet das, wie Richard Bowlby, Sohn des

Bindungspapstes John Bowlby, schreibt, dass es oft erfolglos nach einer zuverlässigen Sekundärbindung sucht. Zu viele Kinder auf eine Erzieherin, zu oft wechselndes Personal sind in vielen Krippen an der Tagesordnung.[7] Das kleine Kind gerät unter Stress und schüttet mehr Cortisol-Stresshormone aus als üblich. Nur wenn das Personal wirklich responsiv und feinfühlig ist, kann ein kleiner Mensch dort ankommen.

Im gewachsenen Dorf kennt ein kleines Kind die Betreuungsperson schon sein Leben lang, vielleicht sogar schon aus dem Mutterleib. Dort braucht es keine Eingewöhnung – Tante Traudel gehörte schon immer zu seinem Leben dazu, sie war schon immer warm und gemütlich, und sie kann prima Schmerzen wegpusten. Das hat sie auch schon unter Beweis gestellt, als Mama dabei war. Und wenn es mal nicht klappt, bringt Tante Traudel das Kind zuverlässig zu Mama, und dann pustet Mama. Deswegen fühlt sich das Kind dort auch so wohl.

In einem solchen Setting sind mehrere Dinge gegeben: Das Kind hat die Möglichkeit, aktiv seine Mutter aufzusuchen (oder das einzufordern), es ist mit einer konstant verfügbaren sekundären Bindungsperson zusammen. Es hat keinen Stress, sein kleiner Körper bleibt entspannt.

Das sagt die Wissenschaft

Natürlich sind Sie, ich, Sarah Blaffer Hrdy und Karin Grossmann nicht die Einzigen, die sich Gedanken zum Thema Betreuung gemacht haben, sondern auch zahlreiche andere Wissenschaftler. Die größte Studie, die es dazu gibt, ist die »NICHD Study of Early Child Care«,[8] eine Längsschnittstudie an über 1000 amerikanischen Familien.

NICHD-Studie
Von 1991 an wurden Neugeborene beim Heranwachsen in den unterschiedlichsten Betreuungssituationen begleitet und im Lau-

fe der Jahre immer wieder getestet: auf kognitive Entwicklung, Sprachentwicklung, Sozialverhalten und Gesundheit. Auch ihre Eltern und Betreuer wurden befragt. Häufigkeit und Qualität der Fremdbetreuung wurden bewertet und gemessen. Die beteiligten Wissenschaftler hatten eine ganze Reihe von Zielen, die sich zusammenfassend darstellen lassen als: Sie wollten verstehen, wie und ob sich frühe Kinderbetreuung auswirkt und was dabei zu beachten ist. Die Ergebnisse der Forschergruppe wurden später in über 100 wissenschaftlichen Artikeln veröffentlicht.

Ganz vereinfacht gesagt, stellte sich heraus: Es gab keine wesentlichen oder dauerhaften Unterschiede zwischen Kindern, die von ihren Müttern betreut wurden, und solchen, die ganztägig in Kinderkrippen oder bei Tagesmüttern waren. »Diese Aussage gilt jedoch nur, wenn die nichtelterliche Betreuung bestimmte Qualitätsstandards erfüllt, die allerdings oft nicht gegeben sind.«[9]

Der Schlüssel für das Wohlbefinden der Kinder war weniger der Tatsache geschuldet, dass ein Kind außer Haus betreut wurde, als vielmehr der Qualität der Einrichtung und dem Alter des Kindes. Kinder zeigten ein umso größeres Risiko für problematisches Verhalten, je jünger sie in eine Betreuungseinrichtung gekommen waren und je mehr Zeit sie dort verbrachten.

Von großer Bedeutung waren aber vor allem auch die familiäre Situation und die Feinfühligkeit der Mutter:[10] Bei einer guten familiären Ausgangslage, fand man in der NICHD Studie heraus, ging es in der Regel auch den Kindern gut. Feinfühlige Eltern suchten die besseren Betreuungsmöglichkeiten für ihre Kinder. Eine schlechte familiäre Ausgangslage konnten gute Betreuungseinrichtungen nur begrenzt ausgleichen. Eine gute Betreuung konnte sich aber unter Umständen als bereichernd erweisen und beeinträchtigte in der Regel das Eltern-Kind-Verhältnis nicht.

Noch eine Studie: die Wiener Kinderkrippenstudie
Von 2007 bis 2012 leitete Prof. Dr. Wilfried Datler vom Institut für Bildungswissenschaft der Universität Wien eine Studie zur außerhäuslichen Betreuung. Die Wissenschaftler beobachteten

die Eingewöhnung von 100 Kindern und beobachteten dann elf Kinder vertieft. Unter anderem haben sie festgestellt, dass auch kleine Kinder selbst schon viel für eine gelungene Eingewöhnung tun müssen. Sie müssen von sich aus auf die Betreuungsperson ihrer Wahl zugehen. Unauffällige Kinder, die still vor sich hin unglücklich sind, können leicht übersehen werden. Dabei sind es genau diese, die der größten Zuwendung bedürften. »Das ist eines unserer wichtigsten Ergebnisse. Auf die still leidenden Kinder muss viel mehr geachtet und einfühlsamer eingegangen werden«, so Datler.[11]

Fragen, die nicht gestellt wurden

Studien hin, Studien her. Weil große und kleine Menschen so individuell sind, gibt es Fragen, die nicht messbar sind und die auch in der größten, längsten, ausführlichsten Studie nicht erfasst werden können.

Manche Kinder mögen es, mit vielen Kindern zusammen zu sein, anderen sind schon fünf zu viel. Manchen ist es in der Kita zu laut, anderen kann nicht genug Trubel sein. Manche erholen sich schnell wieder von äußeren Einflüssen, andere brauchen dabei Hilfe. Manche können gut damit umgehen, kaum Rückzugsmöglichkeiten zu haben, andere leiden extrem darunter.

Diese nur ganz individuell zu beantwortenden Fragen haben mit persönlichen Idealen, Werten und Erziehungszielen zu tun und können deswegen auch nur von jeder Familie selbst beantwortet werden, mit dem Kopf und mit dem Herzen. Ich spreche von Fragen wie: Was wünsche ich mir für mein Kind? Soll es sich erfolgreich behaupten in der Gruppe? Ist es mir wichtig, dass es das tun kann, was seine Seele zum Singen bringt? Will ich, dass es Sozialverhalten als Regel auswendig lernt oder aus sich selbst heraus empfindet? Tut diese Kita, diese Tagesmutter, diese Gruppe diesem Kind gut oder nicht? Bleibt es dort heile in seinem Selbstausdruck, heile in dem, was es der Welt schenken kann? Oder verbringe ich meine Nachmittage damit, mein Kind zu reparieren? Was will ich für mich?

Und noch ein Wissenschaftler

Um Hinweise für Ihre persönliche Beantwortung dieser Fragen zu finden, möchte ich Ihnen noch einen Wissenschaftler vorstellen: den Entwicklungspsychologen und Anthropologen Prof. Dr. Wassilios Fthenakis. Er ist Befürworter qualitativ hochwertiger Krippenbetreuung, hat seinen Sohn aber wieder aus der Krippe geholt, als er merkte, dass es dem Kleinen dort nicht gut ging. Er sagt klar: »Bei Kindern unter zwei Jahren muss man sehr individuell schauen.«[12] Frühestens ab 18 Monaten empfiehlt er ein Kind in eine Betreuungseinrichtung zu bringen – vorausgesetzt, es ist eine gute.

Was ist gute Betreuung?

Krippe

Gleich vorweg: Zum derzeitigen Zeitpunkt entsprechen die allerwenigsten Krippen in Deutschland dem, was Experten als »gut« ansehen, wie 2012 eine große vom Bundesfamilienministerium geförderte Untersuchung zeigte.[13]

Es fängt mit dem Betreuungsschlüssel an. Die Deutsche Liga für das Kind (DLK) empfiehlt:[14]

- für Kinder im ersten Lebensjahr: 1:2 (eine Erzieherin auf höchstens zwei Babys)
- für Kinder im Alter von ein bis zwei Jahren: 1:3
- für Kinder im Alter von zwei bis drei Jahren: 1:5
- Bei altersgemischten Gruppen sind die Zahlen entsprechend anzupassen.

Weiter geht es mit der Gruppengröße. Hier empfiehlt die DLK:
Bei altershomogenen Gruppen:
- höchstens sechs Kinder pro Gruppe bei unter Zweijährigen
- höchstens acht Kinder pro Gruppe bei Kindern zwischen zwei und drei Jahren
- Bei altersgemischten Gruppen:

- höchstens 15 Kinder pro Gruppe (darunter nicht mehr als fünf Kinder unter drei Jahren)
- wenn Kinder unter einem Jahr dabei sind: höchstens zehn Kinder

Wenn Ihnen die Empfehlungen zur Gruppengröße übertrieben vorkommen, schlage ich vor, Sie denken an den letzten Kindergeburtstag Ihres Neffen, bei dem fünf kleine Rabauken eingeladen waren. Aller Wahrscheinlichkeit nach waren die einladenden Eltern am Abend mindestens so bettreif wie das Geburtstagskind. Neben der persönlichen Ansprache ist es für die Kinder wichtig, dass sich der Lärmpegel in Grenzen hält und die Räume nicht gar zu eng sind. Auch dafür hat die DLK Empfehlungen ausgesprochen.

Vielleicht ist es an der Zeit, dass wir Eltern beim Krippenausbau Klasse statt Masse fordern. Wissenschaftlerin Karin Grossmann hat ihr Leben lang gearbeitet und glaubt nicht, dass Kinder nur bei der Mutter glücklich werden können. Doch dem gesetzlich verankerten Anspruch auf einen Krippenplatz kann sie wenig abgewinnen:»Da wird die Psyche der Kinder doch gar nicht beachtet! Warum fragen die Politiker eigentlich nie mal einen Wissenschaftler um Rat?«[15]

• •

Interview mit Sarah Schäppi, Erzieherin

Du arbeitest in einer Kita, die Wert auf Bindungsorientierung legt. Was bedeutet das für die Eingewöhnungszeit?
Heute wissen wir, dass Kinder in unbekannten Situationen ohne Bezugsperson stark unter Stress stehen, auch wenn sie das nach außen nicht immer direkt zeigen. Dies kann das Immunsystem so stark belasten, dass die Kinder anfangs häufig krank sind. Viele Krankheitstage führen dann dazu, dass die Kinder häufig abwesend sind und sehr lange brauchen, um wirklich ankommen zu können. Diese Beobachtung mache ich bei zu kurzen Eingewöhnungszeiten immer wieder.

Die Verwöhn-Bausteine

Wir gehen mit den Kindern auch bindungsorientiert um, indem wir die Kleinen zum Beispiel viel in der Tragehilfe bewegen.

Wie läuft bei euch die Eingewöhnung?

Die Eingewöhnung dauert mindestens 15 Tage. Die Kinder kommen normalerweise an drei bis vier Tagen pro Woche zur Eingewöhnung und nicht fünf Tage am Stück. Die ersten vier Tage findet keine Trennung von den Eltern statt. Da liegt der Schwerpunkt auf dem gegenseitigen Kennenlernen und dem Aufbauen einer Vertrauensbasis, was auch für die Eltern wichtig ist. Ein Kind kann sich in der Kita erst dann wirklich wohl fühlen, wenn die Eltern den zukünftigen Bezugspersonen vertrauen.

Danach finden erste kurze Trennungen von ca. 30 Minuten statt. Die Eltern sind für uns immer in Rufweite, falls wir merken, dass wir das Kind z. B. nicht in angemessener Zeit trösten können.

Das weitere Vorgehen wird dann gemeinsam mit den Eltern individuell festgelegt.

Wie ist die Reaktion der Eltern auf eure Arbeit?

Grundsätzlich positiv. Eltern starten häufig mit vielen Ängsten und Unsicherheiten in die Kitazeit. Mit einer langen Eingewöhnung haben alle Beteiligten die Möglichkeit, einander kennenzulernen.

Für viele Eltern ist die lange Eingewöhnungszeit aber finanziell auch eine Knacknuss. Bei uns ist es so, dass die Eltern ab Eintritt bereits den vollen Tarif bezahlen, auch wenn das Kind die erste Zeit über gemeinsam oder nur für wenige Stunden in der Kita betreut wird.

Wie lange arbeitet ihr schon so? Siehst du bei einzelnen Kindern und in der Gruppe Unterschiede zu vorher?

Grundsätzlich haben wir schon immer Wert auf eine individuelle und »lange« Eingewöhnungszeit gelegt, in welcher das Kind im Fokus steht. Wir sind dabei aber häufig auf Unverständnis von Seiten der Eltern gestoßen. Seit im Konzept die Vorteile und Gründe für unser Handeln festgeschrieben sind, haben die Eltern mehr Verständnis für den »aufwändigen« Einstieg.

Der große Unterschied liegt darin, dass die Kinder weniger krank sind, schneller gern in die Kita kommen und bei den Abschieden am Morgen weniger Mühe haben.

Tagesmutter

Das Gute an einer Tagesmutter ist, dass es im Idealfall eine auf Ihre Bedürfnisse zugeschnittene, familiäre Lösung ist. Sie können mit etwas Glück individuell besprechen, was Sie sich wünschen, und genau darauf achten, ob Ihre Erziehungsvorstellungen und Ihre Sicht auf das Kind zusammenpassen. Viele Tagesmütter sind zum Beispiel auch offen dafür, kleine Kinder im Tragetuch zu tragen. Das Schlechte an einer Tagesmutter ist, dass es eine familiäre Lösung ist. Wenn die Tagesmutter krank ist, ist sie krank. Wenn sie im Urlaub ist, ist sie im Urlaub. Für die meisten Familien ist eine Tagesmutter nur eine Übergangslösung, bis das Kind in die »richtige« Betreuung kommt.

Was muss ich beachten, wenn mein Kind in die Kita, Krippe oder zur Tagesmutter kommt?
Achten Sie vor allem darauf, dass die Chemie stimmt, dass die Erzieherinnen liebevoll und einfühlsam auf das Kind zugehen. Konzepte können lügen, Ihr Bauchgefühl täuscht sich wahrscheinlich nicht.

Um für das Kind eine möglichst natürliche Situation zu erzeugen, ist es wichtig, dass die Eingewöhnungszeit ausreichend lang ist. Planen Sie das ein. Und wenn Sie vier Wochen lang Ihre Vormittage dort verbringen. (Dann sehen Sie auch die Interaktion zwischen den Erzieherinnen und den Kindern aus erster Hand und erleben die Atmosphäre.) Wenn Ihr Kind sieht, dass Sie freundschaftlich mit den Erwachsenen in der Einrichtung umgehen, wird es sie als zu seinem »Dorf« gehörend anerkennen: »Mama und Nina verstehen sich gut. Nina ist nett. Mama vertraut ihr. Offenbar bin ich dort sicher.«

Ideal ist es, wenn Ihre Kita von sich aus eine sanfte langsame Eingewöhnung wie das »Berliner Eingewöhnungsmodell« verfolgt. Dieses Modell wurde von Wissenschaftlern entwickelt, die internationale Forschungen zum Bindungsverhalten und zur familienergänzenden Betreuung berücksichtigten.

Neben der Anwesenheit der Eltern ist einer der Aspekte dabei, dass zunächst vor allem eine Betreuungsperson für das neue Kind da ist, die das Kind gern hat. Die tollste pädagogische Bildung nützt nichts, wenn die Chemie zwischen Erzieherin und Kind nicht stimmt. Wenn sie stimmt, wird das Kind diese Person als sicheren Zweithafen annehmen, wenn die Eltern nicht da sind. Oft hinterlässt so eine Person bleibenden Eindruck, wie »meine« Frau Cohrs damals. Was habe ich sie geliebt, mich an ihren weichen Bauch gekuschelt und mich von ihr trösten lassen, wenn mir der Kindergarten zu groß war.

Eine Erkenntnis aus der Forschung ist: Je größer die Trennungsangst *der Mutter*, desto größer die Wahrscheinlichkeit für Probleme des Kindes in der Kita.[16] Das wirklich Spannende dabei finde ich, dass Mütter von unsicher gebundenen Kindern durchschnittlich mehr Trennungsangst zeigten als Mütter sicher gebundener Kinder.[17] Was wieder einmal zeigt: Bindung macht selbstständig.

Wenn Sie also merken, dass Sie noch nicht bereit sind oder diese bestimmte Einrichtung sich nicht richtig anfühlt, dann warten Sie eine Weile oder suchen Sie einen anderen Ort, an dem Ihr Kind bleiben kann. Es gibt so viele wunderbare Menschen auf der Welt, und bestimmt wird sich Ihr Kind in einen dieser Menschen verlieben und gern bei ihm bleiben.

Wie erkenne ich, dass mein Kind sich wohl fühlt?

Wie erkennen Sie, ob sich Ihr Kind in der sorgsam ausgesuchten, liebevoll eingewöhnten Einrichtung wohl fühlt? Es gibt mehrere Hinweise darauf:

- Das Kind freut sich, in die Kita oder zur Tagesmutter zu gehen, es weint nicht beim Abschied.
- Es lässt sich gern von den neuen Bezugspersonen pflegen: füttern, wickeln, auf dem Töpfchen helfen.

- Es spielt aktiv, hat eigene Spielideen und steht selten »außen vor«.
- Wenn es weinen muss, lässt es sich von der Erzieherin oder Tagesmutter trösten.

Vorsicht, wenn ein Kind sehr häufig über Bauchschmerzen oder Kopfschmerzen klagt. Das kann ein Zeichen sein, dass es sich in der Betreuung nicht wohl fühlt. Gerade kleine Kinder können Schmerz im Körper noch nicht sicher verorten. Als Faustregel gilt aber: Je näher der Schmerz am Bauchnabel, desto eher können Sie davon ausgehen, dass er Ausdruck emotionaler Last ist.

Ja, aber ...

... muss ich jetzt ein schlechtes Gewissen haben, weil mein Kind in die Krippe geht?

Nein. Mit einem schlechten Gewissen ist nie jemandem gedient. Schauen Sie sehr aufmerksam, wie es Ihrem Kind geht, wie es Ihnen selbst geht, und seien Sie glücklich mit Ihrem eigenen persönlichen Weg.

... muss ich jetzt ein schlechtes Gewissen haben, weil ich mein Kind zuhause habe?

Nein. Mit einem schlechten Gewissen ist nie jemandem gedient. Schauen Sie sehr aufmerksam, wie es Ihrem Kind geht, wie es Ihnen selbst geht, und seien Sie glücklich mit Ihrem eigenen persönlichen Weg.

... ich will mein Kind nicht weggeben. Muss ich das, nur weil wir eine »kooperativ aufziehende Art« sind?

Absolut nicht. Für kleine Kinder ist es das Allergrößte, mit Mama oder Papa zusammen zu sein. Und viele Eltern erleben es als sehr bereichernd, mit ihrem Kind zuhause zu sein. Perfekt ist das, wenn noch andere Erwachsene und ältere Kinder da sind, die zum gewachsenen sozialen Netz des Kindes gehören. Besser geht es nicht.

Wenn Sie sehr allein sind mit dem Kind, schauen Sie wirklich aufmerksam, wie es Ihrem Kind geht, wie es Ihnen selbst geht – und seien Sie glücklich mit Ihrem eigenen persönlichen Weg.

... ist denn nicht nachgewiesen, dass Kinder in Krippen und Kitas viel mehr frühkindliche Bildung bekommen?

Jein. Erstens haben wir es bei Studienergebnissen, zum Beispiel denen aus der NICHD-Studie, immer mit Statistiken und nicht mit Einzelfällen zu tun. Zweitens profitieren in diesen Statistiken am ehesten Kinder aus unvorteilhaften Familienkonstellationen vom Aufenthalt in sehr guten Betreuungseinrichtungen. Drittens sollte man sich bei Studien zu quantifizierbarer Bildung (Wortschatz, Ausdruck, Hörverstehen, Zahlenbegriffe und dergleichen mehr) immer fragen: Ist das die Art von Bildung, die wir wollen? Wem nützt sie? Nützt sie wirklich der Entwicklung des ganzen Kindes? Führt sie dazu, dass es liebt, was es tut, dass es das finden kann, was es liebt? Müssen Dreijährige wirklich »kleine Forscher« sein, die »wissenschaftliche Experimente« machen? Oder dient es einem kleinen Menschen vielleicht mehr, wenn es einfach spielt, einfach seinem Antrieb folgt, die Welt zu entdecken und zu verstehen, ohne dass das künstlich intellektualisiert wird? Matschen ist besser als Mathe.

... leidet die Bindung zwischen uns nicht, wenn mein Kind außer Haus betreut wird?

Wir wissen heute, dass eine enge Bindung nicht automatisch durch Trennung leidet, sondern dort wieder aufgenommen werden kann, wo sie unterbrochen wurde. Entscheidend ist, dass Eltern feine Antennen für die Gefühlslage ihrer Kinder haben.

Auch kleine Kinder sind schon in der Lage, neben der sicheren Bindungen zu den Eltern auch weitere Sekundärbindungen eingehen zu können, ohne dass die Primärbindung leidet. Weil der Vormittag in einer Betreuungseinrichtung für viele Kinder anstrengend ist, brauchen sie oft nach dem Nachhausekommen extra Streicheleinheiten, Zuwendung und Zeit für sich. Eltern berichten oft, dass Kinder aus der Betreuungseinrichtung unschöne Verhaltensweisen mitbringen. Es kann sein, dass Eltern dann genervt sind und unfreundlicher und gereizter reagieren, als sie es sonst täten. Und das kann die Bindung durchaus belasten. Auch deswegen ist es so wichtig, dass die Krippe, die Kita, die Tagesmutter bestimmte Standards erfüllen.

Zuhause brauchen sich feinfühlige Eltern keine Sorgen zu machen, dass die Bindung leiden könnte. Sie können es im Gegenteil genießen, die Bindung auszubauen.

... mir fällt die Decke auf den Kopf, aber wir haben einfach keine guten Tagesmütter oder Kitas hier. Und Verwandte gibt's auch nicht.

Auch hier gilt: Vertrau dem Kind. Ihr Kind ist die Person, die sich bei der Tagesmutter oder in der Kita aufhalten muss. Deswegen muss Ihr Kind sich dort wohl fühlen. Vielleicht entdecken Sie auf diese Weise ganz neue Seiten an sich ...

... meine Kita hat noch nie was von sanfter Eingewöhnung gehört. Darf ich denn da was sagen?

Es gibt in Deutschland weder eine Kindergartenpflicht noch ein Gesetz, das vorsieht, kleine Kinder in ein Bindungsloch zu werfen. Aber Sie haben jedes Recht der Welt, so lange in der Kita zu bleiben, wie Ihr Kind das braucht. Befragen Sie die Suchmaschine Ihrer Wahl mal nach dem »Berliner Eingewöhnungsmodell«.

Eine freundlich-freundschaftliche Beziehung zwischen
Eltern und Zusatzeltern stärkt das Kind

Kinderbetreuung ist so individuell wie Familien

Bindungen zu Zusatzeltern brauchen Zeit und Sicherheit

Omas sind zum Kuscheln da

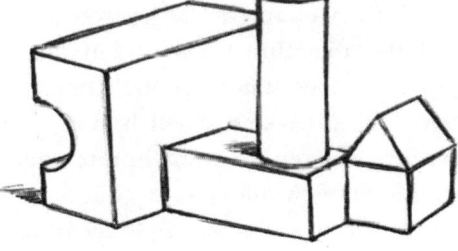

Gute Reise!

»Wenn wir wahren Frieden in der Welt erlangen wollen,
müssen wir bei den Kindern anfangen.«

Mahatma Gandhi

Ich klappe den Rechner zu und halte inne. Habe ich alles gesagt, was zu sagen ist? Wenn mein jüngeres Ich diese Zeilen lesen könnte, wäre ich bei manchen Sachen von vornherein sicherer gewesen? Habe ich Ihnen das Wichtigste mitgeben können?

Ich hoffe, ja. Ich hoffe, dass ich ein Stück Sicherheit und Vertrauen in Ihr Baby mitgeben konnte. Damit ist schon so viel gewonnen. Nehmen Sie einfach die Verwöhn-Bausteine, die Ihnen gefallen, und bauen Sie sich damit immer wieder Ihr ganz eigenes Familienland. Das Schöne ist: Das Land ist wandelbar. Sie können jeden Tag neu schauen, was passt, und die Bausteine Ihrer Wahl neu zusammensetzen. Gehen Sie wach, mutig und empfindsam Ihren eigenen Weg – wenn Sie auf Ihr Herz hören, können Sie nicht irren.

Gleichzeitig tun Sie dadurch sogar noch etwas für die nächsten Generationen.

Wenn Eltern auf ihre Babys hören, wird damit eine mächtige positive Bewegung in Gang gesetzt, die sich nicht aufhalten lässt und über die Jahre global und in den Familien immer mehr Kraft gewinnt. Überall auf der Welt bringen Babys ihre Eltern dazu, jeden Tag über sich selbst hinaus zu wachsen: Sie konfrontieren ihre inneren Schweinehunde oder ihre Schwiegereltern, sie gründen Waldkindergärten, freie Schulen und Familienbüros, sie stellen Althergebrachtes in Frage und finden zu besseren Wegen des Zusammenseins. All das kann damit anfangen, dass sich Eltern Gedanken darüber machen, was Menschenkinder biologisch brauchen und diese Bedürfnisse bestmöglich erfüllen. Wenn diese ersten ganz tiefen ursprünglichen Bedürfnisse erfüllt sind, müssen die kleinen Menschen ihnen später nicht ein Leben lang vergeblich hinterher jagen, so wie es in unserer und der vorhergehenden Generation geschieht, indem ohne Sinn und Rücksicht produziert und konsumiert wird.

Mein Traum ist, dass all die Kinder, die von Anfang an in Frieden und emotionaler Sicherheit aufwachsen, zusammen eine neue Gesellschaft aufbauen, gekennzeichnet von Zeitwohlstand, Gemeinschaftsgeist und Verantwortung auch für die, die nach uns kommen.

Es ist die Vision einer Welt, in der Babys in Liebe und Würde empfangen werden, in der Eltern durch die Gemeinschaft gestützt und gehalten werden, so dass sie die Bedürfnisse ihrer Kinder erfüllen können und in der Familien Zeit füreinander haben. So können die Kleinen heranwachsen in dem Gefühl: Ich bin geliebt. Ich bin sicher. Das Leben ist gut zu mir. Die Erde versorgt und trägt mich. Sie ist ein guter Ort.

Dann werden mehr und mehr Kinder heranwachsen, die ihrerseits die Welt zu einem besseren Ort machen.

Die Anfänge dieser Welt sind bereits sichtbar. Und ich glaube, sie wird richtig richtig gut.

Lieben Sie los!

Quellen und Anmerkungen

Nähe

1. http://www.youtube.com/watch?v=wJ_D1amYj-g, abgerufen am 28.02.2014
2. »There is no such thing as a baby, there is a baby and someone« (Übersetzung der Autorin)
3. Siehe auch www.hongerwinter.nl, abgerufen am 28.02.2014
4. Roseboom im Gespräch mit Murphy Paul, in Annie Murphy Paul: *Origins. How the Nine Months Before Birth Shape the Rest of Our Lives* (2011)
5. Siehe Bernd Kegel, *Epigenetik. Wie Erfahrungen vererbt werden* (2012), S. 13 ff.
6. http://www.planet-wissen.de/natur_technik/forschungszweige/epigenetik/, abgerufen am 28.02.2014
7. http://arbeitsblaetter.stangl-taller.at/GEHIRN/, abgerufen am 28.02.2014
8. http://lexikon.stangl.eu/1735/myelin/, abgerufen am 28.02.2014
9. Sue Gerhardt: *Why Love Matters. How Affection Shapes A Baby's Brain* (2003)
10. Kati Küstner, Posting im Stillforum von www.rund-ums-baby.de, zitiert in Julia Dibbern: *Geborgene Babys* (2010)
11. Sue Gerhard: *Why Love Matters. How Affection Shapes A Baby's Brain* (2003), www.ecswe.com/downloads/publications/QOC-VII/Chapter3-Why-Love-Matters-How-Affection-Shapes-a-Babys-Brain-by-Sue-Gerhardt.pdf, abgerufen am 24.03.2014
12. Nora Imlau: *Das Geheimnis zufriedener Babys* (2013)

Verwöhnen beginnt vor der Geburt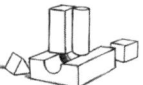

1. Begriff von Annie Murphy Paul, Journalistin und Autorin von *Origins. How the Nine Months Before Birth Shape the Rest of Our Lives* (2011)
2. Annie Murphy Paul: *Origins. How the Nine Months Before Birth Shape the Rest of Our Lives* (2011)
3. Szymanski, L., Satin, A.: »Exercise During Pregnancy. Fetal Responses to Current Public Health Guidelines«, in: *Obstetrics & Gynecology*, March 2012, Volume 119, Issue 3, S. 603–610
4. http://www.spiegel.de/gesundheit/schwangerschaft/sport-in-der-schwangerschaft-die-besten-tipps-fuer-werdende-muetter-a-899722.html, abgerufen am 14.04.2014
5. Entringer, S., Buss, C., Shirtcliff, E. A., Cammack, A. L., Yim, I. S., Chicz-DeMet, A., Wadhwa, P. D. (2009): »Attenuation of maternal psychophysiological stress responses and the maternal cortisol awakening response (CAR) over the course of human pregnancy«, in: *Stress* 13(3), S. 258–268 // Buss, C., Entringer, S., Reyes,

Quellen und Anmerkungen

J. F., Chicz-Demet, A., Sandman, C. A., Waffarn, F., & Wadhwa, P. D. (2009):»The maternal cortisol awakening response in human pregnancy is associated with the length of gestation«, in: *American Journal of Obstetrics and Gynecology* 201(4), S. 391–398

6. Eine von vielen Studien dazu ist folgende, die sich mit kleinen Angsthäschen beschäftigt: Bergman, K., Sarkar, P., Glover, V., & O'Connor, T. G. (2008):»Quality of child-parent attachment moderates the impact of antenatal stress on child fearfulness«, in: *Journal of Child Psychology and Psychiatry and Allied Disciplines*, 49(10), S. 1089–1098

7. http://www.jhsph.edu/research/centers-and-institutes/johns-hopkins-fetal-development-project/_materials/_publications/Maturationfinal.pdf, abgerufen am 08.04.2014

8. http://www.jhsph.edu/research/centers-and-institutes/johns-hopkins-fetal-development-project/_materials/_publications/currentdirections.pdf, abgerufen am 08.04.2014

9. Siehe zum Beispiel: http://endocrinedisruption.org/about-tedx/whats-new, abgerufen am 14.04.2014

10. Eine spannende kurze (englischsprachige) Dokumentation dazu finden Sie hier: http://www.linktv.org/video/9214/unsafe-the-truth-behind-everyday-chemicals, abgerufen am 14.04.2014

11. http://publichealth.lacounty.gov/owh/docs/Other%20Resources/Pollution-Full-report.pdf, abgerufen am 14.04.2014

12. Michel Odent im Gespräch mit der Autorin (London, November 2012)

13. http://www.nichd.nih.gov/health/topics/high-risk/conditioninfo/pages/risk.aspx, abgerufen am 14.04.2014

14. Michel Odent im Gespräch mit der Autorin (London, November 2012)

15. Liu, S., Kramer, M.S., Joseph, K.S., Levitt, C., Marcoux, S., Liston, R.M.:»Impact of prenatal glucose screening on the diagnosis of gestational diabetes and on pregnancy outcomes«, in: Am J Epidemiol. 2000 Dec 1;152(11):1009-14; discussion 1015-6.

16. Michel Odent: Childbirth In The Age Of Plastics (2011), ebook, Pos. ca. 1500 (Übersetzung der Autorin)

17. Ebd.

18. Eine schöne Zusammenfassung finden Sie hier: http://scienceoveracuppa. com/2013/01/10/the-biology-of-ultrasound/, abgerufen am 15.04.2014

19. Ang, E.S., Jr. u. a. 2006:»Prenatal exposure to ultrasound waves impacts neuronal migration in mice«, in: PNAS 103(34), S. 12903–10, www.pnas.org/cgi/content/ abstract/103/34/12903?maxtoshow, abgerufen am 14.04.2014

Geborgen geboren

1. Persönliche E-Mail vom 31.01.2014

2. John Robbins: *Reclaiming Our Health. Exploding the Medical Myth and Embracing the Source of True Healing* (1998), S. 58

3. Siehe auch: Michel Odent: *Geburt und Stillen. Über die Natur elementarer Erfahrun-*

Quellen und Anmerkungen

gen (2010)

4. Michel Odent im Gespräch mit der Autorin (London, November 2012)
5. Michel Odent im Gespräch mit der Autorin (London, November 2012)
6. Aletha J. Solter: *Warum Babys weinen. Die Gefühle von Kleinkindern* (2000), S. 27
7. Evelyn Heinemann, Hans Hopf: *AD(H)S. Symptome – Psychodynamik – Fallbeispiele – Psychoanalytische Theorie und Therapie* (2006), S. 103
8. Raine u. a.: »Birth Complications Combined With Early Maternal Rejection at Age 1 Year Predispose to Violent Crime at Age 18 Years«, in: *Arch Gen Psychiatry* 1994;51(12), S. 984–988
9. Saltzman, M.: »The Neuroendocrinology of Primate Maternal Behavior«, in: *Prog Neuropsychopharmacol Biol Psychiatry*, Jul 1, 2011; 35(5), S. 1192–1204
10. D.W. Pfaff, M.I. Phillips, R.T. Rubin: *Principles of hormone/behavior relations* (2004)
11. Kendrick, K.M. u. a., »Cerebrospinal fluid and plasma concentrations of oxytocin and vasopressin during parturition and vaginocervical stimulation in the sheep«, in: *Brain Res Bull* 26, No. 5 (May 1991), S. 803–807
12. González-Mariscal, G. u. a., »Importance of mother/young contact at parturition and across lactation for the expression of maternal behavior in rabbits«, in: *Dev Psychobiol* 32, nN. 2 (Mar 1998), S. 101–111 // Russell, J.A. u. a.: »Brain preparations for maternity–adaptive changes in behavioral and neuroendocrine systems during pregnancy and lactation, an overview«, in: *Prog Brain Res* (2001), S. 133–138
13. Insel, T.R., Hulihan, T.J.: »A gender-specific mechanism for pair bonding: oxytocin and partner preference formation in monogamous voles«, in: *Behav Neurosci* 109, No. 4 (Aug 1995), S. 782–789
14. Lévy, F. u. a.: »Intracerebral oxytocin is important for the onset of maternal behavior in inexperienced ewes delivered under peridural anesthesia«, in: *Behav Neurosci* 106, No. 2 (Apr 1992), S. 427–432
15. Swain, J.E. u. a.: »Maternal brain response to own baby-cry is affected by cesarean section delivery«, in: *Child Psychol Psychiatry* 49, No. 10 (Oct 2008), S. 1042–1052 // Rowe-Murray, H.J., Fisher, J.R.: »Operative intervention in delivery is associated with compromised early mother-infant interaction«, in: *BJOG* 108, No. 10 (Oct 2001), S. 1068–1075 // K.D. Scott, K.D. u. a.: »The obstetrical and postpartum benefits of continuous support during childbirth«, in: *Womens Health Gend Based Med* 8, No. 10 (Dec 1999), S. 1257–1264 // Neumann, I.D.: »Stimuli and consequences of dendritic release of oxytocin within the brain«, in: *Biochem Soc Trans* 35, Pt. 5 (Nov 2007), S. 1252–1257
16. Nissen, E. u. a.: »Different patterns of oxytocin, prolactin but not cortisol release during breastfeeding in women delivered by caesarean section or by the vaginal route«, in: *Early Hum Dev* (Sweden) 45, Nos. 1–2 (Jul 1996), S. 103–118 // Nissen, E. u. a.: »Oxytocin, prolactin, milk production and their relationship with personality traits in women after vaginal delivery or Cesarean section«, in: *Psychosom Obstet Gynaecol* (Sweden) 19, No. 1 (Mar 1998), S. 49–58
17. Genazzani, A.R. u. a.: »Lack of beta-endorphin plasma level rise in oxytocin-induced labor«, in: *Gynecol Obstet Invest* 19, No. 3 (1985), S. 130–134.
18. Kendall-Tackett, K.: »A new paradigm for depression in new mothers: the central role of inflammation and how breastfeeding and anti-inflammatory treatments protect maternal mental health«, in: *Int Breastfeed* 2 (Mar 30, 2007), S. 6

Quellen und Anmerkungen

19. Tyzio, R. u. a.: »Maternal oxytocin triggers a transient inhibitory switch in GABA signaling in the fetal brain during delivery«, in: Science 314, No. 5806 (Dec 2006), S. 1788–1792 // Khazipov, R. u. a.: »Effects of oxytocin on GABA signalling in the foetal brain during delivery«, in: Prog Brain Res 170 (2008), S. 243–257.

20. Agrawal, S. u. a.: »Comparative study of immunoglobulin G and immunoglobulin M among neonates in caesarean section and vaginal delivery«, in: Indian Med Assoc 94, No. 2 (Feb 1996), S. 43–44

21. MacDorman, M.F.: »Infant and neonatal mortality for primary cesarean and vaginal births to women with ›no indicated risk‹, United States, 1998-2001 birth cohorts«, in: Birth 33, No. 3 (Sep 2006), S. 175–182

22. Lee, J. u. a.: »Evidence to support that spontaneous preterm labor is adaptive in nature: neonatal RDS is more common in ›indicated‹ than in ›spontaneous‹ preterm birth«, in: Perinat Med 37, No. 1 (2009), S. 53–58

23. Ramachandrappa, A., Jain, L.: »Elective cesarean section: its impact on neonatal respiratory outcome«, in: Clin Perinatol 35, No. 2 (Jun 2008)::373-93, vii. // S. Farchi et al., »Neonatal respiratory morbidity and mode of delivery in a population-based study of low-risk pregnancies«, Acta Obstet Gynecol Scand 88, No. 6 (2009), S. 729–732.

24. M. Pistiner et al., »Birth by cesarean section, allergic rhinitis, and allergic sensitization among children with a parental history of atopy«, in: Allergy Clin Immunol 122, No. 2 (Aug 2008), S. 274–279.

25. http://www.krankenhaus-winsen.de/de/fachdisziplinen/geburtshilfe/, abgerufen am 18.04.2014

26. de Jonge, A., van der Goes, B., Ravelli, A., Amelink-Verburg, M., Mol, B., Nijhuis, J., Gravenhorst, J. B., Buitendijk, S. (2009): »Perinatal mortality and morbidity in a nationwide cohort of 529 688 low-risk planned home and hospital births«, in: BJOG: An International Journal of Obstetrics & Gynaecology, 116: S. 1177–1184, doi: 10.1111/j.1471-0528.2009.02175.x

27. Hutton, E.K., Reitsma, A.H., Kaufman, K.: »Outcomes associated with planned home and planned hospital births in low-risk women attended by midwives in Ontario, Canada, 2003-2006: a retrospective cohort study«, in: Birth 2009 Sep;36(3), S. 180–189, doi: 10.1111/j.1523-536X.2009.00322.x

28. Johnson, Daviss: »Outcomes of planned home births with certified professional midwives: large prospective study in North America«, in: BMJ 2005;330, S. 1416

29. Campbell, D., Scott, K.D., Klaus, M.H., Falk, M.: »Female relatives or friends trained as labor doulas: outcomes at 6 to 8 weeks postpartum«, in: Birth 2007 Sep;34(3), S. 220–227

30. Marshall H. Klaus, John H. Kennell, Phyllis H. Klaus: The Doula Book. How a Trained Labor Companion Can Help You Have a Shorter, Easier and Healthier Birth (2012)

31. Schön beschrieben in: Joseph Chilton Pearce: Die magische Welt des Kindes (1978), S. 59

32. Bystrova, K., Widström, A.M., Matthiesen, A.S., Ransjö-Arvidson, A.B., Welles-Nyström, B., Wassberg, C., Vorontsov, I., Uvnäs-Moberg, K.: »Skin-to-skin contact may reduce negative consequences of ›the stress of being born‹: a study on temperature in newborn infants, subjected to different ward routines in St. Petersburg«, in: Acta Paediatr. 2003;92(3), S. 320–326

Quellen und Anmerkungen

33. Bystrova, K., Ivanova, V., Edhborg, M., Matthiesen, A.S., Ransjö-Arvidson, A.B., Mukhamedrakhimov, R., Uvnäs-Moberg, K., Widström, A.M.: »Early contact versus separation: effects on mother-infant interaction one year later«, in: *Birth* 2009 Jun;36(2), S. 97–109, doi: 10.1111/j.1523-536X.2009.00307.x
34. Ferber, S.G, Makhoul, I.R: »The effect of skin-to-skin contact (kangaroo care) shortly after birth on the neurobehavioral responses of the term newborn: a randomized, controlled trial«, in: *Pediatrics* 2004 Apr;113(4), S. 858–65.
35. Bigelow, A. u. a.: »Breastfeeding, skin-to-skin contact, and mother-infant interactions over infants' first three months«, in: *Infant Mental Health Journal*, Vol. 35(1) 2014, S. 51–62
36. Moore, E.R., Anderson, G.C., Bergman, N., Dowswell, T.: »Early skin-to-skin contact for mothers and their healthy newborn infants«, in: *Cochrane Database Syst Rev.* 2012 May, 16;5:CD003519
37. Die Zahlen in der Literatur variieren stark. Diese Angabe bezieht sich auf eine Studie aus dem Jahr 2006: McCoy, S.J. u. a.: »Risk factors for postpartum depression: A retrospective investigation at 4 weeks postnatal and a review of the literature« in: *Journal of the American Osteopathic Association* 106, S. 193–198
38. Wolfgang Bergmann: »Wie Kinder Gefühle lernen, Kongress. Familie unter Druck – Warum wir eine neue Wertschätzung der Familie brauchen« (Vortrag, 09.05.2009, CD, Auditorium-Netzwerk)

Gute warme Milch

1. http://www.askdrsears.com/topics/feeding-eating/breastfeeding/why-breast-is-best/nutrient-nutrient-why-breast-best, abgerufen am 09.03.2014
2. Kerstin Uvnäs-Moberg: *The Oxytocin Factor. Tapping the Hormone of Calm, Love and Healing* (2003), S.100ff
3. Rossoni, E., Feng, J. u. a.: »Emergent synchronous bursting of oxytocin neuronal network«, in: *PLoS Comput Biol.* 2008 Jul 18;4(7):e1000123
4. Saltzmann, W., Maestripieri, D.: »The Neuroendocrinology of Primate Maternal Behavior«, in: *Prog Neuropsychopharmacol Biol Psychiatry* Jul 1, 2011; 35(5), S. 1192–1204
5. http://www.t-online.de/eltern/schwangerschaft/id_44092704/hormone-sie-veraendern-das-verhalten-der-maenner-waehrend-der-schwangerschaft.html, abgerufen am 01.03.2014
6. Michel Odent: *Geburt und Stillen. Über die Natur elementarer Erfahrungen* (2010), S. 123ff
7. Mathisen SE1, Glavin K, Lien L, Lagerløv P.: »Prevalence and risk factors for postpartum depressive symptoms in Argentina: a cross-sectional study.«, in: *Int J Womens Health* 2013 Nov 21;5, S. 787–793
8. Mawson AR, Xueyuan W. »Breastfeeding, retinoids, and postpartum depression: a new theory.«, in: *Affect Disord.* 2013 Sep 25;150(3), S. 1129–1135
9. Hauck, Thompson u. a.: »Breastfeeding and Reduced Risk of Sudden Infant Death Syndrome: A Meta-analysis«, in: *Pediatrics* Vol. 128 No. 1 July 1, 2011, S. 103–110
10. http://www.npr.org/blogs/health/2013/11/01/242361826/exploring-the-invisible-

Quellen und Anmerkungen

universe-that-lives-on-us-and-in-us, abgerufen am 07.03.2014

11. Guaraldi, F., Salvatori, G.: »Effect of Breast and Formula Feeding on Gut Microbiota Shaping in Newborns«, in: *Front Cell Infect Microbiol.* 2012; 2: 94

12. Rogier, E.W., Frantz, A.L., Bruno, M.E., Wedlund, L., Cohen, D.A., Stromberg, A.J., Kaetzel, C.S.: »Secretory antibodies in breast milk promote long-term intestinal homeostasis by regulating the gut microbiota and host gene expression.«, in: *Proc Natl Acad Sci U S A.* 2014 Feb 25;111(8), S. 3074–3079

13. Newburg, D.S., Walker, W.A.: »Protection of the Neonate by the Innate Immune System of Developing Gut and of Human Milk«, in: *Pediatric Research* (2007) 61, S. 2–8

14. Rogier, E.W., Frantz, A.L., Bruno, M.E., Wedlund, L., Cohen, D.A., Stromberg, A.J., Kaetzel, C.S.: »Secretory antibodies in breast milk promote long-term intestinal homeostasis by regulating the gut microbiota and host gene expression.«, in: *Proc Natl Acad Sci U S A.* 2014 Feb 25;111(8), S. 3074–3079

15. Mittelohrentzündung, Risikofaktor Flaschennahrung, z. B.:
Saarinen, U.M.: »Prolonged breastfeeding as prophylaxis for recurrent otitis media«, in: *Acta Paediatr. Scand.* 1982; 71, S. 567–571 //
Timmermans, F.J.W., Gerson, S.: »Chronic granulomatous otitis media in bottle fed Inuit children«, in: *Canadian Medical Assoc. J.* 1980; 122, S. 545–547

16. Zwei Studien von vielen, die darauf hinweisen, dass der Verzicht auf das Stillen das Risiko für Asthma und Allergien signifikant erhöht:
Saarinen/Kajosaari: »Breastfeeding as prophylactics against atopic disease: prospective follow-up study until 17 years old«, in: *Lancet* 1995; 346, S. 1065–1069 //
Burr ML, Limb ES, et al. »Infant feeding, wheezing and allergy: a prospective study«, in: *Arch Dis Child* 1993; 68, S. 724–728

17. Phillips, Young: »Birth weight, climate at birth and the risk of obesity in adult life«, in: *Int J Obes Relat Metab Disord.* 2000 Mar;24(3), S. 281–287

18. Gudjonsson, Adriance u. a.: Myoepithelial Cells: Their Origin and Function in Breast Morphogenesis and Neoplasia, in: *Mammary Gland Biol Neoplasia*, Jul 2005; 10(3), S. 261–272

19. Freudenheim, J.L., Marshall, J.R. u. a.: »Exposure to breastmilk in infancy and the risk of breast cancer«, in: *Epidemiology* 1994; 5(3), S. 324–331

20. https://www.urmc.rochester.edu/flrpp/breast-feeding-hospital-policy/documents/BreastfeedingPassitOn.pdf, abgerufen am 09.03.2014

21. Siehe:»What is colostrum? How does it benefit my baby?«, http://www.llli.org/faq/colostrum.html, abgerufen am 09.03.2014

22. Goldman, A: The immune system of human milk: antimicrobial, antiinflammatory and immunomodulating properties, Pediatric Infectious Disease Journal: August 1993, Volume 12, Issue 8, S. 664–672

23. Ruth A. Lawrence, Robert M. Lawrence: Breastfeeding: *A Guide for the Medical Profession* (7. Aufl., 2011)

24. http://www.stillen-institut.com/asp_service/upload/content/FACHARBEIT-MUT-TERMILCH-UND-FRUEHKINDLICHE-KARIES-Plattner-Kathrin-Veronika.pdf, abgerufen am 06.03.2014

25. Julia Dibbern: *Geborgene Babys* (2010)

26. http://www.analyticalarmadillo.co.uk/2010/12/is-breastfeeding-six-year-old-ok-er.html, abgerufen am 06.03.2014

Quellen und Anmerkungen

27. http://babyreference.com/NaturalWeaningAgeUPDATED.pdf, abgerufen am 09.03.2014
28. Dettwyler, K.A.: »A Time To Wean: The Hominid Bluepring for the Natural Age of Weaning in Modern Human Populations«, in: Katherine A. Dettwyler, Patricia Stuart-Macadam: *Breastfeeding. Biocultural Perspectives* (2005)
29. Ebd.
30. Ebd.
31. http://www.violence.de/prescott/ttf/article.html, abgerufen am 09.03.2014
32. Case-Smith, J., Humphry, R.: »Feeding Intervention«, in: Janet Case-Smith (Hg.): *Occupational therapy for children* (6. Aufl. 2005), S. 481–520; siehe auch: http://en.wikipedia.org/wiki/Baby-led_weaning, abgerufen am 09.03.2014
33. Siehe auch: Gill Rapley, Tracey Murkett: *Baby-led Weaning. The Essential Guide to Introducing Solid Food an Helping Your Baby to Grow Up a Happy and Confident Eater* (2013)
34. Theo Colborn: *Our Stolen Future. Are We Threatening Our Fertility, Intelligence and Survival? A Scientific Detective Story* (1997) (Übersetzung der Autorin)
35. Chrisof Schäfer, Horst Spielmann, Klaus Vetter, Corinna Weber-Schöndorfer: *Arzneimittel in Schwangerschaft und Stillzeit* (2011), Kap. 4.18: Industriechemikalien und Umweltbelastungen

Schlafen

1. Persönliche E-Mail. Birgit Baader ist Autorin des Buches *Geburt. Die Wiederentdeckung des weiblichen Weges* (2014)
2. Montagu, Ashley: *Körperkontakt. Die Bedeutung der Haut für die Entwicklung des Menschen* (2000), S. 190
3. Siehe auch: http://cosleeping.nd.edu/articles-and-presentations/articles-and-essays/ (englischsprachig), abgerufen am 22.05.2014. Hier gibt es Sicherheitsrichtlinien, wissenschaftliche Artikel zum Download, Videodiskussionen und häufige Fragen.
4. http://cosleeping.nd.edu/safe-co-sleeping-guidelines/, abgerufen am 22.05.2014
5. McKenna, J.J., McDade, T.: »Why babies should never sleep alone: a review of the co-sleeping controversy in relation to SIDS, bedsharing and breast feeding«, in: *Paediatr Respir Rev.* 2005 Jun;6(2), S. 134–152. Auch unter: https://cosleeping.nd.edu/assets/31970/mckenna_why_babies_should_n.pdf, abgerufen am 22.05.2014
6. Ebd., siehe auch: McKenna, J.J.: »Why We Never Ask »Is it Safe for Infants to Sleep Alone?« - Historical Origins of Scientific Bias In the Bed-sharing SIDS ›Debate‹«, http://www.naturalchild.org/james_mckenna/why_we_never_ask.html, abgerufen am 21.05.2014
7. Ebd.
8. McKenna, J.J.: »Cultural Influences On Infant And Childhood Biology«, https://cosleeping.nd.edu/assets/32942/cultural_influences_on_infant_and_childhood_sleep_biology_2000.pdf, abgerufen am 26.05.2014
9. Mosko, S. u. a.: »Maternal proximity and infant CO2 environment during bedsha-

Quellen und Anmerkungen

ring and possible implications for SIDS research«, in: *Am J Phys Anthropol.* 1997 Jul;103(3), S. 315-328

10. McKenna, J.J., McDade, T.: »Why babies should never sleep alone: a review of the co-sleeping controversy in relation to SIDS, bedsharing and breast feeding«, in: *Paediatr Respir Rev.* 2005 Jun;6(2), S. 134–152, auch unter: https://cosleeping. nd.edu/assets/31970/mckenna_why_babies_should_n.pdf

Baby in Bewegung

1. Dr. Wolf Singer: »Was kann ein Mensch wann lernen?«, Vortrag anlässlich des ersten Werkstattgespräches der Initiative »McKinsey bildet in der Deutschen Bibliothek«, Frankfurt am Main, 12. Juni 2001, http://www.brain.mpg.de/fileadmin/user_upload/images/Research/Emeriti/Singer/mckinsey.pdf, abgerufen am 30.05.2014

2. Evelin Kirkilionis: *Ein Baby will getragen sein. Alles über geeignete Tragehilfen und die Vorteile des Tragens* (2013)

3. Harlow, H.F.: »The nature of love«, in: Am. Psychol, 13 (1958), S. 673–685

4. »The Origins of Love and Violence« – Michael Mendizza im Interview mit James Prescott:, http://ttfuture.org/bonding/interview, abgerufen am 28.05.2014

5. Stening W., Nitsch, P., Wassmer, G., Roth, B.: »Cardiorespiratory stability of premature and term infants carried in infant slings«, in: *Pediatrics.* 2002 Nov;110(5), S. 879–883

6. Ludington-Hoe, S.M., Nguyen, N., Swinth, J.Y., Satyshur, R.D.: »Kangaroo care compared to incubators in maintaining body warmth in preterm infants«, in: *Biological Research for Nursing* 2000 Jul;2(1), S. 60–73

7. Ludington, S.M.: »Energy conservation during skin-to-skin contact between preterm infants and their mothers«, in: *Heart and Lung* 1990;19(5 Pt1), S. 445–451

8. Johannes Büschelberger: *Untersuchungen über die Eigenart des Hüftgelenks im Säuglingsalter und ihre Bedeutung für die Pathogenese, Prophylaxe und Therapie der Luxationshüfte.* Habilitationsschrift (Dresden 1961)

9. Ferenz, A.: »Eine tragende Entscheidung«, in: ÖKOTEST Februar 2004

10. Harlow, H.F., Harlow, M.K. (1962): »Social deprivation in monkeys«, in: *ScL Am.* 207, S. 137–146

11. Mason, W.A., Berkson, G.: »Effects of Maternal Mobility on the Development of Rocking and Other Behaviors in Rhesus Monkeys. A Study with Artificial Mothers«, http://www.violence.de/mason/mason74.pdf, abgerufen am 28.05.2014

12. Diese Situation hat meine Freundin und Kollegin Nicola Schmidt beobachtet.

13. Ashley Montagu weist darauf hin, dass Kinder, die über die ersten sechs Monate große Nähe nicht gewohnt sind, diese nicht mehr aktiv suchen; siehe *Körperkontakt. Die Bedeutung der Haut für die Entwicklung des Menschen* (2000), S. 214

Luft am Po

1. http://continuum-concept.de/texte/kommunikation-statt-voller-windeln.html
2. Laurie Boucke: *TopfFit!*, tologo 2012
3. http://de.wikipedia.org/wiki/Hernie, abgerufen am 31.05.2014
4. http://www.mvr-hh.de/Abfall.41.0.html, abgerufen am 31.05.2014
5. Laurie Boucke: *Infant Potty Training* (2008)
6. Ibid.
7. Remo Largo: *Babjahre*, 2007, S. 535
8. Gladh, G., Persson, D., Mattsson, S., Lindström, S.: »Voiding pattern in healthy newborns«, in: *Neurourol. Urodynam.* 19 (2000), S. 177–184
9. Nevéus, T., Sillén, U.: »Lower urinary tract function in childhood; normal development and common functional disturbances«, in: *Acta Physiol (Oxf)* Jan. 2013, 207(1), S. 85–92
10. Bakker, E., van Gool, J., Wyndaele, J.J.: »Results of a questionnaire evaluating different aspects of personal and familial situation, and the methods of potty-training in two groups of children with a different outcome of bladder control«, in: *Scand J Urol Nephrol.* Okt. 2001, 35(5), S. 370–376.
11. Joinson, C., Heron, J., Von Gontard, A., Butler, U., Emond, A., Golding, J.: »A prospective study of age at initiation of toilet training and subsequent daytime bladder control in school-age children«, in: *J Dev Behav Pediatr.* Okt. 2009 30(5), S. 385–393
12. Bakker, E., Van Gool, J.D., Van Sprundel, M., Van Der Auwera, C., Wyndaele, J.J.: »Results of a questionnaire evaluating the effects of different methods of toilet training on achieving bladder control«, in: *BJU Int.* Sept. 2002 90(4), S. 456–461
13. Bakker, E., Wyndaele, J.J.: »Changes in the toilet training of the children during the last 60 years: the cause of an increase in lower urinary tract dysfunction«, in: *BJU Int* 2000, 86, S. 248–252.
14. http://www.rita-messmer.ch/reinlichkeitsstudie.pdf, abgerufen am 01.06.2014

Tränen und Trösten

1. Jean Liedloff: Auf der Suche nach dem verlorenen Glück (1980), S. 84
2. Joseph Chilton Pearce: Die magische Welt des Kindes und der Aufbruch der Jugend (2005), S. 67f.
3. Lamaze International Education Council, Crenshaw Jeannette, RN, MSN, IBCLC, LCCE, FACCE, Klaus, Phyllis H., CSW, MFT, Klaus, Marshall H. Klaus: »No Separation of Mother and Baby with Unlimited Opportunity for Breastfeeding«, in: J Perinat Educ. Frühling 2004 Spring 13(2), S. 35–41.
4. Zwart, P.I., Vellema-Goud, M.G., Brand, P.L.: »Characteristics of infants admitted to hospital for persistent colic, and comparison with healthy infants«, in: Acta Paediatr. März 2007 96(3), S. 401–405
5. s.a.: Braun, W.: »Früher Stress bremst das Gehirnwachstum«, in Psychologie Heute, Nov. 2004, S. 12

Quellen und Anmerkungen

6. Ingeborg Stadelmann: Die Hebammen-Sprechstunde (1997), S. 296f.
7. Renggli, F.:»Ursprung des Seelenlebens«, in: Thomas Harms (Hg.): Auf die Welt gekommen : Die neuen Babytherapien (2000), S. 23

Zusatzeltern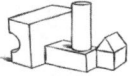

1. Sarah Blaffer Hrdy: Mütter und Andere. Wie die Evolution uns zu sozialen Wesen gemacht hat (2010)
2. Persönliche E-Mail, 05.05.2012
3. Sarah Blaffer Hrdy: Mütter und Andere. Wie die Evolution uns zu sozialen Wesen gemacht hat (2010)
4. Sarah Blaffer Hrdy: Mutter Natur. Die weibliche Seite der Evolution (2002), S. 12
5. Grossmann, K.:»Merkmale einer guten Gruppenbetreuung für Kinder unter 3 Jahren im Sinne der Bindungstheorie und ihre Anwendung auf berufsbegleitende Supervision«, http://liga-kind.de/fruehe/398_gross.php, abgerufen am 03.06.2014
6. Ibid.
7. Bowlby, R.:»Babies and toddlers in non-parental daycare can avoid stress and anxiety if they develop a lasting secondary attachment bond with one carer who is consistently accessible to them«, in: Attach Hum Dev. Dez. 2007 9(4), S. 307–319.
8. https://www.nichd.nih.gov/publications/pubs/Documents/SECCYD_06.pdf, abgerufen am 03.06.2014
9. Dornes, M.:»Frisst die Emanzipation ihre Kinder? Mütterliche Berufstätigkeit und kindliche Entwicklung. Eine Neubetrachtung aus aktuellem Anlass«, in: Psyche Heft 02, 2008, S. 182–201
10. Genauer hier: http://www.kindergartenpaedagogik.de/1602.html, abgerufen am 03.06.2014
11. Ahne, V.:»Immer Stress mit der Krippe«, in: Spektrum, 05.04.2013, http://www. spektrum.de/alias/kleinkindbetreuung/immer-stress-mit-der-krippe/1190475, abgerufen am 03.06.2014
12. »Kita erst ab 18 Monaten«, Interview mit Wassilios Fthenakis, http://www.taz. de/1/archiv/archiv/?dig=2007/02/21/a0148, abgerufen am 03.06.2014
13. s.a. www.nubbek.de
14. http://liga-kind.de/downloads/krippe.pdf
15. Hasel, V.F:»Drum prüfe gut, wie früh es sich bindet«, in: http://www.tagesspiegel.de/wissen/psychologie-auch im-streit um-die-betreuungsplaetze-und-elterngeld-haben-die-wissenschaftler-eine-meinung-/7195232-4.html, abgerufen am 03.06.2014
16. Laewen, H.-J.:»Zum Verhalten und Wohlbefinden von Krippenkindern«, in: Psychologie in Erziehung und Unterrricht, Heft 41, 1994, S 1–13
17. Éva Hédervári-Heller: Bindung und Trennung. Frühkindliche Bewältigungsstrategien bei kurzen Trennungen von der Mutter (1995)

Dank

Viele Menschen haben unsere Reise durch das Land der Elternschaft beeinflusst. Für mich waren das natürlich zuerst einmal meine eigenen Eltern und Geschwister. Danke, Ihr Lieben, für eine richtig gute Kindheit! Dir Mama, danke ich besonders für die vielen vielen wertvollen Gespräche, die wir geführt haben, als ich meine eigene Familie gegründet habe. Danke, dass du immer da warst, mit Tatkraft und nie endender Geduld und Liebe. Ich bin sicher, du empfängst diesen Dank, wo immer du jetzt auch sein magst. Grüß die Sterne von mir.

Manche Menschen hatten einen enormen Einfluss auf meinen Werdegang, ohne dass ich sie je gut kennengelernt hätte – und ohne, dass sie das je gewusst hätten. Zu ihnen gehört Friederike Bradfisch. Ohne sie wären viele Dinge nicht passiert. Freddy, hättest du damals nicht deine Erfahrungen für das Kontinuum-Netzwerk niedergeschrieben, hätten wir nie mit dem Abhalten angefangen. Ich wäre nie auf die EC Yahoogroup gestoßen, hätte nie all die Crunchy Granola Moms dort kennengelernt, vielleicht nie angefangen, alles von Windeln bis zum Schulsystem in Frage zu stellen. Ich hätte nie das erste zornige *Geborgene Babys* geschrieben, nie Nicola kennengelernt, nie Eltern das Wissen über Windelfrei weiter gegeben. Das alles nur wegen eines Artikels – *deines* Artikels – im Internet. Talk about powerful.

Mein Dank geht auch an Rita Messmer, deren Buch *Ihr Baby kann's* mich, obwohl ich nicht in allen Punkten übereinstimme, von Anfang an an vielen Stellen zum Nachdenken gebracht und im Umgang mit meinem kompetenten Säugling bestärkt hat. Wir sollten endlich mal zusammen Skifahren gehen.

Laurie Boucke gebührt ebenfalls Dank. Ihr Buch *Infant Potty Training* begleitete mich über Wochen und war Quelle ständiger Freude und Inspiration. Thanks for your friendship over the years, my dear. I'll see you in California. Soon.

Nicola Schmidt, meine Freundin und Wegbegleiterin über viele Jahre: Ich liebe es, mit dir am Artgerecht-Projekt zu arbeiten und meine – unsere – Botschaft immer weiter zu verfeinern und zu verbessern. Ohne dich wäre ich nicht da, wo ich jetzt bin. Danke.

Direkt zu diesem Buch beigetragen haben unter anderem Sue Gerhardt, James McKenna, Linda Palmer und Michel Odent, die diesen deutschen Text wohl nie lesen werden. Sue und Linda sind mehr als nur Kolleginnen, und Jim ist begeisterter Unterstützer des Artgerecht-Projekts. Alle waren beständig bereit, meine Fragen zu beantworten, ebenso wie Herbert Renz-Polster. Danke!

Meiner Freundin Katrin Hagemeyer danke ich für ihren Beitrag, vor allem aber für unsere Freundschaft. Du gehörst zu den Menschen, bei denen ich mich gut fühle. The free soul is rare, but you know it when you see it.

Tausend Dank auch an Sarah Schäppi für ihren Beitrag in dieäsem Buch und in der Welt.

Natürlich danke ich auch dem Team vom Beltz-Verlag, die engagiert und befruchtend über Cover, Titel und Inhalte diskutiert haben – allen voran meinem phantastischen Lektor Tarek Münch, der dieses Buch davor bewahrt hat, kitschig zu werden und es auch sonst voll mit zu seinem Baby gemacht hat. Ich freue mich jetzt schon auf das nächste Pingpong-Spiel.

Vor allem aber danke ich meiner direkten Kernfamilie, meinem Mann und meinem Sohn. Einfach dafür, dass Ihr da seid. Ich ziehe überall hin mit euch. Sogar nach Deutschland, auch wenn sich's am Strand besser schreibt.

Und auch Ihnen, liebe Leserinnen und Leser, danke ich. Dafür, dass Sie bis hierher bei mir geblieben sind und dass Sie mutig und unerschrocken Ihr ganz eigenes Familienland bauen. Dass Sie Althergebrachtes in Frage stellen und Ihrem Herzen folgen. Ein wertvolleres Geschenk für mich gibt es nicht.